CLARA-LUZ DE ÊXTASE

Ordem sugerida, para iniciantes, de estudo ou de leitura dos livros de Venerável Geshe Kelsang Gyatso Rinpoche

Como Transformar a sua Vida
Como Entender a Mente
Caminho Alegre da Boa Fortuna
O Espelho do Dharma
Novo Coração de Sabedoria
Budismo Moderno
Solos e Caminhos Tântricos
Novo Guia à Terra Dakini
Essência do Vajrayana
As Instruções Orais do Mahamudra
Grande Tesouro de Mérito
Novo Oito Passos para a Felicidade
Introdução ao Budismo
Como Solucionar Nossos Problemas Humanos
Contemplações Significativas
O Voto Bodhisattva
Compaixão Universal
Novo Manual de Meditação
Viver Significativamente, Morrer com Alegria
Oceano de Néctar
Joia-Coração
Clara-Luz de Êxtase
Mahamudra-Tantra

Este livro é publicado sob os auspícios do
Projeto Internacional de Templos da NKT-IKBU,
e o lucro recebido com a sua venda está direcionado para
benefício público através desse fundo.
[Reg. Charity number 1015054 (England)]
Para mais informações:
tharpa.com/br/beneficie-todos

Venerável Geshe Kelsang
Gyatso Rinpoche

Clara-Luz de Êxtase

MANUAL DE MEDITAÇÃO TÂNTRICA

1ª edição

EDITORA THARPA
BRASIL • PORTUGAL

São Paulo, 2020

© Geshe Kelsang Gyatso e Nova Tradição Kadampa

Primeira edição em língua inglesa em 1982, pela Wisdom Publications.
Segunda edição revisada em língua inglesa em 1992.
Terceira edição revisada em língua inglesa em 2014.

Primeira edição em língua portuguesa em 2020.

Título original:
Clear Light of Bliss – Tantric Meditation Manual

Tradução do original autorizada pelo autor

Tradução, Revisão e Diagramação   Editora Tharpa

Design da capa: NTK-UBKI 2019
As ilustrações em linha são dos Gurus da linhagem Mahamudra

ISBN 978-65-86468-14-4 – brochura
ISBN 978-65-86468-12-0 – ePub
ISBN 978-65-86468-13-7 – kindle

Dados Internacionais de Catalogação na Publicação (CIP)

Kelsang, Gyatso (Geshe), 1932-
  Clara-luz de êxtase: manual de meditação tântrica /
Geshe Kelsang Gyatso; tradução Editora Tharpa – 1. ed. – São
Paulo: Editora Tharpa, 2020.
  364p.

  Título original em inglês: Clear light of bliss: tantric
meditation manual

  ISBN 978-65-86468-14-4

  1. Budismo 2. Carma 3. Meditação I. Título.
  05-9278   CDD-294.3

Índices para catálogo sistemático:
1. Budismo: Religião 294.3

2020

EDITORA THARPA BRASIL
Rua Artur de Azevedo 1360
05404-003 - São Paulo, SP
Fone: +55 11 3476-2330
www.tharpa.com/br

EDITORA THARPA PORTUGAL
Rua Moinho do Gato, 5
2710-661 - Várzea de Sintra, Sintra
Fone: +351 219 231 064
www.tharpa.pt

Sumário

Ilustrações vii
Nota do Tradutor ix
Prólogo. xi
Agradecimentos xiii
Prefácio xiv

Introdução e Preliminares. 1
Canais, Ventos e Gotas 17
Fogo Interior. 35
Clara-Luz e as Quatro Alegrias 75
As Nove Fusões e os Dois Mudras. 113
Introdução à Natureza da Mente 145
Tranquilo-Permanecer. 163
Meditação na Vacuidade 187
Corpo-Ilusório 207
Clara-Luz e União 229
Mahamudra Resultante. 243
Dedicatória 257

Apêndice I – O Sentido Condensado do Texto 259
Apêndice II – Sadhanas. 269
    Prece Libertadora. 271
    Preces de Pedidos aos Gurus da Linhagem Mahamudra 273
    O Ioga de Buda Heruka 283
Apêndice III – As Letras Visualizadas. 301

Glossário 303
Bibliografia 327
Programas de Estudo do Budismo Kadampa. 333
Escritórios da Editora Tharpa no Mundo. 339
Índice Remissivo. 343
Leituras Recomendadas. 359
Encontre um Centro de Meditação Kadampa Próximo
   de Você. 363

Ilustrações

Vajradhara xvi
Manjushri. 8
Je Tsongkhapa 14
Togden Jampel Gyatso 22
Baso Chokyi Gyaltsen. 34
Drubchen Dharmavajra 42
Gyalwa Ensapa 46
Khedrub Sangye Yeshe 52
Panchen Losang Chokyi Gyaltsen. 80
Drubchen Gendun Gyaltsen 86
Drungpa Tsondru Gyaltsen. 94
Konchog Gyaltsen. 112
Panchen Losang Yeshe 126
Losang Trinlay. 146
Drubwang Losang Namgyal 156
Kachen Yeshe Gyaltsen. 164
Phurchog Ngawang Jampa. 174
Panchen Palden Yeshe 180
Khedrub Ngawang Dorje. 186
Ngulchu Dharmabhadra 196
Yangchen Drubpay Dorje. 214
Khedrub Tenzin Tsondru. 222
Je Phabongkhapa Trinlay Gyatso 230

Vajradhara Trijang Rinpoche Losang Yeshe. 240
Dorjechang Kelsang Gyatso Rinpoche (*incluído a pedido
de seus sinceros discípulos*) 256

Objetos de compromisso tântricos 282

Nota do Tradutor

As palavras de origem sânscrita e tibetana, como *Bodhichitta*, *Bodhisattva, Dharma, Geshe, Sangha* etc., foram grafadas como aparecem na edição original deste livro, em língua inglesa, em respeito ao trabalho de transliteração previamente realizado e por evocarem a pureza das línguas originais das quais procedem.

Em alguns casos, contudo, optou-se por aportuguesar as palavras já assimiladas à língua portuguesa (Buda, Budeidade, Budismo, carma) em vez de escrevê-las de acordo com a sua transliteração (*Buddha, karma*).

YONGZIN LINGTSANG

Prólogo

OM Êxtase e Excelência

Com grande respeito e devoção, eu confio em Losang Dragpa,
Que por si só é como olhos preciosos para incontáveis migrantes,
Uma manifestação da sabedoria de incontáveis Budas oniscientes
E o detentor dos três imaculados conjuntos de votos.

Este excelente comentário sobre o jubiloso Mahamudra –
Derivado de extrair a essência do oceano de escrituras tântricas
Que surgiu do coração desse muito precioso Guia Espiritual –
É publicado com o puro desejo de beneficiar os migrantes.

Através desta publicação, que todos os três mundos sejam
    embelezados
Pelos infinitos benefícios de felicidade que surgem
Dos impecáveis e excelentes ensinamentos e práticas de Losang
    Dragpa,
Cuja tradição do Conquistador, qual um tesouro, assemelha-se
    a uma joia-que-concede-desejos.

Que todos os seres e comunidades que seguem o Budadharma
 permaneçam por longo tempo e aumentem as suas atividades,
Que todos os membros da Sangha mantenham disciplina pura
 e aumentem as suas ações benéficas,
Que toda a doença, guerra, fome e aflições sejam pacificadas
E que todos neste mundo desfrutem de felicidade, alegria
 e boa fortuna.

Que, ao longo de todas as suas vidas, todos os seres, por todo
 o espaço,
Nunca estejam separados de preciosos Guias Espirituais.
Como uma lua crescente, que toda excelência aumente
 de acordo com o Dharma
E que todos alcancem rapidamente a iluminação última
 de Vajradhara.

Estou muito feliz por saber que o Venerável Geshe Kelsang Gyatso tem dado extensos ensinamentos sobre o Mantra Secreto com base nos grandes tratados do Protetor Manjushri Je Tsongkhapa e em outros comentários autênticos sobre o Mahamudra, incluindo o texto-raiz do primeiro Panchen Lama.

Que estes ensinamentos – dados originalmente no *Manjushri Centre*, Inglaterra, e agora disponíveis neste livro, *Clara-Luz de Êxtase* – sejam uma fonte de grande felicidade e benefício incomensurável para todos os seres humanos deste mundo.

Que a virtude e excelência aumentem.

Yongdzin Ling Rinpoche

Agradecimentos

Em 1980, Venerável Geshe Kelsang Gyatso Rinpoche deu um extenso comentário sobre o Mahamudra Vajrayana para os afortunados estudantes do *Manjushri Kadampa Meditation Centre*, em Ulverston, Inglaterra. Rezamos para que, por estudar estas instruções, semelhantes a néctar, e por tentar colocá-las sinceramente em prática, possamos, de alguma pequena maneira, retribuir a incomensurável bondade do nosso mais precioso Guia Espiritual Vajrayana.

Não satisfeito em meramente dar o ensinamento, Geshe Kelsang, por sua incomensurável bondade, trabalhou então em estreita colaboração com o seu tradutor e uma equipe de editores para preparar a transcrição para publicação, sob o título *Clara-Luz de Êxtase*. Por este livro incomparável – que jamais neste mundo se viu igual –, oferecemos sinceros agradecimentos ao autor.

Agradecemos também a todos os dedicados estudantes seniores de Dharma que auxiliaram o autor a estabelecer a versão para a língua inglesa e que prepararam o manuscrito final para publicação.

Roy Tyson,
Diretor Administrativo,
Manjushri Kadampa Meditation Centre,
Maio de 1992

Prefácio

Escrevi este livro, primeiramente, para o benefício dos praticantes de Dharma ocidentais, com a esperança de que, indiretamente, seja benéfico para todos os seres vivos.

No que diz respeito ao modo como foi escrito, baseei-me na pequena experiência que obtive através da bondade do meu sagrado Guia Espiritual, de quem recebi instruções sobre o estágio de geração e o estágio de conclusão do Mantra Secreto. Além disso, reuni material da obra de Je Tsongkhapa, *Lâmpada que Ilumina Completamente as Cinco Etapas*, que contém a quintessência dos ensinamentos tântricos de Je Tsongkhapa, e também do comentário de Je Tsongkhapa aos Seis Iogas de Naropa. Consultei, também, o texto-raiz do primeiro Panchen Lama sobre o Mahamudra, *O Caminho Principal dos Conquistadores*, e o seu autocomentário, *Lâmpada de (Re)Esclarecimento*, bem como os textos de Mahamudra de Kachen Yeshe Gyaltsen e Keutsang e muitas outras obras autênticas sobre o Mantra Secreto. Visto que incorporei os ensinamentos desses grandes mestres, há algumas razões para esperar que este livro venha a ser de benefício considerável.

Para alcançar realizações puras do Mahamudra, não basta meramente ler estas instruções. Primeiro, precisamos treinar as etapas do caminho comum, tanto de Sutra como de Tantra, por meio de nos apoiarmos em textos, como *Caminho Alegre da Boa Fortuna*, e praticar as várias preliminares, a fim de remover obstáculos e acumular mérito. Quando tivermos alguma experiência

PREFÁCIO

de renúncia, bodhichitta e da sabedoria que realiza a vacuidade, precisamos receber uma iniciação de Tantra Ioga Supremo de um Guia Espiritual Vajrayana qualificado e, então, esforçarmo-nos para manter os nossos votos e compromissos puramente. Devemos, depois, treinar as práticas do estágio de geração e, uma vez que tenhamos alguma experiência delas, solicitar a um Guia Espiritual Vajrayana qualificado que nos dê instruções sobre o Mahamudra Vajrayana. Se, então, colocarmos essas instruções em prática com fé e sabedoria, alcançaremos, definitivamente, a realização da União do Mahamudra.

A importância de nos empenharmos nessas práticas preparatórias e de cultivarmos uma motivação impecável antes de tentar praticar o Mahamudra Vajrayana é enfatizada pelos grandes mestres de todas as tradições do Budismo tibetano. É muito importante que não nos empenhemos nessas práticas com uma motivação impura, desejando obter ganho pessoal, boa reputação ou coisas semelhantes porque, como Conquistador Vajradhara advertiu nos Tantras, as consequências de tais ações não serão nada além do que sofrimento, tais como doenças, uma vida curta, obscurecimentos mentais e renascimento nos reinos inferiores. Portanto, devemos cultivar, desde o início, uma motivação pura de bodhichitta e nos empenharmos nas práticas do Mahamudra Vajrayana com a intenção de nos tornarmos um Buda para o benefício de todos os seres vivos.

Geshe Kelsang Gyatso,
Manjushri Kadampa Meditation Centre,
1982

Vajradhara

Introdução e Preliminares

É MUITO GRATIFICANTE ter esta oportunidade de explicar o método para praticar o Mahamudra Vajrayana de acordo com a tradição mahayana. Esta explicação será dada a partir de três tópicos principais:

1. Introdução aos caminhos gerais;
2. A fonte da linhagem da qual provêm estas instruções;
3. A explicação propriamente dita das instruções desta linhagem.

INTRODUÇÃO AOS CAMINHOS GERAIS

No *Guia do Estilo de Vida do Bodhisattva*, Shantideva diz:

> Na dependência desta forma humana, semelhante a um barco,
> Podemos cruzar o grande oceano de sofrimento.
> Uma vez que uma embarcação como esta será difícil de
> encontrar novamente,
> Não é hora de dormir, ó tolos!

O samsara é como um vasto oceano, pois, assim como o oceano dá origem às ondas, renascer no samsara dá origem ao sofrimento. Neste momento, temos um precioso corpo humano, o qual é a melhor embarcação para cruzar esse perigoso oceano do samsara. Se desperdiçarmos esta preciosa vida sem extrair pleno proveito dela, seremos extremamente tolos. Seremos como um aventureiro que precisou esperar um longo tempo para encontrar um barco que o levasse a uma ilha repleta de tesouros, mas que tendo, por fim, encontrado um barco, adormeceu, em vez de tirar proveito imediato dele. Quão tolo se sentiu quando acordou e descobriu que o tão ansiado barco havia sido levado pela correnteza e que já não dispunha de nenhum meio para viajar até a ilha! De modo semelhante, neste exato momento, já encontramos um corpo humano que, como um barco, pode nos transportar para a ilha da plena iluminação, ou Budeidade. Se, em vez de extrairmos proveito deste corpo, nós o desperdiçarmos nas atividades sem significado desta vida, isso será muito trágico. Não será fácil encontrar outra oportunidade como esta no futuro.

A mais elevada de todas as metas humanas possíveis é a aquisição da completa iluminação, um estado último de paz no qual todos os obstáculos que obscurecem a mente foram removidos e todas as boas qualidades – tais como sabedoria, compaixão e meios hábeis – foram plenamente desenvolvidas. No entanto, não podemos alcançar essa meta última ficando apenas à espera que chegue; precisamos utilizar os métodos apropriados que a ela nos conduzem.

Quais são os métodos para alcançar a paz da plena iluminação? São os caminhos de Sutra e do Mantra Secreto; não existe um terceiro método. Dentre estes dois, as técnicas reveladas no Mantra Secreto são superiores àquelas reveladas nos Sutras. O Mantra Secreto não apenas é o caminho supremo à plena iluminação, como também é extremamente raro. Como Je Tsongkhapa disse, os ensinamentos do Mantra Secreto são ainda mais raros que os Budas porque, embora mil Budas fundadores aparecerão durante este Éon Afortunado, apenas o quarto (Buda Shakyamuni), o décimo primeiro e o último ensinarão os caminhos do Mantra Secreto.

Neste momento, temos uma grande oportunidade para praticar estes ensinamentos raros e benéficos; portanto, é importante desenvolvermos uma forte intenção de praticá-los puramente. Se os ensinamentos mahayana desaparecessem deste mundo, não teríamos oportunidade de nos tornarmos um Buda. Portanto, devemos

INTRODUÇÃO E PRELIMINARES

nos aplicar assiduamente enquanto ainda temos acesso a esses preciosos ensinamentos e tentar obter alguma experiência deles. A etimologia da expressão *Mantra Secreto* é a seguinte. A palavra "secreto" indica que esses métodos devem ser praticados discretamente. Se expusermos as nossas práticas, atrairemos muitos obstáculos e forças negativas. Isso seria equivalente a alguém que falasse abertamente e sem cuidado sobre uma joia preciosa que possui e, como resultado, atraísse a atenção de ladrões. A palavra "mantra" significa "proteção para a mente". A função do Mantra Secreto é a de nos capacitar a progredir velozmente pelas etapas do caminho espiritual por meio de proteger a nossa mente contra aparências comuns e concepções comuns.

As práticas e escrituras do Mantra Secreto também são chamadas de "Vajrayana", sendo que *vajra* significa "indestrutível", e *yana*, "veículo". Neste contexto, *vajra* refere-se à indivisibilidade de método e sabedoria, em que *método* é o grande êxtase espontâneo e *sabedoria* é a compreensão inequívoca da vacuidade. Método é a causa do Corpo-Forma de um Buda, e sabedoria é a causa do Corpo-Verdade. A *união de método e sabedoria que é a união de grande êxtase espontâneo e vacuidade* é exclusiva do Mantra Secreto e é o caminho mais rápido para alcançar os dois corpos de um Buda.

Je Tsongkhapa explicou que uma prática autêntica do Mantra Secreto precisa possuir quatro atributos, conhecidos como "as quatro completas purezas". São elas: completa pureza de lugar, completa pureza de corpo, completa pureza de prazeres e completa pureza de feitos, ou ações. A prática dessas quatro completas purezas não foi revelada nos ensinamentos de Sutra, mas é encontrada apenas no Mantra Secreto. O Mantra Secreto distingue-se do Sutra pela prática de *trazer o resultado futuro para o caminho presente*. Por exemplo, embora ainda não tenhamos alcançado a iluminação, quando praticamos o Mantra Secreto tentamos impedir as aparências comuns e as concepções comuns do nosso ambiente e, em lugar delas, visualizamos o nosso entorno como sendo o mandala de uma Deidade. Do mesmo modo, impedimos a aparência comum do nosso corpo, dos nossos prazeres e das nossas ações e, em seu lugar, geramos a nós mesmos como uma Deidade, visualizamos os nossos prazeres como os prazeres de um Buda e praticamos a execução de ações iluminadas. Por fazermos essas práticas, podemos alcançar o estado resultante da Budeidade muito rapidamente. Essas quatro práticas são essenciais tanto para o estágio de geração como para o estágio de conclusão do Mantra Secreto e, por isso, constituem o fundamento para os ensinamentos apresentados neste livro, tais como as instruções sobre o fogo interior (*tummo*, em tibetano).

O Mantra Secreto tem quatro níveis: Tantra Ação, Tantra Performance, Tantra Ioga e Tantra Ioga Supremo. O Tantra Ação enfatiza principalmente as ações externas, o Tantra Performance coloca ênfase igual nas ações externas e internas, o Tantra Ioga enfatiza principalmente as ações internas, e o Tantra Ioga Supremo é a classe suprema de Tantra.

Todos os quatro níveis do Mantra Secreto transformam o grande êxtase em caminho espiritual, mas os métodos de transformação diferem de acordo com o nível que é praticado. No Tantra Ação, o meditador gera êxtase por meio de olhar uma Deusa visualizada e, então, transforma esse êxtase em caminho [espiritual]. No Tantra Performance, o meditador gera êxtase através de trocar sorrisos com a Deusa e, no Tantra Ioga, através de segurar as suas mãos, e assim por diante. No Tantra Ioga Supremo, o meditador gera êxtase por meio de imaginar uma relação sexual com um, ou uma, consorte e, em etapas avançadas, através de se envolver em uma relação sexual efetiva; o meditador, então, transforma esse êxtase em caminho espiritual. No entanto, deve-se notar que é muito difícil usar o grande êxtase como um método para alcançar a iluminação, e, se formos capazes de fazê-lo, teremos verdadeiramente alcançado uma aquisição formidável. Como o grande mahasiddha Saraha disse: "Qualquer um fica excitado ao copular, mas pouquíssimos conseguem transformar esse êxtase em caminho espiritual".

Em geral, o Budismo ensina que o apego é uma delusão que deve ser evitada e, por fim, abandonada, mas, no Mantra Secreto, há um método para transformar o apego em caminho espiritual. No entanto, para praticar esse método, precisamos ter muita habilidade.

INTRODUÇÃO E PRELIMINARES

Nessa prática, usamos o apego para gerar grande êxtase e, então, utilizamos essa mente de grande êxtase para meditar na vacuidade. Somente se conseguirmos fazer isso é que podemos considerar que houve uma transformação do apego. O apego, ele próprio, não pode ser usado diretamente como um caminho espiritual porque é uma delusão, e mesmo no Mantra Secreto ele será, por fim, abandonado. Na prática autêntica do Mantra Secreto, o êxtase gerado a partir do apego medita na vacuidade e, desse modo, supera todas as delusões, incluindo o próprio apego. Isso é semelhante à maneira como o fogo produzido a partir da fricção de dois pedaços de madeira consome, por fim, a madeira do qual surgiu.

Para aqueles que não têm essa habilidade ou cujas mentes não estão treinadas, tais práticas de transformação são impossíveis. Por essa razão, os iogues e grandes meditadores do passado disseram que, para alcançar as realizações do Mantra Secreto, a nossa mente deve estar, primeiro, controlada por meio do treino nas etapas do caminho de Sutra. Sem construir essa fundação firme, não há absolutamente nenhuma maneira de alcançar uma experiência pura do Mantra Secreto.

Revelar essas instruções do Mantra Secreto pode ser perigoso tanto para o Guia Espiritual como para o discípulo se um ou outro não for devidamente qualificado. No mínimo, ambos devem ter uma motivação apropriada. Um professor deve revelar esses métodos somente se estiver motivado pela grande intenção compassiva de difundir o sagrado Dharma para o benefício dos outros. Revelar esses métodos motivado por apego à felicidade desta vida – desejando conquistar fama, presentes e assim por diante – é uma causa para renascer no mais profundo inferno.

Também é perigoso para o discípulo receber as iniciações e instruções do Mantra Secreto se ele, ou ela, não se empenhar para manter os votos e compromissos; se desejar apenas o aumento de reputação, posses, e assim por diante; ou se desejar meramente reunir informação para fins acadêmicos. Qualquer um desses desejos, ou motivações mundanas semelhantes, não resultarão em nada além de sofrimento futuro.

Portanto, é muito importante que tanto o Guia Espiritual como o discípulo tenham mentes controladas e uma motivação impecável. Embora possamos nos considerar budistas e buscar refúgio nas Três Joias todos os dias, ter apenas essas qualificações não é suficiente para a prática do Mantra Secreto. Precisamos, também, gerar a mais elevada de todas as motivações – a preciosa mente de bodhichitta – e nos dedicarmos exclusivamente a beneficiar os outros. Por essa razão, sempre que meditarmos no Mantra Secreto, devemos começar gerando bodhichitta, enquanto recitamos a seguinte prece:

> *Para o benefício de todos os seres sencientes,*
> *Beberei o néctar desta instrução*
> *Para que eu alcance a Budeidade nesta vida*
> *Através do caminho profundo do Mantra Secreto.*

Segue-se, agora, uma introdução ao Mahamudra, em geral, e a este texto, em particular. *Mahamudra* é um termo sânscrito, composto de duas partes: *maha* significa "grande", e *mudra* significa "selo". No sistema de Mahamudra do Sutra, a expressão *grande selo* refere-se à vacuidade. No *Sutra Rei da Concentração*, Buda diz:

A natureza de todos os fenômenos é o grande selo.

Neste contexto, "natureza" refere-se à natureza última de todos os fenômenos, que é a sua vacuidade, ou ausência de existência inerente. Essa vacuidade é denominada "grande selo" porque os fenômenos nunca mudam do estado de ausência de existência inerente. Em geral, todos os budistas asseveram quatro visões:

(1) Todos os produtos são impermanentes;
(2) Todas as coisas contaminadas são da natureza do sofrimento;
(3) Todos os fenômenos são desprovidos de *self*, ou "em-si" (*selfless*);
(4) Somente o nirvana é paz.

INTRODUÇÃO E PRELIMINARES

Visto que essas visões são irrefutáveis, elas são chamadas de "os quatro selos". Dentre elas, a terceira é conhecida como "o grande selo". Uma vez que a vacuidade é a natureza de todos os fenômenos, ela é denominada "selo" e, visto que uma realização direta da vacuidade nos permite alcançar o grande propósito – a libertação completa dos sofrimentos do samsara –, ela também é denominada "grande".

Neste texto, a meditação Mahamudra é explicada não de acordo com o sistema do Sutra, mas de acordo com o estágio de conclusão do Tantra Ioga Supremo. Nesse sistema, o termo "grande" refere-se ao grande êxtase espontâneo, e "selo", à vacuidade. Portanto, no Mantra Secreto, o Mahamudra é a união de grande êxtase espontâneo e vacuidade.

De acordo com o Mantra Secreto, o Mahamudra é dividido em dois estágios: o Mahamudra tempo-causal e o Mahamudra tempo-resultante. *Tempo-causal* é o tempo empregado no caminho que conduz à plena iluminação; portanto, o Mahamudra tempo-causal é o Mahamudra praticado antes da aquisição da Budeidade. O Mahamudra tempo-resultante é a União-do-Não-Mais-Aprender, que é o estado efetivo de Budeidade.

O Mahamudra tempo-causal é dividido em duas etapas sucessivas: o *Mahamudra que é a união de grande êxtase espontâneo e vacuidade* e o *Mahamudra que é a união das duas verdades*. A primeira união ocorre quando a mente subjetiva de grande êxtase espontâneo realiza a vacuidade tendo-a como o seu objeto. O objeto, a vacuidade, é o mesmo tanto no Sutra como no Mantra Secreto; o que difere é a mente que realiza essa vacuidade. É a mente subjetiva de grande êxtase espontâneo que torna a meditação do Mantra Secreto superior à meditação do Sutra. Realizar a vacuidade com a mente de grande êxtase espontâneo é o método mais rápido para alcançar a plena iluminação.

Deve-se notar que o grande êxtase espontâneo do estágio de conclusão do Mantra Secreto não é o mesmo que o prazer comum experienciado no auge de uma relação sexual. O grande êxtase espontâneo é experienciado apenas quando, por força de meditação,

Manjushri

fazemos com que os ventos entrem, permaneçam e se dissolvam no canal central e, como resultado, a gota branca derreta e flua pelo canal central. Usar o grande êxtase espontâneo para realizar a vacuidade foi a prática-coração essencial de grandes mestres do Mantra Secreto da Índia antiga (como Saraha, Nagarjuna, Tilopa, Naropa e Maitripa) e de grandes mestres tibetanos (como Marpa, Milarepa, Gampopa e Je Tsongkhapa). Tal como no passado, isso também é válido para os dias de hoje – o caminho supremo para a perfeita iluminação do meditador do Mantra Secreto é a união de grande êxtase espontâneo e vacuidade.

A segunda etapa do Mahamudra tempo-causal é o *Mahamudra que é a união das duas verdades*: a verdade convencional e a verdade última. Neste contexto, o corpo-ilusório puro é conhecido como "verdade convencional", e a clara-luz-significativa como "verdade última". Reunir essas duas verdades simultaneamente no *continuum* de uma pessoa é conhecido como "o Mahamudra que é a união das duas verdades". Esse Mahamudra é o fruto amadurecido do *Mahamudra que é a união de êxtase e vacuidade*. O Mahamudra tempo-causal, portanto, contém tanto a causa como o resultado. Pelo poder de obtermos a realização desse Mahamudra tempo-causal de duas etapas, alcançaremos o Mahamudra tempo-resultante, ou Budeidade efetiva, que possui as sete preeminentes qualidades de abraço. Isto conclui a explicação dos caminhos gerais do Mantra Secreto.

A FONTE DA LINHAGEM DA QUAL PROVÊM ESTAS INSTRUÇÕES

Todas as meditações incluídas neste texto vêm do Conquistador Vajradhara e dos grandes mestres do Mantra Secreto da Índia antiga. Estas técnicas foram passadas dos mestres indianos para os mestres tibetanos e foram transmitidas aos professores dos dias atuais, de Pai Espiritual para Filho Espiritual, através de uma linhagem ininterrupta.

Embora as meditações do Mahamudra fossem praticadas pelos antigos mestres da Índia, o sistema específico de Mahamudra apresentado aqui é uma linhagem "próxima" transmitida por Conquistador Vajradhara ao Buda da Sabedoria Manjushri, que, por sua vez, transmitiu-a diretamente a Je Tsongkhapa. Assim, Je Tsongkhapa foi o primeiro mestre humano nesta linhagem específica.

Os Gurus da linhagem próxima do Mahamudra Vajrayana são os seguintes:

Vajradhara
Manjushri
Je Tsongkhapa
Togden Jampel Gyatso
Baso Chokyi Gyaltsen
Drubchen Dharmavajra
Gyalwa Ensapa
Khedrub Sangye Yeshe
Panchen Losang Chokyi Gyaltsen
Drubchen Gendun Gyaltsen
Drungpa Tsondru Gyaltsen
Konchog Gyaltsen
Panchen Losang Yeshe
Losang Trinlay
Drubwang Losang Namgyal
Kachen Yeshe Gyaltsen
Phurchog Ngawang Jampa
Panchen Palden Yeshe
Khedrub Ngawang Dorje
Ngulchu Dharmabhadra
Yangchen Drubpay Dorje
Khedrub Tendzin Tsondru
Je Phabongkhapa Trinlay Gyatso
Vajradhara Trijang Rinpoche Losang Yeshe
Dorjechang Kelsang Gyatso Rinpoche

INTRODUÇÃO E PRELIMINARES

Em tempos recentes, essa linhagem foi mantida por Trinlay Gyatso, mais amplamente conhecido como Phabongkha Rinpoche, o qual foi uma emanação da Deidade tântrica Heruka. Esse grande lama foi como o sol do Dharma, iluminando o significado oculto tanto dos Sutras como do Mantra Secreto. Ele passou a linhagem do Mahamudra ao seu filho-coração, Vajradhara Trijang Rinpoche, e é pela bondade e autoridade desse sagrado Guia Espiritual que este texto aparece.

As *Preces de Pedidos aos Gurus da Linhagem Mahamudra* podem ser encontradas no Apêndice II. Se estivermos sinceramente interessados no estudo e na prática das meditações explicadas neste livro, devemos receber as bênçãos dos Gurus da linhagem Mahamudra por meio de oferecer-lhes um mandala e de recitar essas preces. Uma vez que uma prática bem-sucedida depende, em grande parte, das bênçãos e inspiração dos Guias Espirituais, o estudante sábio não negligenciará este conselho.

A EXPLICAÇÃO PROPRIAMENTE DITA DAS INSTRUÇÕES DESTA LINHAGEM

Estas instruções são dadas a partir dos três seguintes tópicos:

1. As práticas preliminares;
2. A prática propriamente dita;
3. As etapas finais.

AS PRÁTICAS PRELIMINARES

Para executar as práticas do Mahamudra com êxito, precisamos realizar dois conjuntos de preliminares:

1. As práticas preliminares comuns;
2. As práticas preliminares incomuns.

CLARA-LUZ DE ÊXTASE

AS PRÁTICAS PRELIMINARES COMUNS

Estas práticas preparam-nos para as técnicas mais avançadas do Mantra Secreto. Elas purificam os vários obstáculos e máculas do corpo, da fala e da mente e, desse modo, eliminam impedimentos que interfeririam com o êxito da prática. Também servem para gerar um estoque de energia positiva, ou mérito, que permitirá que as realizações das práticas mais avançadas amadureçam em nossa mente.

Esse processo de purificar e acumular mérito pode ser comparado à maneira como um agricultor prepara um campo para o cultivo, removendo primeiro as pedras e ervas daninhas que podem obstruir o crescimento e, depois, nutrindo o solo com água, fertilizante e coisas semelhantes. Assim como essas preparações asseguram uma colheita bem-sucedida, a prática adequada das preliminares assegura o êxito da meditação do Mantra Secreto.

Há quatro preliminares comuns:

1. O guia de buscar refúgio e gerar bodhichitta, a porta para o Budadharma e o Mahayana;
2. O guia de oferendas de mandala, a porta para acumular uma coleção de mérito;
3. O guia de meditação e recitação de Vajrasattva, a porta para purificar negatividades e quedas morais;
4. O guia de Guru-Ioga, a porta para receber bênçãos.

Se uma explicação dessas quatro preliminares fosse dada aqui, este texto iria se tornar muito longo. Aqueles que estiverem sinceramente interessados em praticar o Mahamudra devem consultar explicações autênticas dessas práticas, como as que são dadas nos livros *Novo Guia à Terra Dakini* e *As Instruções Orais do Mahamudra*, e aplicar essas instruções conscienciosamente.

AS PRÁTICAS PRELIMINARES INCOMUNS

Conforme mencionado anteriormente, a meditação do Tantra Ioga Supremo tem duas partes: o estágio de geração e o estágio de conclusão. As técnicas do Mahamudra do Mantra Secreto pertencem ao estágio de conclusão. Este é precedido pelos vários iogas do estágio de geração, que são as preliminares incomuns. Há uma prática de estágio de geração associada a cada Deidade do Tantra Ioga Supremo. Elas são explicadas, em detalhes, em *Grande Exposição das Etapas do Caminho do Mantra Secreto*, de Je Tsongkhapa, e em *Oceano de Aquisições*, de Khedrubje.

Há mais no estágio de geração do Mantra Secreto do que, meramente, gerar a si mesmo como uma Deidade específica. Para que uma prática seja uma prática de estágio de geração efetiva, precisamos gerar a nós mesmos como uma Deidade em associação com o ioga de trazer os três corpos para o caminho. Se desejarmos praticar o Mahamudra do Mantra Secreto, mas não pudermos estudar os textos acima mencionados, nos quais esses iogas são explicados extensamente, devemos, pelo menos, receber de um mestre tântrico qualificado instruções breves sobre o estágio de geração. Para receber tais instruções e colocá-las em prática, precisamos, primeiro, receber uma iniciação adequada de Tantra Ioga Supremo.

Se, por exemplo, tivermos recebido a iniciação de Heruka, devemos praticar o estágio de geração do Tantra de Heruka antes de nos dedicarmos ao Mahamudra. Se possível, devemos tentar praticar o estágio de geração de Heruka de acordo com o comentário, seguindo uma sadhana – como *O Ioga de Buda Heruka*, que pode ser encontrada no Apêndice II. No caso de isso não ser possível, devemos, ao menos, tentar praticar de acordo com o seguinte método, extremamente condensado.

Começamos sentando-nos no nosso assento de meditação e recitando três vezes:

Eternamente vou me refugiar
Em Buda, Dharma e Sangha.
Para o bem de todos os seres vivos,
Vou me tornar Heruka.

Je Tsongkhapa

E então, visualizamos:

Todos os mundos e seus seres convertem-se em luz azul, que então se dissolve em mim. O meu corpo converte-se gradualmente em luz, simultaneamente a partir de baixo e de cima, tornando-se gradualmente menor até se dissolver na letra HUM azul no meu coração. A letra HUM, então, dissolve-se gradualmente, a partir de baixo, no nada. *Por fim, o* nada *também desaparece, dissolvendo-se na vacuidade-clara-luz.*

Neste ponto, pensamos intensamente que a nossa mente e a mente de Heruka estão indistinguivelmente fundidas, como água misturada com água. Focamo-nos nesse Corpo-Verdade clara-luz e geramos orgulho divino, por meio de pensarmos o seguinte:

Isto sou eu; eu sou o Corpo-Verdade Buda Heruka efetivo.

Essa é a breve meditação de trazer a morte para o caminho que conduz ao Corpo-Verdade. Ela funciona, principalmente, para impedir aparências comuns, purificar a morte comum, causar o amadurecimento da clara-luz do estágio de conclusão e plantar a semente para alcançar o Corpo-Verdade efetivo de um Buda.

Agora, visualizamos:

Do estado de vacuidade do Corpo-Verdade, a minha mente transforma-se instantaneamente em um pequeno feixe de luz azul do tamanho de um antebraço, em posição vertical sobre um assento de sol, no centro de um lótus de oito pétalas de várias cores.

Pensamos:

Agora, tornei-me o Corpo-de-Deleite Buda Heruka efetivo.

e desenvolvemos o orgulho divino de sermos o Corpo-de-Deleite. Essa é a breve meditação de trazer o estado intermediário para o caminho que conduz ao Corpo-de-Deleite. Ela funciona, principalmente, para purificar o estado intermediário comum, causar o amadurecimento do corpo-ilusório do estágio de conclusão e plantar a semente para alcançar o Corpo-de-Deleite efetivo de um Buda. Continuamos:

A minha mente, na forma de um feixe de luz azul, transforma-se instantaneamente em Heruka, que é azul, com uma face e dois braços, segura um vajra e um sino e está unido-em-abraço com Vajravarahi.

Pensamos:

Agora, tornei-me o Corpo-Emanação Buda Heruka efetivo.

e desenvolvemos o orgulho divino de ser o Corpo-Emanação. Essa é a breve meditação de trazer o renascimento para o caminho que conduz ao Corpo-Emanação. Ela funciona, principalmente, para purificar o renascimento comum, causar o amadurecimento das práticas do estágio de conclusão das fusões do Corpo-Emanação e plantar a semente para alcançar o Corpo-Emanação efetivo de um Buda. Neste ponto, podemos meditar no corpo de Heruka ou recitar o seu mantra. Se escolhermos a recitação do mantra, focamos a letra HUM no nosso coração e visualizamos o mantra ao redor dela, à medida que o recitamos.

Não há prática de estágio de geração mais breve do que esta. Devemos tentar fazer as meditações do Mahamudra que se seguem somente se tivermos, pelo menos, feito previamente esta prática. Se tivermos uma Deidade pessoal diferente, tal como Vajrayogini ou Yamantaka, podemos, ainda assim, praticar esse estágio de geração condensado fazendo as alterações apropriadas com relação à Deidade, cores, implementos, e assim por diante.

Canais, Ventos e Gotas

A PRÁTICA PROPRIAMENTE DITA

COMO FOI EXPLICADO na introdução aos caminhos gerais do Mantra Secreto, a prática do Mahamudra tem três partes:

1. Como praticar o Mahamudra que é a união de êxtase e vacuidade;
2. Como praticar o Mahamudra que é a união das duas verdades;
3. Como realizar o Mahamudra que é a União-do-Não--Mais-Aprender resultante, o estado que possui as sete preeminentes qualidades de abraço.

COMO PRATICAR O MAHAMUDRA QUE É A UNIÃO DE ÊXTASE E VACUIDADE

Esta parte, a primeira das práticas do Mahamudra tempo-causal, é apresentada em duas partes:

1. Explicação do método para gerar o possuidor-de--objeto, o grande êxtase espontâneo;
2. Explicação do método para realizar corretamente o objeto, a vacuidade.

EXPLICAÇÃO DO MÉTODO PARA GERAR O POSSUIDOR-DE-OBJETO, O GRANDE ÊXTASE ESPONTÂNEO

Há dois métodos envolvidos na geração do grande êxtase espontâneo:

1. Penetrar os pontos exatos do nosso próprio corpo;
2. Penetrar os pontos exatos do corpo de outra pessoa.

PENETRAR OS PONTOS EXATOS DO NOSSO PRÓPRIO CORPO

Este tópico tem quatro partes:

1. Identificar as dez portas através das quais os ventos podem entrar no canal central;
2. A razão pela qual os ventos podem entrar no canal central através dessas portas por meio de penetrar os pontos exatos;
3. Explicação das suas diferentes funções;
4. Explicação das etapas da meditação no fogo interior (*tummo*), em particular.

IDENTIFICAR AS DEZ PORTAS ATRAVÉS DAS QUAIS OS VENTOS PODEM ENTRAR NO CANAL CENTRAL

Precisamos conhecer as dez portas através das quais os ventos podem entrar no canal central porque é impossível gerar grande êxtase espontâneo sem trazer os ventos para ele, e essas dez portas são as únicas através das quais os ventos podem entrar no canal central.

Exceto no momento da morte e durante o sono, normalmente os ventos não entram no canal central, a não ser que nos empenhemos em práticas meditativas apropriadas. Portanto, para ser capaz

CANAIS, VENTOS E GOTAS

de meditar na vacuidade com uma mente de grande êxtase, o praticante do Mantra Secreto precisa gerar grande êxtase espontâneo por meio de trazer intencionalmente os ventos para o canal central através de qualquer uma das dez portas por força de concentração estritamente focada.

O canal central começa no ponto entre as sobrancelhas, de onde ascende formando um arco até a coroa da cabeça. Desse lugar, ele desce em linha reta até a ponta do órgão sexual. As dez portas estão localizadas ao longo do canal central, como segue:

(1) A extremidade superior do canal central: o ponto entre as sobrancelhas [glabela];

(2) A extremidade inferior: a ponta do órgão sexual;

(3) O centro da roda-canal da coroa: localizado no ponto mais alto do crânio;

(4) O centro da roda-canal da garganta: localizado próximo à parte de trás da garganta;

(5) O centro da roda-canal do coração: localizado entre os dois mamilos;

(6) O centro da roda-canal do umbigo;

(7) O centro da roda-canal do lugar secreto, quatro dedos abaixo do umbigo;

(8) O centro da roda-canal da joia: localizado no centro do órgão sexual, próximo à sua ponta;

(9) A roda do vento: o centro da roda-canal da testa, que possui seis hastes;

(10) A roda do fogo: o centro da roda-canal localizada no meio entre as rodas-canais da garganta e do coração, e que possui três hastes.

Assim como podemos entrar em uma casa por qualquer uma das portas de entrada que conduzem ao seu interior, os ventos também podem entrar no canal central por qualquer uma dessas dez portas.

Para penetrar os pontos exatos do nosso próprio corpo, precisamos nos concentrar nos canais, nos ventos e nas gotas brancas e vermelhas. Nas escrituras tântricas, esses três são frequentemente chamados de "o corpo-vajra". O vajra efetivo é o grande êxtase espontâneo, que surge na dependência dos canais, ventos e gotas. Neste contexto, o resultado futuro é trazido para o presente por meio de atribuir o nome do resultado à sua causa – daí o nome "corpo-vajra". Se desejarmos meditar no corpo-vajra, precisamos de uma compreensão clara dos canais estacionários, dos ventos movedores e das gotas contidas. Isso será agora explicado em detalhe.

OS CANAIS ESTACIONÁRIOS

Há três canais principais: o canal central, o canal direito e o canal esquerdo. O canal central é como a haste principal de um guarda-chuva, passando pelo centro de cada uma das rodas-canais, e os outros dois seguem-no de ambos os lados. O canal central é azul-claro por fora e tem quatro atributos: (1) é reto como o tronco de uma bananeira; (2) por dentro é vermelho-oleoso, como sangue puro; (3) é muito claro e transparente, como a chama de uma vela; e (4) é muito macio e flexível, como uma pétala de lótus.

O canal central está localizado exatamente no meio entre as metades esquerda e direita do corpo, mais próximo das costas do que da frente. Imediatamente na frente da coluna, está o canal da vida, que é bastante grosso; e, à frente deste, está o canal central. Como mencionado anteriormente, ele começa no ponto entre as sobrancelhas, de onde ascende formando um arco até a coroa da cabeça e, então, desce em linha reta até a ponta do órgão sexual. Embora o seu nome mais comum seja "canal central", ele também é conhecido como "os dois abandonos", porque a reunião dos ventos nesse canal faz com que a atividade negativa associada com os ventos dos canais direito e esquerdo seja abandonada. Ele é também conhecido como "o canal da mente" e como "Rahu".

De ambos os lados do canal central, sem nenhum espaço entre eles, estão os canais direito e esquerdo. O canal direito é vermelho, e o esquerdo, branco. O canal direito começa na ponta da narina direita, e o canal esquerdo, na ponta da narina esquerda. A partir daí, ambos ascendem formando um arco até a coroa da cabeça, por ambos os lados do canal central. Da coroa da cabeça até o umbigo, esses três canais principais são retos e adjacentes entre si. À medida que o canal esquerdo continua descendo abaixo do nível do umbigo, ele se encurva ligeiramente à direita, separando-se levemente do canal central e voltando a se reunir com ele na ponta do órgão sexual. Ali, ele cumpre a função de reter e soltar esperma, sangue e urina. À medida que o canal direito continua descendo abaixo do nível do umbigo, ele se encurva ligeiramente à esquerda e termina na ponta do ânus, onde cumpre a função de reter e soltar as fezes e assim por diante.

Outros nomes para o canal direito são "o canal-sol", "o canal da fala" e "o canal do detentor, ou sustentador, subjetivo". Este último título indica que os ventos que fluem por esse canal causam a geração de concepções desenvolvidas em termos da mente subjetiva. Outros nomes para o canal esquerdo são "o canal-lua", "o canal do corpo" e "o canal do objeto mantido, ou sustentado", sendo que este último título indica que os ventos que fluem por esse canal causam a geração de concepções desenvolvidas em termos do objeto.

Os canais direito e esquerdo enrolam-se em torno do canal central em vários locais, formando, assim, os chamados "nós do canal". Os quatro lugares onde esses nós ocorrem são, em ordem ascendente: a roda-canal do umbigo, a roda-canal do coração, a roda-canal da garganta e a roda-canal da coroa. Em cada um desses locais, exceto no coração, há um nó duplo formado por uma única volta do canal direito e uma única volta do esquerdo. À medida que os canais direito e esquerdo sobem para esses locais, eles se enrolam no canal central cruzando-o pela frente e, depois, dando uma volta ao seu redor. Eles então continuam para cima, até o nível do nó seguinte. No coração, a mesma coisa acontece, exceto que, aqui, há um nó sêxtuplo formado por três voltas superpostas de cada um dos dois canais laterais.

Os quatro locais onde esses nós ocorrem são em quatro das seis rodas-canais principais. Como será importante, em um momento posterior, visualizar essas rodas-canais claramente, elas serão

Togden Jampel Gyatso

explicadas brevemente aqui. Em cada uma das seis rodas-canais principais, um número diferente de hastes, ou pétalas, ramifica-se do canal central, do mesmo modo que as varetas de um guarda-chuva parecem sair de sua haste principal. Assim, na roda-canal da coroa – conhecida como "a roda do grande êxtase" – há 32 pétalas, ou hastes-canais, todas de cor branca. O centro é triangular, com o vértice voltado para a frente (isso se refere ao formato do nó entrelaçado através do qual as hastes emanam, tal como é visto a partir de cima). Essas 32 hastes formam um arco para baixo, como as varetas de um guarda-chuva aberto. Uma descrição dessa roda-canal e das demais três rodas-canais principais onde os nós ocorrem é dada abaixo, no Quadro 1.

Quadro 1. As Quatro Rodas-Canais Principais

Localização	Nome	Formato do centro	Número de hastes	Cor	Direção do arqueamento
coroa	roda do grande êxtase	triangular	32	branca	para baixo
garganta	roda de deleite	circular	16	vermelha	para cima
coração	roda do Dharma	circular	8	branca	para baixo
umbigo	roda emanação	triangular	64	vermelha	para cima

Essas quatro rodas-canais contêm um total de 120 hastes. No que se refere às duas rodas-canais principais restantes, a roda-canal no lugar secreto tem 32 hastes vermelhas que arqueiam para baixo, e a roda-canal da joia tem oito hastes brancas que arqueiam para cima. Deve-se notar que, de acordo com alguns textos, as hastes na coroa, no umbigo e no lugar secreto podem ser visualizadas como tendo diversas cores.

Uma vez que a roda-canal do coração é de especial importância, ela será agora descrita com mais detalhes. Suas oito hastes, ou pétalas, estão dispostas nas direções cardeais e intermediárias, com a frente começando pelo leste. Em cada haste, flui principalmente o vento sustentador de um elemento específico, como está indicado abaixo, no Quadro 2.

Quadro 2. As Hastes da Roda-Canal do Coração

Direção	Vento sustentador
leste	do elemento terra
norte	do elemento vento
oeste	do elemento fogo
sul	do elemento água
sudeste	do elemento forma
sudoeste	do elemento odor
noroeste	do elemento sabor
nordeste	do elemento tátil

De cada uma dessas oito pétalas, ou hastes-canais do coração, ramificam-se três canais, totalizando 24 canais. Esses são os canais dos 24 lugares. Eles estão todos incluídos em três grupos de oito: os canais da roda-mente (que são azuis e contêm, principalmente, ventos), os canais da roda-fala (que são vermelhos e contêm, principalmente, gotas vermelhas) e os canais da roda-corpo (que são brancos e contêm, principalmente, gotas brancas). Cada canal se dirige para um lugar diferente no corpo. Esses lugares são os 24 lugares interiores. Quando praticamos a sadhana extensa de Heruka, visualizamos as Deidades do mandala de corpo nesses lugares.

As extremidades exteriores dos oito canais da roda-mente terminam: (1) no contorno do couro cabeludo, (2) na coroa, (3) na orelha direita, (4) na nuca, (5) na orelha esquerda, (6) na glabela (o ponto entre as sobrancelhas), (7) nos dois olhos, e (8) nos dois ombros. As extremidades exteriores dos oito canais da roda-fala terminam: (9) nas duas axilas, (10) nos dois mamilos, (11) no umbigo, (12) na ponta do nariz, (13) na boca, (14) na garganta, (15) no coração (o ponto bem no meio entre os dois mamilos), e (16) nos dois testículos ou nos dois lados da vagina. Por fim, as extremidades exteriores dos oito canais da roda-corpo terminam: (17) na ponta do órgão sexual, (18) no ânus, (19) nas duas coxas, (20) nas duas panturrilhas, (21) nos oito dedos das mãos, exceto os polegares, e nos oito dedos dos pés, exceto os dedões, (22) no dorso dos pés, (23) nos dois polegares e nos dois dedões dos pés, e (24) nos dois joelhos.

Cada um desses 24 canais ramifica-se em outros três canais, que se distinguem entre si pelos elementos principais – ventos, gotas vermelhas e gotas brancas – que fluem por eles. Cada um desses 72 canais ramifica-se, por sua vez, em mil canais, totalizando 72 mil canais. É importante, para um praticante de Tantra Ioga Supremo, familiarizar-se com a disposição dos canais, uma vez que, como será explicado adiante, é por meio de ganhar controle sobre os ventos e gotas que fluem por eles que alcançamos uma realização da união de grande êxtase espontâneo e vacuidade.

Os ventos no corpo de uma pessoa comum fluem pela maioria desses canais, exceto pelo canal central. Como esses ventos são impuros, as várias mentes que eles sustentam também são impuras e, enquanto continuarem a fluir pelos canais periféricos, continuarão a sustentar as diversas concepções negativas que nos mantêm presos no samsara. Por força de meditação, entretanto, esses ventos podem ser trazidos para o canal central, onde não mais serão capazes de sustentar o desenvolvimento de concepções de aparência dual densas. Com a mente livre de aparências duais, seremos capazes de obter uma realização direta da verdade última, a vacuidade. Uma explicação mais detalhada dessa visualização e dos meios para controlar os canais, ventos e gotas será dada mais adiante.

Correspondendo aos 24 lugares interiores do mandala de corpo de Heruka, estão os "24 lugares exteriores", localizados em diversos pontos espalhados por este mundo. Os praticantes com carma puro podem ver esses lugares exteriores de Heruka como Terras Puras, mas as pessoas com carma impuro enxergam esses lugares apenas como lugares comuns.

CLARA-LUZ DE ÊXTASE

OS VENTOS MOVEDORES

Em contraste com os canais estacionários, os ventos interiores são conhecidos como "os ventos movedores" porque eles fluem pelos canais. Algumas pessoas acreditam que apenas fluidos, como o sangue, fluem pelos canais do corpo, mas isso não é assim. Na verdade, esses fluidos são capazes de circular pelo interior do corpo somente devido ao movimento dos ventos. Se não houvesse o movimento desses ventos, os outros sistemas de circulação não poderiam funcionar. No entanto, deve-se lembrar que esses ventos interiores são muito mais sutis que o ar exterior.

Há cinco ventos-raízes e cinco ventos secundários, ou ventos-ramos. Os ventos-raízes são:

(1) o vento de sustentação vital;
(2) o vento descendente de esvaziamento;
(3) o vento ascendente movedor;
(4) o vento que-permanece-por-igual;
(5) o vento que-permeia.

Os cinco ventos secundários são:

(6) o vento movedor;
(7) o vento intensamente movedor;
(8) o vento perfeitamente movedor;
(9) o vento fortemente movedor;
(10) o vento definitivamente movedor.

Cada um dos cinco ventos-raízes possui seis características pelas quais pode ser reconhecido: (1) sua cor; (2) a Família Búdica à qual está associado; (3) o elemento para o qual serve de sustentação; (4) seu assento principal, ou localização fundamental; (5) sua função; e (6) sua direção (ou seja, o modo como sai das narinas após a exalação). Uma lista dessas características está no Quadro 3 (ver página 28).

Se nos familiarizarmos com essas características, seremos capazes de reconhecer quais os ventos que estão fluindo. Essa habilidade irá se tornar importante em uma etapa posterior de meditação. Como foi mencionado acima, cada vento-raiz serve como suporte para um elemento específico. O primeiro vento, também conhecido como "o vento do elemento água", é responsável pelo aumento do sangue, esperma e outros líquidos corporais. Do mesmo modo, o segundo vento, "o vento do elemento terra", é responsável pelo crescimento dos ossos, dentes e unhas; o terceiro vento, "o vento do elemento fogo", aumenta o calor corporal; o quarto vento, "o vento do elemento vento", aumenta o fluir do elemento vento pelos canais; e o quinto vento, "o vento do elemento espaço", causa o aumento do tamanho dos espaços e cavidades internas do corpo e, portanto, está relacionado com o crescimento.

Com relação aos cinco ventos secundários, ou ventos-ramos, eles são assim chamados porque se ramificam do vento de sustentação vital, que reside no centro do coração. Cada um deles flui para a porta de um poder sensorial específico, permitindo, assim, que a percepção relacionada com aquele poder se mova para o seu objeto adequado. A cor e a função de cada vento secundário estão listadas no Quadro 4 (ver página 29).

Dos dez ventos, raízes e secundários, o mais importante para a meditação do Mantra Secreto é o vento de sustentação vital. Esse vento possui três níveis: denso, sutil e muito sutil. É o vento muito sutil que viaja de uma vida para outra, sustentando a mente muito sutil. Esse vento muito sutil e a mente muito sutil nunca se separam, razão pela qual o vento muito sutil é denominado "indestrutível". O vento indestrutível está localizado em um pequeno vacúolo dentro do canal central, no centro da roda-canal do coração. Ele encontra-se encerrado no centro de uma pequena esfera, a gota indestrutível, que é formada pelas gotas branca e vermelha muito sutis.

Precisamos de um conhecimento íntimo e profundo do vento de sustentação vital, porque ele é o objeto de meditação das práticas do estágio de conclusão, tais como a recitação vajra. Essa

Quadro 3. Os Ventos Raízes

	Vento de sustentação vital	Vento descendente de esvaziamento	Vento ascendente movedor	Vento que-permanece--por-igual	Vento que-permeia
Cor	Branca	Amarela	Vermelha	Amarelo-esverdeada	Azul-clara
Família Búdica	Akshobya	Ratnasambhava	Amitabha	Amoghasiddhi	Vairochana
Elemento	Água	Terra	Fogo	Vento	Espaço
Localização	Coração	As duas portas inferiores: o ânus e o órgão sexual	Garganta	Umbigo	Ambas as partes do corpo, a superior e a inferior, principalmente as 360 articulações
Função	Sustentar e manter a vida	Reter e soltar urina, fezes, esperma, sangue etc.	Falar, ingerir etc.	Faz arder o fogo interior; possibilita a digestão da comida e da bebida etc.	Capacitar o corpo a ir e vir; permitir movimentos, levantar-se e posicionar-se
Direção	Ambas as narinas, suavemente para baixo	Ambas as narinas, horizontalmente e fortemente para frente	Pela narina direita, fluindo violentamente para cima	Pela narina esquerda, movendo-se para a esquerda e para a direita a partir da borda da narina	Este vento não flui através das narinas, exceto no momento da morte

prática, que é feita dentro da roda-canal do coração, é um método para afrouxar os nós no coração. É essencial afrouxar esses nós para que a nossa prática do Mahamudra seja bem-sucedida.

Quadro 4. Os Ventos Secundários

Nome	Cor	Função
Vento movedor	Vermelha	Permitir que a percepção visual se mova para formas visuais
Vento intensamente movedor	Azul	Permitir que a percepção auditiva se mova para os sons
Vento perfeitamente movedor	Amarela	Permitir que a percepção olfativa se mova para os odores
Vento fortemente movedor	Branca	Permitir que a percepção gustativa se mova para os sabores
Vento definitivamente movedor	Verde	Permitir que a percepção corporal se mova para os objetos táteis

AS GOTAS CONTIDAS

Há dois tipos de gota no corpo: gotas brancas e gotas vermelhas. As gotas brancas são a essência pura do fluido seminal branco, e as gotas vermelhas são a essência pura do sangue. Ambas têm formas densas e sutis. As gotas brancas e vermelhas que fluem fora do canal central são gotas densas. O canal central contém tanto gotas densas quanto gotas sutis.

A localização principal da gota branca (também conhecida como "bodhichitta branca") é a roda-canal da coroa, e é desse lugar que o fluido seminal branco se origina. A localização principal da gota vermelha (também conhecida como "bodhichitta vermelha") é a roda-canal do umbigo, e é desse lugar que o sangue se origina. A gota vermelha no umbigo é também a origem do calor do corpo e a base para a aquisição das realizações do fogo interior, ou *tummo*. Quando as gotas derretem e fluem pelos canais, elas dão origem a uma experiência de êxtase.

Para os praticantes do Tantra Ioga Supremo, os canais, ventos e gotas são as bases para alcançar o grande êxtase espontâneo. Os seres cujos corpos não são dotados com esses três não têm oportunidade de praticar o Tantra Ioga Supremo. Assim, o corpo humano é o veículo perfeito para as meditações do Mantra Secreto, razão pela qual é considerado tão precioso. Em geral, para praticar o Tantra Ioga Supremo, é preciso ser um ser humano nascido de um útero e possuir seis elementos: terra, água, fogo, vento, canais e gotas; ou, de acordo com outra maneira de listá-los – osso, tutano e gotas brancas (obtidos do pai), e carne, pele e sangue (obtidos da mãe).

A RAZÃO PELA QUAL OS VENTOS PODEM ENTRAR NO CANAL CENTRAL ATRAVÉS DESSAS PORTAS POR MEIO DE PENETRAR OS PONTOS EXATOS

Para trazer os ventos para o canal central, precisamos praticar meditações que foquem a nossa concentração em qualquer uma das dez portas mencionadas acima. As práticas de Heruka, Guhyasamaja, Vajrayogini e assim por diante contêm métodos técnicos diferentes para penetrar esses pontos. Em alguns desses métodos, a concentração é focada no centro da roda-canal do coração; em outros, no centro da roda-canal do umbigo; e em outros, nas extremidades superior e inferior do canal central. De acordo com o sistema apresentado nos Seis Iogas de Naropa, os ventos entram no canal central através da porta da roda-canal do umbigo. Essa é também a porta usada por este sistema de meditação Mahamudra. Quando obtivermos confiança de que os ventos podem entrar no canal central através da roda-canal do umbigo, saberemos também como podem entrar pelas outras nove portas.

Como foi mencionado anteriormente, há 64 hastes na roda--canal do umbigo, ou roda emanação. Os canais central, direito e esquerdo ascendem através do centro dessa roda-canal, sendo que os canais direito e esquerdo se enrolam, cada qual, uma vez para formar, ali, o nó duplo. No centro desse nó, dentro do canal central, há um pequeno vacúolo, semelhante a uma pequena bolha de ar. Esse vacúolo é o ponto para penetrar quando meditamos no fogo interior, ou *tummo*. Quando fazemos a meditação no fogo interior, focamos a nossa concentração nesse vacúolo e visualizamos claramente uma letra AH-breve dentro dele. Concentrar-se estritamente focado nesse AH-breve é conhecido como "penetrar o ponto exato da roda-canal do umbigo do corpo-vajra". Se meditarmos na nossa mente como estando indistinguivelmente fundida com o AH-breve e praticarmos essa meditação muitas e muitas vezes com concentração forte e estável, seremos bem-sucedidos em trazer os ventos para o canal central nesse ponto [exato].

Por que essa meditação faz com que os ventos entrem no canal central? A razão é que, assim como um corpo e a sua sombra, os ventos montados e as mentes que os montam são inseparáveis, e, desse modo, se a mente se recolhe em um vacúolo dentro do canal central, os ventos precisam também se recolher ali. A prática intensa e consistente dessa meditação fará com que o canal central se abra gradualmente. Isso explica como os ventos podem ser trazidos para o canal central através da roda-canal do umbigo e, do mesmo modo, podemos compreender como os ventos podem entrar nele através de qualquer uma das outras nove portas.

É muito importante ser bastante acurado quando penetramos esses pontos, identificando as suas localizações precisas no centro exato das rodas-canais, dentro do canal central. Algumas vezes, outras letras, em vez do AH-breve, podem ser visualizadas no interior dos vacúolos. Por exemplo, em algumas meditações, uma letra RAM é visualizada no umbigo e, em outras, uma letra HUM ou uma pequena gota é visualizada no coração.

Um método rápido para reunir os ventos no canal central é praticar a penetração dos pontos exatos enquanto seguramos a respiração-vaso, que será explicada adiante. Uma vez que os ventos tenham entrado no canal central, o grande êxtase espontâneo pode ser gerado sem dificuldade. Os ventos que fluem pelo canal central são extremamente benéficos e conducentes a realizações. Normalmente, porque os nossos ventos estão se movendo nos canais direito e esquerdo, eles dão origem aos pensamentos conceituais densos, que interferem com a concentração estritamente focada, e fazem com que a nossa concentração se torne dispersa; mas, quando os ventos estão no canal central, eles não sustentam tais pensamentos conceituais. Todas as distrações conceituais densas são pacificadas, e a nossa concentração meditativa torna-se poderosa e penetrante. Assim, somos capazes de manter, com concentração imóvel, inabalável, qualquer objeto que escolhermos.

EXPLICAÇÃO DAS SUAS DIFERENTES FUNÇÕES

Em geral, qualquer vento pode ser trazido para o canal central através de se penetrar qualquer uma das dez portas. No entanto, durante o estágio de conclusão, a penetração de cada roda-canal desempenha uma função diferente. Penetrar a roda-canal da coroa aumenta as gotas brancas, penetrar a roda-canal da garganta torna as práticas oníricas muito poderosas, penetrar a roda-canal do coração permite-nos manter a aparência da clara-luz, penetrar a roda-canal do umbigo aumenta o fogo interior, penetrar a roda-canal do lugar secreto induz uma experiência de forte êxtase, e penetrar a roda-canal da ponta do órgão sexual aprimora a experiência de forte êxtase e induz um sono rápido, profundo e longo.

Por que a última habilidade é importante? Os meditadores do Mantra Secreto que desejam utilizar o sono como um caminho espiritual necessitam adormecer rapidamente e dormir por um período longo. Para realizar isso, eles penetram o ponto exato da roda-canal do órgão sexual logo antes de adormecerem e, então, treinam as práticas do estágio de conclusão durante o seu sono prolongado. No entanto, se não pudermos praticar o estágio de conclusão enquanto estivermos acordados, não seremos capazes de praticá-lo durante o sono. Praticar o estágio de conclusão durante o sono prepara-nos para sermos capazes de praticá-lo durante o processo da morte, que é o momento mais importante para praticar.

Na morte, precisamos ser capazes de praticar três métodos especiais: trazer a clara-luz da morte para o caminho que conduz ao Corpo-Verdade, trazer o estado intermediário para o caminho que conduz ao Corpo-de-Deleite, e trazer o renascimento para o caminho que conduz ao Corpo-Emanação. Para sermos bem-sucedidos nesses três métodos, precisamos nos preparar antecipadamente por meio de treinar: as práticas do estágio de conclusão que trazem a clara-luz do sono para o caminho que conduz ao Corpo-Verdade; que trazem o *sonhar* para o caminho que conduz ao Corpo-de-Deleite; e que trazem o *acordar* para o caminho que conduz ao Corpo-Emanação. Portanto, o meditador do Mantra Secreto esforça-se para permanecer, por um longo tempo, com a experiência da clara-luz do sono para que possa praticar esses métodos.

As pessoas comuns têm uma experiência muito breve da clara-luz do sono, mas são incapazes de reconhecer essa experiência ou de mantê-la por longos períodos. Não obstante, todos têm o potencial para desenvolver a experiência de clara-luz e usar essa experiência como caminho espiritual.

Por fim, deve-se notar que não é apenas quando adormecemos que devemos penetrar o ponto exato da roda-canal do órgão sexual. Podemos penetrá-lo a qualquer momento para trazer os ventos para o canal central.

Baso Chokyi Gyaltsen

Fogo Interior

EXPLICAÇÃO DAS ETAPAS
DA MEDITAÇÃO NO FOGO INTERIOR
(*TUMMO*), EM PARTICULAR

De acordo com o presente sistema de meditação Mahamudra, os ventos são trazidos para o canal central no ponto exato da roda--canal do umbigo por meio do ioga do fogo interior, ou *tummo*. O ioga do fogo interior permeia todas as práticas do estágio de conclusão. Ele é o tronco do qual todas essas práticas se ramificam. Se algo for uma prática do estágio de conclusão, será uma prática direta ou indireta do fogo interior. Sem acender o fogo interior, fazê-lo arder e derreter os dois tipos de gotas, é impossível gerar grande êxtase espontâneo.

Em geral, o estágio de conclusão tem vários objetos de meditação, tais como os canais, os ventos, as gotas, o fogo interior ou as letras localizadas no interior dos pontos exatos das várias rodas-canais; e uma prática específica será uma meditação direta ou indireta no fogo interior na dependência do objeto efetivo de meditação. Como foi explicado anteriormente, o fogo interior é a gota vermelha e clara localizada no interior da roda-canal do umbigo. Ela é denominada "fogo interior" porque é da natureza do calor. Se um praticante visualizar essa gota vermelha como uma chama e meditar nela, ele, ou ela, estará praticando uma meditação direta no *tummo*.

O termo tibetano *tummo* significa "Vigoroso", ou "Intenso", e costuma ser utilizado para se referir às Heroínas, que são ligeiramente iradas quanto à aparência e concedem grande êxtase espontâneo aos seus consortes, os Heróis. A gota vermelha no umbigo, que é da natureza do fogo, também é denominada *tummo* porque a sua função é semelhante à das Heroínas, [que possuem a característica de serem] vigorosas, enérgicas, intensas. Neste texto, no entanto, a gota vermelha no umbigo será referida simplesmente como "fogo interior".

Quando praticamos o ioga do fogo interior, visualizamos a gota vermelha na forma da letra AH-breve (ver Apêndice III). Essa letra é denominada "o AH-breve do fogo interior" e, na prática do Mahamudra, meditar nessa letra é considerado o método supremo para, inicialmente, trazer os ventos para o canal central. Nos seus ensinamentos, Milarepa referia-se com frequência a essa letra como "o meu AH-breve". Um dia, seu discípulo Gampopa disse-lhe que, quando praticava concentração estritamente focada, podia manter-se em uma única sessão ininterrupta durante sete dias. "E de que vale isso?", respondeu Milarepa. "Tu te sentas por sete dias, mas não experiencias a clara-luz. Se meditasses no meu AH-breve do fogo interior, experienciarias a clara-luz muito rapidamente."

Por meditar no fogo interior, seremos capazes de alcançar rapidamente as realizações do tranquilo-permanecer e da visão superior e, sobre essas bases, seremos capazes de alcançar a clara-luz-exemplo e a clara-luz-significativa. Assim sendo, os frutos da meditação no fogo interior são inumeráveis. Comparar outros métodos com o fogo interior é como comparar um burro com um excelente cavalo.

A prática do fogo interior foi, primeiro, ensinada por Conquistador Vajradhara, no *Tantra-Raiz de Hevajra*. A partir desse Tantra, foi incorporada a outras práticas, tais como as de Yamantaka, Guhyasamaja, Heruka e Vajrayogini. Por isso, todos os meditadores tântricos consideram o *Tantra de Hevajra* uma escritura especialmente abençoada. Visto que as práticas do fogo interior vêm diretamente de Vajradhara, elas são praticadas por todas as tradições budistas tibetanas. Como o primeiro Panchen Lama afirmou no seu autocomentário ao texto-raiz do Mahamudra:

FOGO INTERIOR

Se conseguirmos trazer os ventos para o canal central por força de hábitos formados em vidas passadas, isso será excelente; caso contrário, devemos praticar o ioga do fogo interior tal como explicado nos Seis Iogas de Naropa.

Esta foi uma introdução geral à prática do fogo interior. O que se segue é uma explicação detalhada dos métodos utilizados para acender o fogo interior e fazê-lo arder.

Se tivermos um forte desejo de seguir o caminho do fogo interior, devemos praticar todos os dias os métodos explicados a seguir, começando cada sessão com as seguintes preliminares breves. Visualizamos o nosso Guru-raiz sob a forma de Vajradhara, rodeado pelos Gurus da linhagem Mahamudra, os quais, por sua vez, estão rodeados pelos Budas, Bodhisattvas, Heróis, Dakinis e Protetores do Dharma. Essa visualização é semelhante à do Campo para Acumular Mérito em *Oferenda ao Guia Espiritual*, descrito em detalhes no livro *Grande Tesouro de Mérito*. Após visualizar o Campo para Acumular Mérito, fazemos uma oferenda de mandala, longa ou breve, e então recitamos três vezes a seguinte prece, enquanto nos concentramos fortemente no seu significado:

Eu me prostro e busco refúgio no meu Guia Espiritual
E nas Três Joias sublimemente Preciosas.
Por força das vossas bênçãos, que eu seja bem-sucedido
Na minha prática do fogo interior
E, por força de concluir a prática do fogo interior,
Que eu alcance rapidamente a União do Mahamudra.
Por favor, fazei com que os meus canais se tornem flexíveis
  e macios
E fazei com que os meus ventos e gotas se tornem maleáveis.
Por meio das vossas bênçãos, que eu alcance rapidamente as
  aquisições,
Sem a mais leve dificuldade ou desconforto.

CLARA-LUZ DE ÊXTASE

Os quatro últimos versos são recitados para eliminar as causas de obstáculos físicos que possam impedir o nosso progresso e impossibilitar o êxito da nossa prática. Para praticar as meditações do estágio de conclusão, precisamos estar saudáveis, com canais maleáveis e macios, ventos suaves e gotas brancas e vermelhas flexíveis. Caso contrário, poderemos desenvolver doenças relacionadas aos ventos (*lung*, em tibetano) ou outras enfermidades físicas.

Após recitar essa prece três vezes, devemos gerar uma motivação especial de bodhichitta – uma mente que deseja alcançar a perfeita Budeidade para o benefício de todos os seres. Fazemos isso enquanto recitamos três vezes a seguinte prece:

Para o benefício de todos os seres vivos, eu preciso me tornar
Um perfeito Buda nesta vida.
Portanto, praticarei agora o ioga do fogo interior
Para alcançar a minha meta o mais rapidamente possível.

Tanto a bodhichitta aspirativa como a bodhichitta de compromisso estão incluídas nessa prece – os dois primeiros versos referem-se à primeira, e os dois últimos, à segunda. Uma vez que a preciosa mente de bodhichitta é absolutamente essencial para que a nossa prática do fogo interior seja uma prática mahayana, não é preciso mencionar o quanto mais é necessária para que seja uma prática vajrayana. Se a nossa meditação no fogo interior não estiver associada com as mentes de refúgio e bodhichitta, ela se tornará um caminho não-budista, e um ioga do fogo interior executado para propósitos mundanos não é um caminho para a plena iluminação. Como há uma grande diferença na motivação entre práticas mundanas e práticas de Dharma, os seus caminhos e frutos também são muito diferentes.

Após recitar e meditar no significado dessas preces, imaginamos que o Campo para Acumular Mérito e os Gurus-linhagem dissolvem-se todos em nosso Guru-raiz, Vajradhara. Então, com as palmas das mãos unidas em um gesto de súplica, na altura do coração, pedimos ao nosso Guru-raiz para vir à coroa da nossa cabeça. Quando ele chega ali, sentimos que a nossa roda-canal da coroa se abre. O nosso Guru então diminui gradualmente, até ficar do tamanho de um polegar, entra pela nossa coroa e desce pelo nosso canal central. Por fim, dissolve-se no vento indestrutível e na mente indestrutível, dentro da gota indestrutível, no centro da nossa roda-canal do coração. Contemplamos intensamente que o nosso corpo, fala e mente sutis foram abençoados. Nosso corpo sutil é o vento muito sutil sobre o qual a nossa mente muito sutil está montada. A associação desses dois possui o potencial para se comunicar, e essa é a nossa fala sutil.

Além dessas meditações em refúgio, bodhichitta e de receber as bênçãos do nosso Guia Espiritual, é importante, no começo da nossa prática do fogo interior, gerar clara-aparência e orgulho divino de sermos, nós mesmos, a Deidade. Durante o estágio de geração, a Deidade pode ser visualizada como tendo muitos braços, pernas e faces, mas, durante as meditações do estágio de conclusão, a Deidade é sempre visualizada como tendo apenas uma face e dois braços. Por exemplo, se a nossa Deidade pessoal for Heruka, durante as práticas do estágio de conclusão visualizamos a nós mesmos como Heruka, com uma face e dois braços e unidos-em-abraço com Vajravarahi.

Durante a meditação do estágio de conclusão, a nossa postura deve ser impecável. Se possível, devemos nos sentar na postura de sete pontos de Buda Vairochana, compreendendo que cada uma das sete características dessa postura possui um propósito específico. No entanto, para algumas pessoas, a postura vajra – na qual cada um dos pés é colocado sobre a coxa oposta – é difícil de ser mantida confortavelmente. Se este for o caso, devemos pelo menos tentar mantê-la por alguns momentos no início de cada sessão, e depois, mudar para uma posição mais confortável. Isso permitirá que nos acostumemos gradualmente a essa postura e também servirá como um sinal auspicioso para a nossa prática. Embora a postura vajra seja superior a outras posturas, podemos nos sentar em qualquer posição de pernas cruzadas – ou mesmo na postura de Tara, com uma perna estendida –, desde que estejamos sentados com as costas perfeitamente retas.

A explicação das etapas da meditação no fogo interior tem duas divisões principais:

1. Como meditar no fogo interior (*tummo*) em oito etapas;
2. Com base nisso, uma explicação da prática das quatro alegrias e das nove fusões.

COMO MEDITAR NO FOGO INTERIOR (*TUMMO*) EM OITO ETAPAS

As oito etapas são:

1. Explicação sobre como eliminar ventos impuros e meditar num corpo vazio;
2. Visualizar e meditar nos canais;
3. Treinar os caminhos dos canais;
4. Visualizar e meditar nas letras;
5. Acender o fogo interior (*tummo*);
6. Fazer o fogo arder;
7. Mero arder e gotejar;
8. Explicação sobre o arder e o gotejar extraordinários.

Se desejarmos alcançar a realização do fogo interior, precisamos praticar essas oito etapas de meditação. Então, por meio da aquisição do fogo interior, seremos capazes de experienciar as quatro alegrias e praticar as nove fusões. Por treinar no fogo interior, nas quatro alegrias e nas nove fusões, podemos concluir o caminho completo da meditação Mahamudra e ter uma realização plena de todas as práticas do estágio de conclusão. Não devemos ficar satisfeitos em obter, apenas, uma realização dos métodos diretos da meditação no fogo interior, mas, sobre essa base, continuar até completar as práticas das quatro alegrias e das nove fusões. Je Tsongkhapa foi muito claro sobre este ponto.

EXPLICAÇÃO SOBRE COMO ELIMINAR VENTOS IMPUROS E MEDITAR NUM CORPO VAZIO

Como indicado no título deste tópico, a primeira etapa de meditação tem duas partes:

(1) Eliminar ventos impuros;
(2) Meditar num corpo vazio.

O propósito dessas duas práticas é livrar-nos de obstáculos físicos e mentais e tornar a nossa mente e o nosso corpo claros e lúcidos.

ELIMINAR VENTOS IMPUROS

Isto é alcançado por meio da prática de purificação das nove exalações. Começamos essa prática pressionando a ponta do nosso polegar esquerdo contra a base do nosso dedo anelar esquerdo e, então, fechando os quatro dedos sobre o polegar, formando, assim, um punho. O punho é, então, colocado no lado direito do tórax, de modo que o braço fique confortavelmente apoiado sobre o estômago. O braço faz uma leve rotação para cima, permitindo que as costas do punho repousem no lado direito do corpo, na altura do cotovelo direito.

Depois, com a mão direita, formamos um punho semelhante, mas com o dedo indicador estendido. Com o dorso do dedo indicador estendido, pressionamos a narina esquerda, bloqueando-a, e então, suavemente, fazemos uma inalação profunda através da narina direita. Enquanto inalamos suavemente, visualizamos o poder inspirador [das bênçãos] de todos os Budas e Bodhisattvas entrando pela nossa narina direita sob a forma de uma luz branca radiante, que se dissolve no vento e mente indestrutíveis, no centro da nossa roda-canal do coração. Quando alcançarmos o máximo da nossa capacidade de inalação, permanecemos nela pelo maior tempo possível.

Drubchen Dharmavajra

Para exalar, movemos o nosso dedo indicador direito estendido para a narina direita e fechamos essa narina, pressionando-a com a polpa do dedo. Exalamos, então, todos os ventos impuros pela narina esquerda em três exalações sucessivas e iguais. Enquanto exalamos, visualizamos que todos os nossos ventos impuros, especialmente aqueles do lado esquerdo do corpo, são expelidos, sob o aspecto de uma fumaça muito preta. Neste ponto, acabamos de completar três das nove exalações.

Com o nosso dedo ainda pressionando a narina direita, inalamos mais uma vez de maneira vagarosa, suave e profunda. Visualizamos uma luz branca radiante entrando por nossa narina esquerda, trazendo o poder inspirador [das bênçãos] de todos os Budas e Bodhisattvas, e dissolvendo-a no vento e mente indestrutíveis, no coração. Seguramos essa inalação até pouco antes que se torne desconfortável. Então, movemos de volta o dedo indicador estendido para a narina esquerda, como anteriormente, e exalamos totalmente todos os ventos impuros através da narina direita, em três exalações iguais. Visualizamos que todos os nossos ventos impuros, especialmente aqueles do lado direito do corpo, são expelidos.

Agora que seis das nove exalações foram completadas, colocamos as mãos no nosso colo, com as palmas voltadas para cima, no gesto do equilíbrio meditativo – a mão direita pousada sobre a esquerda e as pontas dos polegares quase se tocando. Inalamos, suave e profundamente, por ambas as narinas, enquanto fazemos as visualizações anteriormente descritas. Depois, exalamos três vezes por ambas as narinas. Quando essas três exalações forem completadas, imaginamos fortemente que todos os nossos canais, ventos e gotas estão muito maleáveis e confortáveis.

Este ciclo completo pode ser repetido quantas vezes desejarmos; se necessário, pode inclusive tomar uma sessão inteira. Para que essa meditação seja benéfica, é muito importante tentar fazê-la com concentração estritamente focada.

MEDITAR NUM CORPO VAZIO

O propósito desta etapa de meditação é eliminar obstáculos e problemas que surgem com relação aos nossos canais, ventos e gotas. Se os três não estiverem funcionando adequadamente, há o perigo de desenvolvermos várias doenças. Além disso, aqueles que são novos na meditação do estágio de conclusão podem fazer com que os seus elementos corporais fiquem desequilibrados por se esforçarem muito e se exaurirem. No entanto, nenhuma dessas interferências ocorrerá se fizermos com que os nossos canais, ventos e gotas se tornem maleáveis através desta meditação.

Como será explicado adiante, há dois métodos para trazer os ventos para o canal central por meio da meditação no fogo interior: o método pacífico e o método vigoroso. Este último utiliza a força física para trazer os ventos, rápida e intensamente, para o canal central. Embora possa ser muito efetivo, esse método também pode ser perigoso, causando desequilíbrio nos nossos ventos e induzindo desconforto físico e mental. Meditar no nosso corpo como sendo vazio, ou oco, irá nos proteger disso. É importante impedir que as práticas do estágio de conclusão causem desequilíbrio nos nossos ventos porque, se isso ocorrer, nem médicos nem medicamentos serão capazes de nos ajudar.

O método pacífico para trazer os ventos para o canal central pode ser ligeiramente mais longo, porém é um processo muito mais suave. Quando os ventos são trazidos para o canal central dessa maneira, eles entram muito lenta e suavemente, sem os efeitos secundários físicos e mentais que resultariam da perturbação dos canais, ventos e gotas. Aqueles que conseguem praticar com êxito esse método pacífico não precisam meditar no corpo como sendo vazio, oco, porque, para eles, não há perigo de doenças relacionadas aos canais ou aos ventos.

Je Tsongkhapa explicou que o método pacífico é superior ao método vigoroso. Ele salientou que o método pacífico evita não apenas os obstáculos mencionados anteriormente, como também é uma maneira mais poderosa de experienciar a clara-luz.

O método pacífico aprimora a concentração estritamente focada, e assim, quando praticamos as quatro alegrias – explicadas mais adiante –, passamos, com naturalidade e suavidade, de uma alegria para outra. Além disso, no texto-raiz do *Tantra de Hevajra* e nos seus comentários, é afirmado que, se meditarmos no fogo interior por meio de segurar a respiração-vaso, devemos fazê-lo da maneira pacífica.

Por fim, há ainda uma outra desvantagem do método vigoroso, que deve ser mencionada aqui. Se fizermos essas meditações vigorosamente, com muita expectativa, poderemos ser capazes de efetivamente trazer os ventos para o canal central de forma relativamente rápida, mas a quantidade de movimento físico envolvido nessa técnica pode impedir-nos, inclusive, de reconhecer claramente os primeiros sinais que ocorrem à medida que os ventos se dissolvem no canal central, e, se não reconhecermos esses primeiros sinais, não seremos capazes de reconhecer claramente o último sinal, a clara-luz. Portanto, por todas essas razões, o método pacífico é a prática preferível.

Quanto a meditar no nosso corpo como sendo vazio, isso é feito como explicado a seguir. Primeiro, consideramos o nosso corpo tal como ele é na sua forma normal – feito de pele, carne, ossos, sangue, e assim por diante – e então imaginamos fortemente que tudo o que está contido em nosso corpo se converte em luz e desaparece gradualmente na vacuidade, deixando apenas a nossa pele, como uma concha vazia. Uma vez que a meditação esteja estável, imaginamos que a nossa pele se torna clara e transparente, sem nenhuma resistência física, como um arco-íris. Se, durante qualquer etapa da nossa prática, experienciarmos problemas advindos da doença dos ventos, devemos fazer esta meditação até que as dificuldades se apaziguem, mesmo que isso leve vários dias ou semanas. Ao final de cada sessão de meditação, devemos retomar a visualização do nosso corpo como sendo o da Deidade.

Esta foi uma breve explicação da primeira etapa da meditação no fogo interior. Uma explicação mais detalhada incluiria exercícios físicos, conhecidos como "as seis rodas mágicas", cuja explicação

Gyalwa Ensapa

completa pode ser encontrada no comentário de Je Tsongkhapa aos Seis Iogas de Naropa. Quando estamos seguindo o método pacífico, não é necessário fazer esses exercícios, embora possamos, se o desejarmos.

VISUALIZAR E MEDITAR NOS CANAIS

O sistema de canais já foi descrito. No entanto, quando praticamos as meditações do estágio de conclusão, a visualização desses canais difere ligeiramente da descrição dada anteriormente. Uma diferença é que visualizamos o canal central terminando no lugar secreto, em vez de terminar na ponta do órgão sexual. Outra diferença é que, para os propósitos desta meditação, imaginamos que os nós nas várias rodas-canais estão afrouxados, de modo que o canal central não está constrito em nenhum desses pontos. Na verdade, assim como uma haste de bambu, que possui membranas que dividem [o seu caule] em várias seções, o canal central possui nós que, tal como essas membranas, o constringem. No entanto, quando estamos meditando no estágio de conclusão, imaginamos que todas essas membranas divisórias foram removidas, de modo que, se estivéssemos na parte inferior do canal central, seríamos capazes de olhar para cima e ver toda a sua extensão, como se estivéssemos olhando um poço de elevador vazio.

Quanto mais estreito visualizarmos o canal central, melhor. Podemos começar visualizando-o com o diâmetro de um canudo de beber. Uma técnica útil é começar a sessão de meditação visualizando-o como sendo muito grosso – por exemplo, da largura de um braço –, e então imaginar que se torna gradualmente mais fino. Por fim, quando alcançar a espessura de um canudo de beber, deixamos que permaneça assim e posicionamos firmemente a nossa concentração nele. À medida que a nossa concentração melhorar e se tornar mais sutil, podemos visualizá-lo ainda mais estreito. Podemos treinar em reduzir gradualmente a espessura do canal central durante um período de vários dias. Se a nossa determinação de meditar no fogo interior for séria, devemos estar preparados para nos concentrar apenas no canal central por muitas sessões durante muitos dias, semanas ou, até mesmo, meses.

Após visualizar o canal central, voltamos a nossa atenção para os canais direito e esquerdo e os visualizamos claramente. Embora o interior desses três canais seja vermelho, exteriormente cada um possui uma cor distinta. O canal direito é vermelho do lado de fora, o canal esquerdo é branco e o canal central é levemente azul. Para os propósitos desta meditação, imaginamos que os canais direito e esquerdo reúnem-se, ou conectam-se, ao canal central na altura do umbigo, formando uma junção tríplice nesse ponto. Os três canais correm paralelos entre si, desde o nível do umbigo até a coroa da cabeça, de onde, então, formam um arco descendente até o ponto entre as sobrancelhas. O canal central termina no ponto entre as sobrancelhas, mas os canais direito e esquerdo continuam até as narinas.

Dentro do canal central, no centro exato da roda-canal do umbigo, no ponto enclausurado pelo nó duplo, há um pequeno vacúolo, como descrito anteriormente. É muito importante conhecer onde esse vacúolo está localizado, porque esse é o local onde a meditação efetiva no fogo interior ocorre, e se não encontrarmos o ponto preciso, toda a nossa meditação no fogo interior estará incorreta.

Uma vez que a nossa visualização dos três canais esteja estável, concentramo-nos nas hastes, ou pétalas, das várias rodas-canais. Começamos imaginando que estamos dentro da gota indestrutível, na roda-canal do coração. Como mencionado anteriormente, o centro da roda-canal do coração está constrito por um nó sêxtuplo (formado por três voltas de cada um dos dois canais laterais), e a gota indestrutível está dentro do canal central, bem no centro desse nó.

Imaginamos então como se tivéssemos acendido uma luz, que ilumina os corredores das oito hastes da roda-canal do coração. Observamos essas hastes cuidadosamente, inspecionando detalhadamente cada uma, e então concluímos: "Agora eu verifiquei claramente as oito pétalas da roda-canal do coração".

Permanecendo ainda no interior da gota indestrutível, subimos agora para a roda-canal da garganta. Pensando que estamos dentro do vacúolo do canal central, enclausurado pelo nó duplo, inspecionamos os corredores de cada uma das dezesseis hastes dessa roda-canal. Após termos observado toda a extensão de cada haste cuidadosamente, pensamos como antes: "Agora eu verifiquei claramente as dezesseis pétalas da roda-canal da garganta".

Subimos então para a roda-canal da coroa e fazemos o mesmo que antes. Do interior deste vacúolo, no centro do nó duplo, inspecionamos os corredores de cada uma das 32 hastes, até que possamos pensar: "Agora eu verifiquei claramente as 32 pétalas da roda-canal da coroa".

Por fim, descemos até a roda-canal do umbigo. Do interior do vacúolo do nó duplo ali localizado, observamos toda a extensão de cada uma das 64 hastes até ficarmos satisfeitos, e pensamos: "Agora eu verifiquei claramente as 64 pétalas da roda-canal do umbigo".

Em todas essas visualizações, devemos ver as rodas-canais conforme descritas anteriormente, exceto que, para começar, provavelmente seja melhor omitir os nós. Posteriormente, quando tivermos mais habilidade e familiaridade, podemos adicionar o nó duplo na altura do umbigo e, então, quando a nossa habilidade na meditação houver melhorado o suficiente, podemos, também, incluir os nós nas outras três rodas-canais.

Resumindo, quando visualizamos os canais, concentramo-nos primeiro em ver o canal central claramente e, depois, estabilizamos a nossa visualização dos canais direito e esquerdo, vendo como se unem ao canal central no umbigo. Quando estivermos familiarizados com os três canais, meditamos nas hastes das várias rodas-canais, posicionando a nossa mente sucessivamente em cada um dos pequenos vacúolos do canal central, em cada um dos quatro níveis. Como foi mencionado anteriormente, se quisermos trazer os ventos para o canal central através do método da meditação no fogo interior, precisamos usar a nossa mente para penetrar o ponto exato no centro do vacúolo da roda-canal do umbigo. Nunca é demais enfatizar a importância da precisão absoluta para penetrar os pontos exatos. Essa meditação – que consiste em inspecionar cada roda-canal minuciosamente, e só então, por fim, penetrar o vacúolo no umbigo – deve ser feita, pelo menos, durante vários dias.

Longdol Lama disse que não há meditação mais poderosa do que a de penetrar o canal central com a motivação de bodhichitta. A razão disso é que, por meditarmos no canal central, podemos assumir o controle sobre os ventos e fazê-los entrar, permanecer e se dissolver nesse canal. Sobre essa base, podemos então alcançar o grande êxtase da clara-luz e, por meio da meditação na clara-luz, completar as duas coleções – de mérito e sabedoria. Meditadores avançados que alcançaram a união de grande êxtase espontâneo e vacuidade-clara-luz não precisam dedicar esforço à execução de prostrações físicas ou outras práticas externas porque, como está explicado nas escrituras tântricas, meramente por meditar na união de êxtase e vacuidade, eles conseguem completar as coleções necessárias para a aquisição da plena iluminação. Esses grandes meditadores, portanto, simplesmente pedem as bênçãos dos seus Gurus, raiz e linhagem, e então prosseguem com as suas práticas do estágio de conclusão.

TREINAR OS CAMINHOS DOS CANAIS

Há duas razões principais para fazer esta terceira etapa da meditação. Primeiro, ela ajuda a eliminar defeitos dos canais, ventos e gotas, tornando-os muito claros e flexíveis, impedindo, assim, que possamos contrair doenças relacionadas a eles. Se esses três elementos estiverem maleáveis, o corpo como um todo também será maleável. A razão disso é que os canais, ventos e gotas permeiam o corpo inteiro. É muito importante que o corpo de um meditador seja confortável e flexível, porque isso ajuda a mente a tornar-se clara e lúcida; e uma mente clara torna a meditação poderosa e muito benéfica. A segunda razão para fazer esta meditação é que ela aprimora grandemente a clareza da nossa visualização das rodas-canais.

Para treinar esta etapa, imaginamos que a nossa mente está no aspecto da gota indestrutível, localizada no centro da roda-canal do coração. Essa gota é do tamanho de uma ervilha, de cor branca e um matiz ligeiramente avermelhado, e brilha intensamente irradiando luzes de cinco cores: branca, vermelha, azul, verde e amarela. Essa luz, no entanto, não se estende a uma grande distância da gota. Com a nossa mente concentrada de modo estritamente focado nessa gota, contemplamos fortemente que ela é a essência da inseparabilidade da nossa própria mente com a mente do nosso Guia Espiritual, e a identificamos como sendo nós próprios. Então, decidimos que, sob a forma dessa gota cintilante, gostaríamos de fazer uma visita às várias rodas-canais.

Subimos lentamente pelo canal central até o nível da garganta e paramos exatamente no centro do vacúolo localizado no centro da roda-canal da garganta. Olhamos então ao longo dos corredores de cada uma das dezesseis hastes e, depois, como se acendêssemos uma luz muito poderosa, irradiamos a luz de cinco cores, iluminando completamente todas as hastes dessa roda-canal. Sentimos que essa luz brilhante corrige todos os possíveis defeitos das hastes – tais como estarem enrugadas ou murchas, coladas umas às outras ou bloqueadas –, e todas aquelas que estavam rígidas, ásperas, rugosas ou quebradiças tornam-se macias, lisas e flexíveis. Pensamos que os elementos que fluem pelas hastes – os ventos, as gotas brancas e as gotas vermelhas – tornam-se muito claros, poderosos e benéficos. Continuamos com essa visualização até que surja a sensação de que todos os defeitos nas hastes foram removidos e, então, reabsorvemos a luz de volta na gota cintilante. Pensamos que cumprimos o nosso propósito de visitar a roda-canal da garganta e, assim, decidimos visitar a roda-canal da coroa.

Subimos lentamente pelo canal central e paramos exatamente no centro do vacúolo da roda-canal da coroa. Procedemos, então, como antes. Observamos toda a extensão dos corredores de cada uma das 32 hastes dessa roda-canal, irradiamos neles a poderosa luz de cinco cores, corrigimos todos os defeitos (como anteriormente) e, quando sentirmos que todos os defeitos foram removidos, reabsorvemos a luz e pensamos que realizamos o nosso propósito de visitar essa roda-canal.

Khedrub Sangye Yeshe

FOGO INTERIOR

Agora pensamos que gostaríamos de fazer uma visita à roda-canal localizada no ponto entre as sobrancelhas e, do lugar em que estamos na coroa, olhamos para baixo, através do canal central, na sua direção. Na entrada do canal central, localizada exatamente entre as sobrancelhas, visualizamos uma abertura, semelhante ao terceiro olho de muitas Deidades vajrayana. Descemos lentamente até essa entrada e paramos ali, com metade da gota cintilante para dentro e metade para fora da abertura. A partir desta posição, examinamos atentamente para dentro e para fora do nosso corpo, olhando em todas as direções. Depois, irradiamos a luz de cinco cores e, conforme a luz brilha para dentro, verificamos que ela remove todos os defeitos dos canais na altura das sobrancelhas. À medida que a luz irradia para fora, ela purifica todos os ambientes impuros e pacifica o sofrimento e as causas de sofrimento, densas e sutis, de todos os seres sencientes. Quando sentirmos que esses propósitos foram alcançados, movemo-nos completamente para dentro, de modo a não estarmos mais com metade da gota para fora da abertura, e permanecemos ali por alguns instantes.

Então, tomamos a decisão de regressar ao ponto de onde começamos – a roda-canal do coração. Subimos lentamente para a coroa, passamos pelo vacúolo ali localizado e descemos lentamente pelo canal central, passando pelo vacúolo da garganta e, por fim, parando no centro do vacúolo na roda-canal do coração. Pensamos que regressamos à nossa morada principal. Agora, inspecionamos as oito hastes da roda-canal do coração, irradiamos a luz de cinco cores por todos os corredores e purificamos os seus defeitos, exatamente da maneira descrita anteriormente. Quando tivermos feito isso, reabsorvemos a luz e pensamos que agora gostaríamos de ir à roda-canal do umbigo.

Descemos lentamente pelo canal central e paramos no vacúolo ali localizado. Examinamos cada uma das 64 hastes da roda-canal do umbigo e novamente irradiamos a luz, corrigimos todos os defeitos dos canais, ventos e gotas e pensamos que todos eles se tornaram muito flexíveis, macios, suaves e confortáveis. Após reabsorvermos a luz de cinco cores, permanecemos no vacúolo por algum tempo, lembrando que este é o lugar principal para a nossa meditação no fogo interior.

Após permanecer no vacúolo do umbigo pelo maior tempo possível, a gota indestrutível regressa ao seu lugar, no coração. Novamente, pensamos que regressamos à nossa morada principal, e então tomamos a determinação de purificar todas as máculas e corrigir todos os defeitos dos 72 mil canais que permeiam todo o nosso corpo. Irradiamos a luz de cinco cores pelas oito hastes da roda-canal do coração e visualizamos essa luz espalhando-se por essas oito hastes, pelos 24 canais dos 24 lugares, pelos 72 canais que se ramificam destes e, por fim, por todos os 72 mil canais. Essa luz radiante de cinco cores restaura todos os canais que estão quebrados, bloqueados, enrugados ou murchos, emaranhados ou colados uns aos outros; e todos aqueles que ficaram rígidos, ásperos, rugosos ou quebradiços tornam-se agora macios, lisos e flexíveis. Desse modo, todos os ventos e gotas tornam-se perfeitamente claros e maleáveis. Por fim, reabsorvemos a luz em nós mesmos, a gota indestrutível.

Há diversas maneiras de fazer esta terceira etapa de meditação, dependendo de quanto tempo desejamos empregar em cada um dos seus diversos passos. Por exemplo, é possível dedicar uma sessão de meditação inteira explorando apenas uma das rodas-canais. Se fizermos isso, podemos começar a sessão seguinte a partir de onde paramos a anterior, e quando, por fim, sentirmos que finalizamos essa parte da meditação, regressamos à roda-canal do coração. Das várias rodas-canais a serem exploradas, a roda-canal do umbigo é a mais importante. Devemos dedicar o máximo de tempo possível nessa roda-canal; não obstante, precisamos nos assegurar de que adquirimos conhecimento e experiência completos também das outras rodas-canais.

Em resumo, treinar os caminhos dos canais é muito parecido com visitar um museu. Tendo decidido fazer uma visita, entramos no nível térreo – que, no caso, corresponde à roda-canal do coração –, a partir do qual nos dirigimos diretamente ao primeiro andar. Após termos inspecionado minuciosamente tudo o que é exibido nesse andar, subimos para o segundo andar. Então, após darmos uma longa olhada nos objetos ali expostos, regressamos ao térreo. Após examinarmos o que está exposto no térreo, descemos ao subsolo e, quando tivermos visto tudo, regressamos uma vez mais ao térreo e vamos embora. Tendo feito uma visita tão extensa pelo museu, devemos então ser capazes de relembrar claramente tudo o que estava exposto em cada andar.

É muito importante que as rodas-canais apareçam claramente em nossa visualização. Como foi mencionado anteriormente, para praticar o ioga do fogo interior do estágio de conclusão precisamos ser capazes de penetrar o ponto exato da roda-canal do umbigo de modo preciso e hábil. Essa é uma situação semelhante à de alguém que corta lenha com um machado. Se for hábil e atingir o lugar certo, ele partirá a madeira sem muita dificuldade ou esforço, mas, se não atingir o lugar que deveria, não terá muito êxito, mesmo que aplique muita energia nisso. Outra analogia é a de um abatedor de animais. Se for muito hábil e souber como cortar a artéria correta, ele será capaz de matar o animal rapidamente e de maneira indolor, mesmo que o seu único instrumento seja uma pequena agulha, mas, se não tiver habilidade, o abate poderá tornar-se uma cena longa e sangrenta. De modo semelhante, o meditador do estágio de conclusão que deseja trazer os ventos para o canal central será bem-sucedido se ele, ou ela, conseguir penetrar habilmente os pontos exatos. Como resultado dessa prática hábil, o meditador obterá aquisições supremas, sem dificuldade.

Para familiarizar-nos com os canais e com o método para penetrar os pontos exatos, além de corrigir todos os defeitos dos elementos do corpo-vajra, devemos colocar forte ênfase no treino nos caminhos dos canais. Precisamos fazer isso por vários dias ou até que experienciemos uma visualização clara.

VISUALIZAR E MEDITAR NAS LETRAS

Há explicações extensas e explicações concisas sobre a visualização dessas letras. A explicação extensa inclui uma visualização detalhada não apenas das letras localizadas nos quatro vacúolos principais – os vacúolos das rodas-canais do umbigo, do coração, da garganta e da coroa – como também das letras localizadas nas entradas interiores de cada uma das 120 hastes dessas quatro rodas-canais. Essa explicação extensa não será dada aqui, uma vez que é bastante complexa e não é absolutamente necessária. Uma explicação concisa das letras dos quatro vacúolos principais é suficiente para nos permitir sucesso completo na nossa prática do fogo interior.

Primeiro, visualizamos, no interior do vacúolo da roda-canal da coroa, uma almofada de lua plana e redonda, feita de luz branca. Essa almofada é do tamanho da superfície circular formada quando uma ervilha é cortada ao meio. Sobre essa almofada de lua, está uma letra HAM, que é da natureza da gota branca que reside na coroa. Ela é do tamanho de uma semente de mostarda e sua cor é branca. A almofada de lua e o HAM estão suspensos, de cabeça para baixo.

Dentro do vacúolo da garganta, visualizamos outra almofada de lua, sobre a qual está uma letra OM, que é da natureza da gota vermelha que reside na garganta. Essa letra, que tem a natureza do fogo, também é do tamanho de uma semente de mostarda, mas é vermelha e está de cabeça para cima.

Dentro do vacúolo do coração, há outra almofada de lua, sobre a qual está uma letra HUM, que é da natureza da gota indestrutível. Ela é do tamanho de uma semente de mostarda e sua cor é azul. A letra e a almofada de lua estão suspensas, de cabeça para baixo. A gota indestrutível é a gota mais sutil, e é assim denominada porque não derrete antes do momento da morte.

Por fim, no vacúolo do umbigo, visualizamos claramente outra almofada de lua. Sobre essa almofada, está uma letra AH-breve vermelha, também do tamanho de uma semente de mostarda; está de cabeça para cima, e é da natureza da gota vermelha que reside no umbigo. Como este é o objeto principal de concentração quando meditamos no ioga do fogo interior e todo o calor do corpo é gerado a partir dessa gota, o AH-breve deve ser visualizado como tendo a natureza de um calor ardente. Um diagrama ilustrando como essas quatro letras devem ser visualizadas pode ser encontrado no Apêndice III.

Há dois propósitos específicos para visualizarmos essas letras nos vacúolos do canal central, localizados no centro de cada roda-canal. O primeiro refere-se às quatro alegrias. Podemos experienciar essas quatro alegrias apenas quando os ventos entram, permanecem e se dissolvem no nosso canal central. Quanto maior for o tempo e a intensidade com que conseguirmos manter a experiência das quatro alegrias, melhor será a nossa experiência; e a nossa habilidade para fazer isso será aprimorada, em grande medida, por meio de visualizarmos as quatro letras. Como resultado da meditação descrita abaixo, a gota branca na coroa será levada a derreter. Quando isso acontecer, ela começará a fluir para baixo pelo canal central, passando pelas rodas-canais da garganta, do coração e do umbigo, até, por fim, alcançar a ponta do órgão sexual. Uma vez derretida, a gota branca desce sem interrupção. Se fluir por uma roda-canal específica sem ser detida ou mantida ali, a experiência de alegria associada a essa roda-canal será fugaz e instável. No entanto, ao focarmos a nossa concentração nas várias letras, podemos deter o fluxo descendente da gota branca e, assim, obter uma experiência mais intensa e longa de cada uma das quatro alegrias.

As quatro alegrias serão explicadas extensamente no próximo capítulo, mas uma breve descrição será útil neste ponto. A primeira alegria é simplesmente denominada "alegria", cuja experiência origina-se na roda-canal da coroa, quando a gota branca que reside ali derrete. Portanto, precisamos, inicialmente, meditar por um longo tempo na letra HAM, localizada na coroa. A experiência dessa alegria será completa quando a gota branca, fluindo para baixo pelo canal central, alcançar a roda-canal da garganta.

A segunda alegria, denominada "suprema alegria", origina-se na roda-canal da garganta e é experienciada plenamente quando a gota branca, fluindo para baixo pelo canal central, alcança a roda-canal do coração. A terceira alegria, denominada "extraordinária alegria", origina-se na roda-canal do coração e é experienciada plenamente quando a gota branca, fluindo para baixo pelo canal central, alcança a roda-canal do umbigo. Por fim, a quarta alegria, denominada "grande alegria espontânea", origina-se na roda-canal do umbigo e é experienciada plenamente quando a gota branca, fluindo para baixo pelo canal central, alcança a ponta do órgão sexual. Assim, para conseguirmos uma experiência estável e contínua de cada uma dessas alegrias, precisamos ter obtido um grande controle sobre o fluxo descendente da gota branca e sermos capazes de detê-la em cada nível da sua descida, o que é alcançado por meio de nos familiarizarmos, em meditação, com as quatro letras.

O segundo propósito de visualizar as letras nas rodas-canais é o de nos ajudar a encontrar o objeto de meditação efetivo do ioga do fogo interior. A letra HAM é visualizada no interior do vacúolo da roda-canal da coroa. Embora a sua aparência exterior seja a dessa letra, devemos reconhecê-la como sendo efetivamente a gota branca que está na coroa. Quando praticamos a quarta etapa do fogo interior, devemos começar visualizando esse HAM branco na coroa. Nós o visualizamos claramente por um breve período e então direcionamos a nossa atenção para o OM vermelho na garganta. Após algum tempo, mudamos para o HUM, no coração, e por fim fixamos a mente no AH-breve, na roda-canal do umbigo. Visualizamos o AH-breve muito claramente e sentimos que ele é da natureza do calor, ardente e poderoso. A nossa concentração deve se manter focada nessa letra por um tempo maior do que o dedicado às outras.

Após nos concentrarmos no AH-breve, movemos a nossa mente de volta para o HUM no coração; depois, para o OM vermelho na garganta; e por fim, para o HAM branco na coroa. E então movemos mais uma vez a mente para baixo, regressando para a garganta, o coração e, por fim, paramos no umbigo. Desse modo, movemos a nossa mente desde a coroa para baixo; depois, desde o umbigo para cima; e por fim, novamente da coroa para baixo.

Neste ponto, a nossa concentração está focada no AH-breve do fogo interior, no centro da roda-canal do umbigo. Se ele não

FOGO INTERIOR

for percebido claramente, a nossa meditação não será bem-sucedida. Portanto, esse é o momento para recordar, tão vividamente quanto possível, as instruções exatas que recebemos do nosso Guia Espiritual relativas às características específicas do AH-breve, tais como a sua localização, tamanho, formato e natureza. Visualizamos as 64 hastes dessa roda e os canais direito e esquerdo enrolados, formando um nó duplo no centro dessas hastes. No centro desse nó, dentro do canal central, está o vacúolo do umbigo. É dentro desse vacúolo que a letra AH-breve reside, de cabeça para cima, sobre uma minúscula almofada de lua. A letra é vermelha, completamente pura, infinitamente radiante, e tem a natureza de um calor ardente intenso. Esse é o objeto da meditação no fogo interior.

Encontrar o objeto de meditação depende de contínua-lembrança (*mindfulness*) e vigilância. Após encontrar o objeto da maneira descrita acima, devemos dissolver completamente a nossa mente no objeto e nos concentrarmos de modo estritamente focado nele, sem esquecê-lo. Se isso se mostrar difícil, podemos pensar que a letra é o nosso corpo e que a nossa mente reside dentro dela; ou podemos pensar que ela é como uma roupa que nós, a mente, vestimos. Essas técnicas irão nos ajudar a eliminar o espaço, ou a distância, entre a mente subjetiva e o objeto de meditação. Uma vez que tenhamos encontrado o objeto de meditação, teremos alcançado a primeira etapa da meditação no tranquilo-permanecer, caso ainda não a tenhamos alcançado por meio de práticas anteriores. Se meditarmos continuamente, conseguiremos realizar gradualmente todas as nove permanências mentais. Portanto, o AH-breve é um objeto de meditação inigualável, porque uma única meditação nele produz quatro frutos importantes: a aquisição do tranquilo-permanecer; a entrada, permanência e dissolução dos ventos no canal central; o acendimento do fogo interior, causando a sua ardência; e a aquisição da realização do Mahamudra.

A presente meditação é feita principalmente para trazer os ventos para o canal central, e o êxito disso depende de uma concentração perfeita. Portanto, sempre que fizermos essa meditação, é importante que não vejamos a nossa mente e o objeto de meditação como sendo diferentes. Conforme mencionado anteriormente, devemos dissolver completamente a nossa mente no AH-breve, de modo a eliminar o espaço, ou a distância, entre o sujeito e o objeto. Quando formos capazes de fazer isso, ganharemos controle sobre os ventos, de modo que entrem, permaneçam e se dissolvam no canal central. Esta é a base para todas as etapas subsequentes de meditação que culminam na realização do Mahamudra.

ACENDER O FOGO INTERIOR (*TUMMO*)

A concentração gerada na quarta etapa da meditação está focada na letra AH-breve, localizada no vacúolo da roda-canal do umbigo. Agora, vamos combinar essa concentração no AH-breve com a prática de segurar a respiração-vaso.

Damos início à respiração-vaso trazendo uma parte dos ventos da parte inferior do corpo para cima e reunindo-os logo abaixo do AH-breve, na roda-canal do umbigo. Isso é conseguido confiando principalmente no poder da imaginação – meramente sentimos que estamos contraindo os músculos da parte inferior do nosso corpo e, dessa forma, trazemos suavemente os ventos para cima. Como resultado, os músculos que controlam a retenção de urina, excrementos e assim por diante estarão levemente contraídos, mas não ao ponto de as duas portas inferiores se fecharem efetivamente. Inalamos então suavemente pelas duas narinas, lenta e profundamente, e visualizamos que todos os ventos da parte superior do corpo fluem para baixo, pelos canais direito e esquerdo. Quando alcançam o umbigo, eles entram no canal central e se reúnem logo acima do AH-breve. A terceira etapa da respiração-vaso consiste em contrair efetivamente os músculos da base pélvica, de modo que as duas portas inferiores se fechem, e então trazemos completamente todos os ventos da parte inferior do corpo. Estes ventos unem-se então com os ventos já reunidos logo abaixo do AH-breve. Depois, engolimos suavemente um pouco de saliva, sem fazer nenhum ruído. Isso pressiona, simultânea e levemente, os ventos superiores e inferiores um contra o outro.

FOGO INTERIOR

Agora pensamos que a letra AH-breve está completamente enclausurada pelos ventos superiores e inferiores, como uma joia em um relicário. O tamanho dessa visualização deve ser o de uma ervilha pequena, que foi cortada ao meio, escavada e então unida novamente ao redor de uma semente de mostarda ainda menor.

Fixamos, de modo estritamente focado, a nossa atenção na letra AH-breve enclausurada na pequena esfera e interrompemos totalmente a inalação e a exalação. Uma vez que estejamos concentrados dessa maneira, não é mais necessário manter as portas inferiores fechadas. Permanecemos concentrados assim, sem respirar, até que estejamos prestes a sentir desconforto. Então, pouco antes de exalar, visualizamos os hemisférios de vento, superior e inferior, dissolvendo-se no AH-breve, o qual, como resultado, torna-se ainda mais quente do que antes.

Exalamos, lenta e suavemente, pelas narinas (não pela boca), enquanto permanecemos o tempo todo concentrados no AH-breve no centro da roda-canal do umbigo. Relaxamos por alguns instantes e então continuamos a respiração-vaso como antes. Podemos fazer sete, 21 ou mais respirações-vaso consecutivas em uma mesma sessão de meditação, dependendo da nossa disponibilidade de tempo. Se possível, não devemos fazer nenhuma respiração adicional entre a exalação, que marca o fim de uma respiração-vaso, e a inalação, que marca o início da seguinte. No entanto, se isso se mostrar muito difícil, podemos fazer algumas poucas respirações intermediárias.

Há outras maneiras de fazer a respiração-vaso, mas elas são, em essência, iguais ao método explicado aqui. Este método, em particular, é mais adequado para a presente prática. Enquanto fazemos essa meditação, não devemos permitir que a nossa concentração se desvie do seu objeto, mesmo que momentaneamente, e devemos manter sempre em mente que o AH-breve é da natureza de um calor ardente. Precisamos repetir essa prática de segurar a respiração-vaso tantas vezes quantas forem possíveis, para que nos familiarizemos com ela.

Uma vez mais, é importante enfatizar a necessidade de que a nossa concentração esteja focada, com precisão absoluta, no lugar adequado no interior do canal central. O vacúolo, dentro do canal central, está localizado no centro da roda-canal do umbigo, e é justamente aí que o AH-breve é visualizado e os ventos se reúnem. Precisamos executar quatro tarefas importantes durante esta etapa da meditação: (1) verificar constantemente para nos certificarmos de que o ponto de meditação é exato, (2) encontrar o objeto de meditação, sem dificuldade, (3) manter continuamente o objeto de meditação por força de contínua-lembrança, e (4) ter a nossa mente completamente fundida com o objeto de meditação. Se praticarmos adequadamente essas quatro tarefas, seremos definitivamente bem-sucedidos na nossa meditação no fogo interior e, como resultado, seremos capazes de fazer com que os ventos entrem, permaneçam e se dissolvam no nosso canal central.

Segurar a respiração-vaso atende a dois propósitos. O primeiro é que detemos o fluxo dos ventos nos canais direito e esquerdo e, desse modo, pacificamos as mentes conceituais densas. Conforme mencionado anteriormente, se os ventos pararem de fluir pelos canais direito e esquerdo, eles precisarão fluir pelo canal central.

Com relação a esse primeiro propósito, deve-se notar que é possível trazer os ventos para o canal central meramente através de nos concentrarmos no AH-breve, sem que precisemos fazer a respiração-vaso. De todas as técnicas para trazer os ventos para o canal central, essa é a mais pacífica, e será excelente se formos capazes de fazê-la. Com esse método, não há perigo de perturbar os ventos. Além disso, esse método é mais poderoso que outros para obter uma realização da clara-luz. Por outro lado, ao utilizar o método da respiração-vaso, somos capazes de trazer os ventos para o canal central muito mais rapidamente.

Como foi indicado anteriormente, a técnica da respiração-vaso pode ser executada pacificamente ou vigorosamente. A técnica descrita aqui, na qual os músculos das portas corporais inferiores estão levemente contraídos, é o método pacífico recomendado. O método mais vigoroso implica tensionar os músculos dos braços e das pernas, forçando assim os ventos inferiores a se reunirem mais rapidamente. É dito que, se um meditador não tiver êxito com o método pacífico, ele, ou ela, deve praticar um método mais vigoroso por algum tempo e, depois, voltar para a técnica mais branda.

Há uma semelhança entre os diferentes métodos para fazer com que os ventos entrem no canal central e as diferentes maneiras de morrer. O método pacífico, por meio do qual meramente nos concentramos no AH-breve, é semelhante ao processo que ocorre durante uma morte natural, quando os ventos se dissolvem de maneira lenta e progressiva no canal central, permitindo, assim, uma grande oportunidade para perceber a clara-luz e meditar nela. O método mais vigoroso é semelhante ao que ocorre durante uma morte súbita e violenta. Os ventos se dissolvem muito rapidamente e, como resultado desse movimento repentino, torna-se mais difícil estar consciente da aparência de clara-luz. Por essa razão, a melhor maneira de meditar é utilizar, primeiro, a técnica da respiração-vaso para ganharmos experiência na concentração da mente no AH-breve na roda-canal do umbigo, e então, quando essa familiaridade estiver estabelecida, prosseguir com o método mais pacífico de usar apenas a concentração.

O segundo propósito atendido por segurarmos a respiração-vaso tem a ver com o vento descendente de esvaziamento, que reside no canal central, logo abaixo da roda-canal do umbigo. Dissolvendo os ventos superiores e inferiores do corpo no AH-breve, tal como descrito acima, seremos capazes de fazer com que o vento descendente de esvaziamento se mova para cima. Quando isso acontecer, o fogo interior irá se acender e arderá.

Quando as pessoas se envolvem em uma relação sexual, o vento descendente de esvaziamento também é forçado a mover-se para cima devido à união dos órgãos sexuais masculino e feminino, mas esse movimento não acontece dentro do canal central e, por essa razão, o resultado é apenas um acendimento e um arder momentâneos do fogo interior comum. Devido a esse acendimento e essa ardência, as gotas na parte inferior do corpo derretem e fluem para baixo, resultando em uma breve experiência de êxtase, mas isso dura apenas até que as gotas saiam pelo órgão sexual ou, no caso da mulher, reúnam-se no útero. No entanto, segurando a respiração-vaso e nos concentrando no fogo interior, podemos fazer com que o vento descendente de esvaziamento se mova para cima, dentro do canal central. Isso fará o fogo interior acender e arder, provocando o derretimento das gotas – tudo isso dentro do canal central. Aqueles que não praticam o Mantra Secreto não podem alcançar esse resultado. Embora possam ser capazes de acender o fogo interior comum e fazer com que arda por meio de uma relação sexual, são incapazes de fazer com que as gotas derretam dentro do canal central ou fazê-las descer da roda-canal da coroa. Visto que a relação sexual comum não consegue fazer com que os ventos entrem no canal central ou que o fogo interior se acenda e arda dentro dele, ela nunca poderá beneficiar a prática do estágio de conclusão.

Assim como a relação sexual comum pode fazer com que o fogo interior se acenda e arda conforme descrito, algumas meditações comuns também podem gerar o calor do fogo interior dentro do corpo. No entanto, gerar tal calor não servirá a nenhum outro propósito a não ser o de manter o corpo aquecido; isso não tem o poder de conferir realizações. Se o nosso único objetivo for aquecer o corpo, não precisamos praticar meditação – é mais fácil, simplesmente, nos enrolarmos em um cobertor ou ligar um aquecedor!

Para praticar o fogo interior puramente, devemos nos esforçar para acendê-lo dentro do canal central, uma vez que fazê-lo fora dele somente diminuiria o calor que pudesse ser gerado no seu interior. Como resultado, as gotas não derreteriam nem fluiriam no canal central, e a meditação não traria nenhuma realização do estágio de conclusão. Se a meditação Mahamudra não for bem-sucedida, não será possível perceber a clara-luz. Por outro lado, quando o fogo interior se acende e arde dentro do canal central, os ventos entram, permanecem e se dissolvem nele. Quando isso acontecer, nada poderá nos impedir de gerar grande êxtase espontâneo, o propósito principal da meditação no fogo interior.

Para acender o fogo interior por meio da respiração-vaso, visualizamos que, como resultado da dissolução dos ventos superiores e inferiores, o vento descendente de esvaziamento flui para cima e sopra fortemente contra o AH-breve. Deve-se notar que, ao passo que antes os ventos inferiores do corpo eram meramente visualizados subindo pelo canal central para formarem a metade inferior da esfera que envolve o AH-breve, o vento descendente de esvaziamento, abaixo da roda-canal do umbigo, flui agora efetivamente para cima, de modo a soprar contra a letra. Assim como as brasas tornam-se mais incandescentes quando sopradas por um fole, o AH-breve arde agora mais intensamente à medida que é avivado pelo vento descendente de esvaziamento. Imaginamos que a letra se torna tão quente que poderia consumir qualquer coisa. Visualizamos que ela se torna mais e mais quente, o tempo todo brilhando cada vez com mais intensidade, até que a extremidade fina superior do *nada* do AH-breve por fim irrompe em uma chama por um momento para, logo depois, abrandar novamente. O *nada* continua a reacender e arrefecer à medida que é avivado pelo movimento ascendente do vento descendente de esvaziamento, assim como as brasas reacendem e arrefecem quando são sopradas por um fole. Esta é a quinta etapa da meditação, denominada "acender o fogo interior". Devemos continuar treinando esta prática até termos uma experiência efetiva desse acendimento.

De acordo com a tradição de Je Tsongkhapa, cada etapa da meditação no fogo interior deve ser praticada de maneira metódica e minuciosa, até que resultados bem-sucedidos surjam. Se praticarmos a meditação no fogo interior muito rapidamente, poderemos ser capazes de gerar calor corporal, mas, na prática, isso se revelará um obstáculo para recebermos os verdadeiros frutos do fogo interior. Por essa razão, devemos abandonar todas as expectativas e praticar devagar e minuciosamente; só assim teremos êxito. Muitos grandes meditadores do passado levaram quatro, cinco ou seis anos para aperfeiçoar a meditação no fogo interior. Podemos, inclusive, empregar uma vida inteira praticando esse ioga. Como Longdol Lama disse:

A meditação no fogo interior é como uma vaca-que-satisfaz--os-desejos, da qual podemos receber um fornecimento inesgotável de alimento.

FAZER O FOGO ARDER

A sexta etapa da meditação diz respeito ao arder do fogo interior. Ela é muito semelhante à quinta etapa e também é feita em associação com a respiração-vaso. Como sempre, o primeiro passo é encontrar o objeto de meditação – a letra AH-breve sobre a almofada de lua, no interior do vacúolo localizado no centro da roda-canal do umbigo, dentro do canal central. Recordamos que o AH-breve é do tamanho de uma semente de mostarda, é da natureza do fogo, é muito vermelho e cintila com uma luz radiante. Encontramos esse objeto e dissolvemos a nossa mente nele.

Agora praticamos a respiração-vaso, mantendo a nossa concentração firmemente focada no objeto de meditação. Como anteriormente, a dissolução dos ventos no AH-breve, enquanto seguramos a respiração-vaso, faz com que o vento descendente de esvaziamento, logo abaixo da roda-canal do umbigo, se mova para cima, e isto, por sua vez, faz com que o calor do AH-breve aumente intensamente. Na quinta etapa, visualizávamos que a extremidade fina superior do *nada* irrompia repetidamente em uma chama para logo depois abrandar novamente; nesta sexta etapa, porém, visualizamos que ela arde constantemente, sem arrefecer, tal como brasas que, tendo sido trazidas à vida, ardem por conta própria.

A chama na extremidade do *nada* aumenta gradualmente em comprimento até ficar do tamanho de uma agulha de costura, com o mesmo diâmetro e extremamente pontiaguda na extremidade superior. Embora a chama seja muito pequena, é extremamente intensa. Visualizamos essa agulha, ou filete, de chama no centro exato do canal central, em posição bem reta. Visualizamos, então, que o calor intenso gerado por esse filete de fogo sobe pelo canal central, do mesmo modo como o calor eleva-se da ponta da chama de uma vela. Aquecidos por esse calor ascendente, o HUM na roda-canal do coração, o OM na roda-canal da garganta e o HAM na roda-canal da coroa aquecem, até ficarem muito próximos de derreterem.

Neste ponto, a nossa concentração deve estar focada principalmente no AH-breve na roda-canal do umbigo, mas uma parte da nossa mente deve visualizar as outras letras dentro das rodas--canais superiores e sentir que estão se aproximando do ponto de derretimento. Toda essa visualização é feita enquanto seguramos a respiração-vaso. Pouco antes que se torne desconfortável segurá-la por mais tempo, devemos soltar a respiração, lenta e uniformemente, por ambas as narinas. Devemos praticar esta meditação até obtermos proficiência nela. Conforme mencionado anteriormente, podemos começar com a respiração-vaso e, depois, quando a nossa concentração estiver bem desenvolvida, continuar a meditação apenas com a concentração.

Quando o fogo arder no canal central tal como descrito, seremos capazes de gerar grande êxtase espontâneo à medida que as gotas brancas e vermelhas derreterem, mas, como essas gotas derretidas estarão fluindo pelo canal central, não haverá o perigo de perdê-las pelo órgão sexual.

Quando começamos a praticar a meditação no fogo interior pela primeira vez, devemos enfatizar a primeira etapa e permanecer nela até obtermos alguma experiência. Depois, devemos seguir para a segunda etapa e treinar até obtermos alguma experiência e, então, progredir para a terceira etapa e assim por diante, até que sejamos proficientes em todas as oito etapas. Quando alcançarmos habilidade nessas etapas, poderemos praticá-las todas, sucessivamente, em uma mesma sessão de meditação. Visto que o tempo normalmente disponível para meditar é limitado, pode ser difícil dedicarmos tempo suficiente para cada etapa a fim de obter a proficiência desejada. Neste caso, com o objetivo de ganharmos familiaridade com a meditação no fogo interior, podemos praticar todas as oito etapas em uma mesma sessão. Isso não trará uma experiência profunda, mas permitirá que nos familiarizemos com todos os métodos técnicos das oito etapas, de modo que, quando tivermos tempo para praticar profundamente em retiro, seremos capazes de fazê-lo com confiança.

MERO ARDER E GOTEJAR

A sétima etapa desenvolve-se a partir da anterior e também é feita em associação com a respiração-vaso. Uma vez mais, encontramos o objeto de meditação – o AH-breve e o seu filete de chama – e permitimos que a chama cresça, tornando-se gradualmente mais longa. Ela é da natureza de um fogo muito intenso, que sobe pelo centro exato do canal central. Quando alcança o centro da roda--canal do coração, dá uma única volta, no sentido horário, em torno da letra HUM, que está de cabeça para baixo, fazendo com que se aproxime, assim, ainda mais do ponto de derretimento. A chama então continua subindo gradualmente pelo canal central, até alcançar o centro da roda-canal da garganta, onde dá uma única volta, no sentido horário, em torno da letra OM, que está de cabeça para cima, fazendo com que também se aproxime ainda mais do ponto de derretimento. O fio de chama continua o seu movimento para cima, até alcançar o centro da roda-canal da coroa, e então toca a base da letra HAM, que está de cabeça para baixo. Como resultado, uma gota branca goteja da letra, assim como a manteiga derrete e goteja quando a seguramos acima de uma chama. Neste ponto, visualizamos que o fogo diminui, reduzindo--se à dimensão anterior do pequeno filete de chama emitido pelo AH-breve. Durante esta meditação, não há necessidade de visualizar as almofadas de lua.

A gota branca derretida goteja do HAM formando um fio longo e delgado, tão fino como o fio de uma teia de aranha. Isso é semelhante à maneira como o mel goteja, formando um longo fio a partir de um pequeno buraco perfurado em uma lata de mel. À medida que goteja, a gota dissolve-se no OM que está na garganta, fazendo com que nos sintamos extremamente extasiados. Então, ela goteja a partir do OM e continua a descer até alcançar a roda--canal do coração, onde se dissolve no HUM, fazendo com que experienciemos um êxtase ainda maior que o anterior. Por fim, a gota alcança a roda-canal do umbigo e se dissolve na chama do AH-breve, tornando-a ainda mais quente, do mesmo modo que a manteiga, ao gotejar no fogo, faz com que ele arda mais intensamente. À medida que o calor da letra aumenta, a nossa experiência de êxtase também aumenta. Se possível, toda essa visualização deve ser feita enquanto seguramos a respiração-vaso. Se isso for muito difícil, podemos, antes, fazer a respiração-vaso, e depois, enquanto respiramos normalmente, aumentar a extensão do filete de chama e continuar com o restante desta etapa da meditação.

EXPLICAÇÃO SOBRE O ARDER
E O GOTEJAR EXTRAORDINÁRIOS

Esta oitava etapa é semelhante à anterior e também é feita em associação com a respiração-vaso. O filete de fogo sobe pelo canal central como um fio elétrico vermelho incandescente. Ele dá uma volta ao redor do HUM e do OM, como descrito anteriormente, e sobe para o centro da roda-canal da coroa. Quando a chama alcança o HAM, a prática começa a se diferenciar da etapa anterior. Em vez de derreter a gota branca, o fio de fogo dá uma única volta, no sentido horário, ao redor da letra, levando-a quase ao ponto de derreter, e então prossegue pelo canal central, arqueando para baixo, até alcançar a ponta onde o canal central termina entre as sobrancelhas.

Quando o fogo alcança o ponto entre as sobrancelhas, a sua luz projeta o seu brilho adiante a partir da abertura ali localizada, alcançando instantaneamente os confins do espaço e permeando todos os ambientes e habitantes do reino do desejo, do reino da forma e do reino da sem-forma. A luz purifica as falhas e as impurezas de todos esses mundos e de seus habitantes, fazendo com que se convertam em luz, fundindo-se completamente e tornando-se indiferenciados, em uma única pequena esfera de luz azul. Visualizamos essa esfera diante de nós, do tamanho de uma lâmpada.

Neste ponto, visualizamos que todos os Budas dos três tempos e das dez direções aparecem no aspecto de Heróis e Heroínas unidos-em-abraço estritamente focado, preenchendo todo o espaço para além da esfera de luz. Visualizamos que raios de luz azul brilhante emanam da esfera e entram pela narina esquerda de cada Pai. Essa luz dissolve-se na gota indestrutível, na roda-canal do coração dos seres sagrados, fazendo com que experienciem grande êxtase espontâneo incontaminado.

Conforme cada casal experiencia esse grande êxtase, eles se convertem em luz. Os aspectos dos Pais dissolvem-se em gotas brancas, e os aspectos das Mães dissolvem-se em gotas vermelhas. As gotas derivadas de cada casal fundem-se completamente, de modo que tudo o que resta de cada um é uma única gota, da natureza de grande êxtase, que é branca com um matiz avermelhado. Todas essas gotas de luz distintas fundem-se em uma só, que ingressa em nós pelo ponto entre as nossas sobrancelhas. Deste ponto, essa poderosa gota sobe pelo nosso canal central até alcançar a letra HAM, no centro da nossa roda-canal da coroa. Ela então se dissolve na letra HAM, que, por sua vez, unifica-se completamente com a essência de todos os Heróis e Heroínas. Sentimos que o HAM se tornou agora grandemente abençoado pelo poder e sabedoria dos Budas dos três tempos e das dez direções. É muito importante que a nossa concentração nisto seja tão estritamente focada quanto possível.

Voltamos então a nossa atenção para a roda-canal do umbigo. Tal como antes, vemos o fogo extremamente quente, gerado pelo AH-breve, sob o aspecto de um filete de chama. Uma vez mais, esse fogo intenso sobe pelo canal central até alcançar o HAM, na coroa. Dado que, neste ponto, visualizar o HUM e o OM seria uma distração, visualizamos a chama subindo diretamente pelo canal central até o HAM, fazendo com que essa letra derreta. À

FOGO INTERIOR

medida que a letra HAM derrete, a gota branca goteja da letra e começa a fluir para baixo, pelo canal central, até alcançar o OM na roda-canal da garganta, que agora trazemos de volta à lembrança. Quando o gotejar da gota branca toca o OM, essa letra se transforma, de modo que a sua natureza se torna a síntese de todos os Heróis e Heroínas. A gota branca então flui para baixo até a roda-canal do coração e toca o HUM, fazendo com que ele se transforme da mesma maneira, e depois flui para baixo até a roda-canal do umbigo, onde também transforma o AH-breve. Agora, com forte concentração, sentimos que o AH-breve, que é da natureza de grande êxtase, é a síntese de todos os seres iluminados dos três tempos e das dez direções. Essa bênção poderosa faz com que o calor gerado pelo AH-breve aumente extraordinariamente.

Permanecemos nessa concentração por algum tempo e, depois, visualizamos que a luz fulgurante do fogo interior se expande pelas 64 hastes da roda-canal do umbigo e então por todos os 72 mil canais do corpo – corrigindo todos os seus defeitos, clarificando todos os ventos e gotas e consumindo todas as nossas negatividades do corpo, da fala e da mente. Desse modo, os nossos canais, ventos e gotas tornam-se abençoados pelo poder e sabedoria de todos os seres plenamente iluminados.

Se precisarmos fazer com que o nosso corpo se aqueça através dessa meditação, devemos visualizar que a luz que flui pelos 72 mil canais é muito quente. No entanto, se não tivermos habilidade, essa visualização pode diminuir o calor no canal central e, assim, impedir que os frutos autênticos da meditação no fogo interior amadureçam. Há inclusive o perigo de que a nossa meditação no fogo interior degenere em uma prática de Dharma impura, produzindo, assim, resultados inferiores. Como foi afirmado anteriormente, o objeto principal da meditação no fogo interior é abençoar todos os nossos canais, ventos e gotas, purificar todos os ventos impuros e erradicar cada um dos pensamentos negativos densos e sutis, incluindo as concepções duais mais sutis, que obstruem a aquisição da perfeita iluminação. Todos esses objetivos superiores são alcançados através de experienciar a luz do fogo interior.

A meditação no fogo interior é um processo gradual. Se experienciarmos muito calor bem no início da nossa prática, isso é provavelmente um indicador de que a nossa mente não está focada no local correto da meditação. No início, o calor deve ser gerado apenas no interior do vacúolo dentro do canal central, na altura da roda-canal do umbigo, e não no corpo físico denso.

Havia um grande iogue chamado Sangye Gyatso, cujo mostério ficava na região Se do Tibete. Era inverno quando ele faleceu, e havia muita neve no solo. Enquanto falecia, ele permaneceu em meditação estritamente focada na clara-luz durante um mês e, porque a sua concentração na prática do fogo interior era muito poderosa, toda a neve ao redor do monastério derreteu.

Se tivermos êxito em abençoar e purificar todos os nossos canais, ventos e gotas, a nossa mente irá se tornar extremamente clara e lúcida naturalmente e, como resultado, desenvolveremos certo grau de clarividência e poderes miraculosos. Predições feitas por um meditador que alcance esse nível serão muito exatas. Tais poderes são subprodutos naturais da meditação no fogo interior; porém, não são poderes miraculosos qualificados. Como foi afirmado por Atisha em *Lâmpada para o Caminho à Iluminação*, poderes miraculosos qualificados e puros são obtidos apenas após termos alcançado o tranquilo-permanecer efetivo.

Quando os canais, ventos e gotas tiverem sido purificados e os ventos tiverem sido trazidos para o canal central, as concepções duais – a fonte do samsara – não terão mais nenhuma base e, por essa razão, desaparecerão. A miríade de pensamentos negativos empoderados pela mente dual desaparecerá automaticamente sem esforço e, como resultado, a mente desenvolverá qualidades positivas naturalmente.

A oitava etapa da meditação é denominada "extraordinária" porque invoca o poder e as bênçãos dos Heróis e Heroínas. Ela possui três benefícios principais: (1) concede as bênçãos dos Heróis e Heroínas, (2) abençoa e clarifica os canais, ventos e gotas e, desse modo, destrói os pensamentos negativos, e (3) faz com que o fogo interior se acenda e arda, de modo que as gotas derretam e fluam pelo canal central, fazendo surgir, assim, grande êxtase espontâneo.

Isto conclui a primeira parte da meditação no fogo interior. Esta prática específica do fogo interior é conhecida como "o vigoroso, ou intenso, que possui quatro rodas" e é explicada principalmente no *Tantra de Hevajra*, assim como no *Tantra Samputa* e no *Tantra Pequeno Samvara*. A maioria dos antigos iogues praticaram este sistema e alcançaram realizações perfeitas através dele e, por essa razão, trata-se de um tesouro muito precioso e valioso.

Clara-Luz e as Quatro Alegrias

COM BASE NISSO, UMA EXPLICAÇÃO DA PRÁTICA DAS QUATRO ALEGRIAS E DAS NOVE FUSÕES

ESTA SEÇÃO SERÁ explicada em duas partes:

1. Explicação das quatro alegrias;
2. Explicação das nove fusões.

EXPLICAÇÃO DAS QUATRO ALEGRIAS

Há dois conjuntos de quatro alegrias, as do estágio de geração e as do estágio de conclusão, e são estas últimas que serão descritas aqui. Experienciar as quatro alegrias do estágio de conclusão depende de os ventos entrarem, permanecerem e se dissolverem no canal central. O método através do qual isso é realizado consiste nas oito etapas da meditação no fogo interior. Se praticarmos as oito etapas com êxito, é certo que seremos capazes de alcançar o controle desejado sobre os nossos ventos interiores. Como é muito importante identificar quando os ventos entram, permanecem e se dissolvem no canal central, precisamos nos familiarizar com os sinais associados a cada uma dessas etapas. Portanto, antes de falarmos sobre as quatro alegrias, será útil apresentar uma descrição extensa desses sinais.

Podemos perceber se os ventos entraram ou não no canal central verificando a nossa respiração. Normalmente, há desequilíbrios na nossa respiração – mais ar é exalado por uma narina do que pela outra, e o ar começa a sair por uma narina antes da outra. No entanto, quando os ventos tiverem entrado no canal central como resultado das oito etapas da meditação [no fogo interior], a pressão e a sincronização da respiração serão as mesmas para ambas as narinas, tanto durante a inalação quanto na exalação. Portanto, o primeiro sinal a ser notado é que estaremos respirando uniformemente por ambas as narinas. Outro desequilíbrio perceptível na respiração normal é que a inalação é mais forte do que a exalação, ou vice-versa. O segundo sinal de que os ventos entraram no canal central é que a pressão da inalação será exatamente igual à da exalação.

Há também dois sinais que indicam que os ventos estão permanecendo no canal central: (1) a nossa respiração torna-se cada vez mais fraca, cessando, por fim, completamente; e (2) todo o movimento abdominal normalmente associado com a respiração é interrompido. Em circunstâncias normais, entraríamos em pânico se a nossa respiração parasse e pensaríamos estar prestes a morrer; mas, se formos capazes de parar a respiração por força de meditação, longe de entrarmos em pânico, a nossa mente irá se tornar ainda mais confiante, confortável e flexível.

Quando os ventos permanecem no canal central, não precisamos depender do ar denso para sobreviver. Normalmente, a nossa respiração cessa apenas no momento da morte. Durante o sono, ela se torna muito mais sutil, mas nunca para por completo. No entanto, durante a meditação do estágio de conclusão, a nossa respiração pode vir a se interromper por completo, sem que fiquemos inconscientes. Após os ventos terem permanecido no canal central por cinco ou dez minutos, é possível que eles escapem novamente para os canais direito e esquerdo. Se isso acontecer, recomeçaremos a respirar. O ar fluindo pelas narinas é uma indicação de que os ventos não permanecem mais no canal central.

Como foi mencionado anteriormente, a meditação no fogo interior faz com que os ventos não apenas entrem e permaneçam no canal central, mas também se dissolvam nele. Quais são os sinais de que os ventos se dissolveram no canal central? Há sete ventos que precisam se dissolver, e cada um possui um sinal específico a indicar que a sua dissolução foi completada. Os sete ventos são:

(1) O vento do elemento terra;
(2) O vento do elemento água;
(3) O vento do elemento fogo;
(4) O vento do elemento vento;
(5) O vento montado pela mente de aparência branca;
(6) O vento montado pela mente de vermelho crescente;
(7) O vento montado pela mente negra da aquisição-próxima.

Os quatro primeiros ventos são densos e os três restantes são sutis. Esses sete ventos se dissolvem gradualmente em sequência e, em cada dissolução, há uma aparência específica.

O vento do elemento terra mantém e aumenta tudo o que está associado ao elemento terra em nosso corpo, como os nossos ossos, cartilagens e unhas. Quando esse vento se dissolve no canal central, percebemos uma aparência conhecida como "aparência miragem". Ela é como a aparência de água tremeluzente que algumas vezes é vista no chão de um deserto. Há três níveis nos quais a aparência miragem é percebida, dependendo do grau de dissolução do vento do elemento terra no canal central. Se a dissolução for fraca, a aparência será vaga, a menos clara de todas, e muito difícil de reconhecer; se a dissolução for quase completa, a aparência será mais clara e mais vívida; e, se o vento se dissolver por completo, a aparência será inequivocamente clara e vívida e impossível de não ser percebida. Quando o vento do elemento terra tiver se dissolvido e a aparência miragem tiver sido percebida, o próximo vento se dissolverá e uma aparência diferente se manifestará. Quanto mais completa for a dissolução do primeiro vento, mais vívida será a nossa percepção da aparência seguinte.

O segundo vento a se dissolver é o vento do elemento água, que mantém e aumenta os elementos líquidos do corpo, como o sangue. A aparência associada a essa dissolução é denominada "aparência fumaça". Alguns textos dizem que essa aparência é como a de uma fumaça ondulante de uma chaminé, mas essa não é a sua verdadeira aparência. Existe uma aparência semelhante à fumaça ondulante, porém, ela ocorre pouco antes da dissolução efetiva do vento do elemento água. A verdadeira aparência fumaça não será percebida até que essa aparência inicial tenha cessado. A aparência fumaça efetiva é como filetes delgados de fumaça azul que flutuam no ar, como uma névoa a girar lentamente. Como foi explicado anteriormente, há três níveis nos quais essa aparência é percebida, a depender do grau em que o vento do elemento água se dissolveu.

Em seguida, vem a dissolução do vento do elemento fogo. Esse vento mantém e aumenta o elemento fogo no corpo e é responsável pelo calor corporal e assim por diante. O sinal de que esse vento se dissolveu é a "aparência vaga-lumes cintilantes". Essa aparência é, algumas vezes, descrita como a de um fogo crepitante visto à noite, com a massa ascendente de fagulhas girando acima do fogo e que se assemelham à aparência de vaga-lumes cintilando. Uma vez mais, há três níveis nos quais essa aparência é percebida, a depender do grau de dissolução.

A seguir deste, o vento do elemento vento se dissolve. Esse é o vento montado pelo pensamento conceitual denso. É ele que confere poder às aparências duais densas e aos pensamentos conceituais densos que surgem como resultado de acreditar, ou sustentar, que essas aparências são verdadeiras. O sinal de que o quarto vento denso começou a se dissolver é a "aparência chama de vela". Ela é como a chama vertical, reta e firme de uma vela ou de uma lamparina de manteiga prestes a apagar, em um cômodo sem correntes de ar. Uma vez mais, há três níveis nos quais essa aparência é percebida.

Quando o vento do elemento terra se dissolve no canal central e, devido a isso, o poder desse elemento diminui, pode parecer que o elemento água tenha aumentado porque, como o poder do elemento anterior diminuiu, o elemento seguinte é percebido

CLARA-LUZ E AS QUATRO ALEGRIAS

mais claramente. Por essa razão, a dissolução do vento do elemento terra no canal central é frequentemente descrita como "o elemento terra se dissolvendo no elemento água". Por razões semelhantes, as dissoluções subsequentes são referidas como "o elemento água se dissolvendo no elemento fogo", "o elemento fogo se dissolvendo no elemento vento" e "o elemento vento se dissolvendo na consciência".

Após a aparência chama de vela, todas as mentes conceituais densas deixam de funcionar, porque os ventos sobre os quais estavam montadas se dissolveram e desapareceram. Quando o meditador conclui a dissolução do quarto vento, a primeira mente sutil – a mente de aparência branca – surge. Com essa mente, o meditador percebe uma aparência de brancura, como a de um céu vazio numa noite clara de outono, permeado pela luz brilhante da Lua. Tal como antes, há três níveis de clareza para essa aparência, a depender da habilidade do meditador.

A esta altura, a mente está completamente livre de concepções densas – tais como as oitenta concepções indicativas, listadas mais adiante –, e a única percepção é a de um espaço vazio e branco. Os seres comuns também percebem essa aparência, por exemplo, no momento da morte, mas são incapazes de reconhecê-la ou de prolongá-la porque, nessa etapa, o nível denso comum da contínua-lembrança (*mindfulness*) parou de funcionar. No entanto, embora não haja mais contínua-lembrança densa nessa etapa, aqueles que treinaram corretamente de acordo com as práticas do Mantra Secreto são capazes de usar a contínua-lembrança sutil que desenvolveram durante a meditação para reconhecer e prolongar a aparência branca, algo que os seres comuns são incapazes de fazer.

Quando o vento sutil montado pela mente de aparência branca se dissolve, a mente de vermelho crescente surge. Esta mente e o seu vento montado são mais sutis do que a mente e o vento da aparência branca. O sinal que ocorre quando a mente de vermelho crescente surge é o de uma aparência semelhante à de um céu vazio permeado pela luz vermelha do Sol. Uma vez mais, há três níveis de clareza para essa aparência.

79

Panchen Losang Chokyi Gyaltsen

CLARA-LUZ E AS QUATRO ALEGRIAS

Quando o vento sutil montado pela mente de vermelho crescente se dissolve, a mente negra da aquisição-próxima surge. Essa mente e o seu vento montado são ainda mais sutis do que a mente e o vento de vermelho crescente. A mente negra da aquisição--próxima possui dois níveis: a parte superior e a parte inferior. A parte superior da mente negra da aquisição-próxima ainda possui contínua-lembrança sutil, mas a parte inferior não tem contínua--lembrança alguma. Ela é experienciada como uma inconsciência esmagadora, semelhante à de um desmaio muito profundo. Neste ponto, aos olhos dos outros, pareceremos mortos.

O sinal que ocorre quando a mente negra da aquisição-próxima surge é o de uma aparência semelhante à de um céu vazio muito negro. Essa aparência vem com a parte superior da mente negra da aquisição-próxima, imediatamente após a cessação da mente de vermelho crescente. À medida que a experiência da mente negra da aquisição-próxima progride e nos aproximamos da completa inconsciência, a nossa contínua-lembrança sutil cessa. Quanto mais fortemente o vento se dissolver dentro do canal central, mais profundamente inconscientes iremos nos tornar durante a mente negra da aquisição-próxima; e, quanto mais profundamente inconscientes ficarmos neste momento, mais vividamente perceberemos a aparência seguinte – a aparência de clara-luz. Isso é semelhante à experiência de alguém que permanece em um cômodo escuro por um longo tempo – quanto mais tempo lá estiver, mais claro o mundo exterior vai lhe aparecer quando, por fim, sair do cômodo. Assim, o grau de claridade experienciada depende da profundidade e da duração da escuridão anterior.

Quando o vento sutil montado pela mente negra da aquisição--próxima se dissolve, a mente de clara-luz surge. Esta mente e o seu vento montado são os mais sutis de todos. O sinal que ocorre quando a mente de clara-luz surge é o de uma aparência semelhante ao céu de outono ao amanhecer – perfeitamente claro e vazio.

Quando a mente de clara-luz surge, uma contínua-lembrança muito sutil é restaurada, de acordo com o nível de desenvolvimento do meditador. O vento muito sutil e a mente muito sutil, que está montada sobre ele, residem na gota indestrutível, no centro da roda-canal do coração. Normalmente, a mente muito sutil não funciona, mas, no momento da clara-luz, ela se manifesta e se torna ativa. Se tivermos treinado nas técnicas do Mantra Secreto e nos tornado proficientes nelas, seremos capazes de perceber e de manter a aparência da clara-luz. Por fim, aprendendo a usar a contínua-lembrança muito sutil desenvolvida nessa etapa, seremos capazes de focar a nossa mente muito sutil na vacuidade e, desse modo, usar a mente de clara-luz como um meio para alcançar o Corpo-Verdade de um Buda.

A nossa mente não pode se tornar mais sutil que a mente de clara-luz. Durante as primeiras quatro aparências (miragem, fumaça, vaga-lumes cintilantes e chama de vela), os ventos densos se dissolvem e, durante as três aparências seguintes (aparência branca, vermelho crescente e a mente negra da aquisição-próxima), os ventos sutis se dissolvem. Então, com a aparência da clara-luz, a mente e o seu vento montado muito sutis se manifestam e se tornam ativos. Eles não podem se dissolver porque são indestrutíveis. Após a morte, simplesmente passam para a próxima vida.

Dentre os três ventos sutis montados pelas três mentes sutis, o menos sutil é aquele montado pela mente de aparência branca. Essa mente é denominada "aparência branca" porque tudo o que é percebido é a aparência de um espaço vazio e branco. Ela é também denominada "vazio" porque a mente de aparência branca percebe esse espaço branco como vazio. Nesta etapa, a aparência do branco e a aparência do vazio têm a mesma intensidade.

Quando o vento montado pela mente de aparência branca se dissolve, a segunda das três mentes sutis – a mente de vermelho crescente – surge. O vento montado por essa mente é mais sutil que aquele montado pela mente de aparência branca. Essa mente é denominada "vermelho crescente" porque a aparência de um espaço vermelho está aumentando. Ela é também denominada "muito vazio" porque a aparência do vazio é mais forte que a da mente anterior. Nesta etapa, a aparência do vazio é mais forte que a aparência do vermelho.

CLARA-LUZ E AS QUATRO ALEGRIAS

Quando o vento da mente de vermelho crescente se dissolve, a terceira mente sutil – a mente negra da aquisição-próxima – surge. Essa mente é denominada "aquisição-próxima" porque a experiência da clara-luz está, agora, muito perto de ser alcançada. Ela é também denominada "grande vazio" porque a aparência do vazio é ainda maior que a da mente anterior.

Quando o terceiro vento sutil, que é montado pela mente negra da aquisição-próxima, se dissolve, a mente de clara-luz surge. Essa mente é denominada "clara-luz" porque a sua natureza é muito lúcida e clara e porque percebe uma aparência semelhante à luz de um amanhecer de outono. Ela é também denominada "vazio total" porque é vazia de todos os ventos densos e sutis e percebe apenas uma aparência vazia. O objeto da mente de clara-luz é muito semelhante, em aparência, ao objeto percebido por um ser superior em equilíbrio meditativo na vacuidade. Em seu conjunto, as quatro mentes – a mente de aparência branca, a mente de vermelho crescente, a mente negra da aquisição-próxima e a mente de clara-luz – são referidas como "os quatro vazios".

Se um meditador do Mantra Secreto for altamente realizado, ele, ou ela, terá uma experiência muito vívida da clara-luz e será capaz de manter essa experiência por um longo período. A vividez da nossa experiência da clara-luz dependerá da vividez das sete aparências anteriores, que, por sua vez, dependerão da força com que os ventos tenham se dissolvido dentro do canal central. Se os ventos se dissolverem muito fortemente, o meditador terá uma experiência vívida de todas as aparências e será capaz de prolongar a experiência de cada uma. Quanto maior for o tempo que conseguirmos permanecer com a experiência de cada aparência, maior será o tempo que conseguiremos permanecer com a clara-luz ela própria.

Se uma pessoa morrer de morte violenta, ele, ou ela, passará por essas aparências muito rapidamente; mas, se a sua morte for lenta ou natural, as aparências serão experienciadas mais gradualmente e por mais tempo. Se tivermos desenvolvido a realização da mente-isolada do estágio de conclusão – que será explicada em detalhes mais adiante –, seremos capazes de, quando estivermos em profunda concentração, ter exatamente a mesma experiência dessas aparências de como se estivéssemos realmente morrendo. Além disso, se tivermos treinado muito bem essa meditação, seremos capazes de meditar na vacuidade ao longo de todos os quatro vazios, exceto durante o período ao longo da perda de consciência, ou "desmaio", da mente negra da aquisição-próxima.

Para sermos capazes de perceber claramente os quatro vazios exatamente como no processo da morte, devemos ser capazes de dissolver todos os ventos na gota indestrutível, no centro da roda-canal do coração. Se eles se dissolverem em outra roda-canal, experienciaremos aparências semelhantes, mas serão artificiais – não serão as aparências verdadeiras que ocorrem quando os ventos se dissolvem na gota indestrutível, como no momento da morte.

Embora um meditador realizado possa permanecer na clara-luz por um longo período, ele, ou ela, precisa, em algum momento, sair desse estado. Quando emergimos da clara-luz, a primeira coisa que experienciamos é a mente negra da aquisição-próxima da ordem reversa. Depois, experienciamos, em sequência, a mente de vermelho crescente, a mente de aparência branca, as oitenta mentes conceituais densas, a mente de aparência chama de vela e assim por diante, em uma ordem de desenvolvimento inversa àquela na qual anteriormente se dissolveram.

Portanto, a mente de clara-luz é o fundamento de todas as demais mentes. Quando as mentes densas e sutis e os seus ventos montados se dissolvem na gota indestrutível no coração, permanecemos unicamente com a clara-luz, e então, a partir dessa clara-luz, todas as demais mentes se desenvolvem, cada uma mais densa que a anterior.

Em geral, é dito que há 25 fenômenos densos que se dissolvem quando um ser senciente passa pelo processo da morte. Esses 25 fenômenos são:

Os cinco agregados:

(1) O agregado forma;
(2) O agregado sensação;

(3) O agregado discriminação;
(4) O agregado fatores de composição;
(5) O agregado consciência.

Os quatro elementos:

(6) O elemento terra;
(7) O elemento água;
(8) O elemento fogo;
(9) O elemento vento.

Os seis poderes:

(10) O poder sensorial visual;
(11) O poder sensorial auditivo;
(12) O poder sensorial olfativo;
(13) O poder sensorial gustativo;
(14) O poder sensorial corporal;
(15) O poder mental.

Os cinco objetos:

(16) As formas visuais incluídas no nosso próprio *continuum*;
(17) Os sons incluídos no nosso próprio *continuum*;
(18) Os cheiros incluídos no nosso próprio *continuum*;
(19) Os sabores incluídos no nosso próprio *continuum*;
(20) Os objetos táteis incluídos no nosso próprio *continuum*.

As cinco sabedorias básicas:

(21) A *sabedoria semelhante-a-um-espelho* básica;
(22) A *sabedoria da igualdade* básica;
(23) A *sabedoria da realização, ou compreensão, individual* básica;
(24) A *sabedoria de cumprir atividades* básica;
(25) A *sabedoria do Dharmadhatu* básica.

Drubchen Gendun Gyaltsen

Os quatro primeiros desses cinco grupos são facilmente compreendidos. Quanto às cinco sabedorias básicas, segue-se uma breve explicação sobre elas. A *sabedoria semelhante-a-um-espelho* básica é assim chamada porque é uma mente comum que pode perceber muitos objetos simultaneamente, assim como um espelho pode refletir muitas formas diferentes simultaneamente. A *sabedoria da igualdade* básica é a mente que recorda experiências como tendo sido agradáveis, desagradáveis ou neutras. A *sabedoria da realização, ou compreensão, individual* básica é a mente que recorda os nomes individuais dos nossos amigos, parentes, e assim por diante. A *sabedoria de cumprir atividades* básica é a mente que recorda as nossas atividades exteriores normais, os nossos propósitos, e assim por diante. A *sabedoria do Dharmadhatu* básica é a mente que é a semente do Corpo-Verdade-Sabedoria de um Buda.

No momento da morte, a maioria das pessoas experiencia a dissolução desses 25 objetos na ordem indicada abaixo, com determinados fenômenos se dissolvendo em relação a cada um dos cinco agregados:

Os cinco fenômenos no nível do agregado forma:

(1) O agregado forma;
(2) A *sabedoria semelhante-a-um-espelho* básica;
(3) O elemento terra;
(4) O poder sensorial visual;
(5) As formas visuais incluídas no nosso próprio *continuum*.

Os cinco fenômenos no nível do agregado sensação:

(6) O agregado sensação;
(7) A *sabedoria da igualdade* básica;
(8) O elemento água;
(9) O poder sensorial auditivo;
(10) Os sons incluídos no nosso próprio *continuum*.

Os cinco fenômenos no nível do agregado discriminação:

(11) O agregado discriminação;
(12) A *sabedoria da realização, ou compreensão, individual* básica;
(13) O elemento fogo;
(14) O poder sensorial olfativo;
(15) Os cheiros incluídos no nosso próprio *continuum*.

Os cinco fenômenos no nível do agregado fatores de composição:

(16) O agregado fatores de composição;
(17) A *sabedoria de cumprir atividades* básica;
(18) O elemento vento;
(19) O poder sensorial gustativo;
(20) Os sabores incluídos no nosso próprio *continuum*.

Os cinco fenômenos no nível do agregado consciência:

(21) As oitenta concepções indicativas;
(22) A mente de aparência branca;
(23) A mente de vermelho crescente;
(24) A mente negra da aquisição-próxima;
(25) A mente de clara-luz da morte.

Os sinais externos associados à dissolução de cada um dos cinco fenômenos no nível do agregado forma são:

(1) Os membros do corpo se afinam, e o corpo enfraquece e perde a sua força;
(2) A nossa visão se torna turva e desfocada;
(3) O corpo se afina, os membros ficam flácidos, sem tônus, e temos a sensação de afundar no chão;
(4) Não conseguimos mais abrir ou fechar os olhos;
(5) O aspecto lustroso do corpo é perdido e a nossa beleza diminui.

CLARA-LUZ E AS QUATRO ALEGRIAS

O sinal interno associado a essas cinco dissoluções é a aparência miragem. Essa aparência surge porque, quando o vento do elemento terra se dissolve no canal central, o poder desse elemento diminui e, por essa razão, isso aparece como se o poder do elemento água se tornasse mais forte.

Os sinais externos associados à dissolução de cada um dos cinco fenômenos no nível do agregado sensação são:

(6) A percepção corporal não mais experiencia sensações agradáveis, desagradáveis ou neutras;
(7) Não mais experienciamos sensações distintas – ou seja, diferenciadas – de felicidade mental, sofrimento mental ou indiferença mental;
(8) Os líquidos do corpo começam a secar;
(9) Não mais ouvimos sons externos;
(10) O som interno de zumbido nos ouvidos não é mais percebido.

O sinal interno associado a essas cinco dissoluções é a aparência fumaça. Essa aparência surge porque o poder do elemento água está diminuindo e, por essa razão, isso aparece como se o poder do elemento fogo estivesse se tornando mais forte.

Os sinais externos associados à dissolução de cada um dos cinco fenômenos no nível do agregado discriminação são:

(11) Não conseguimos mais reconhecer parentes e amigos próximos;
(12) Não conseguimos mais nos lembrar dos nomes de parentes e amigos próximos;
(13) O calor deixa o corpo e a digestão cessa;
(14) A nossa inalação se torna fraca e superficial, ao passo que a exalação se torna longa e forte; começamos a sibilar e a produzir os estertores da morte;

(15) Não conseguimos mais sentir cheiros, incluindo o nosso próprio odor.

O sinal interno associado a essas cinco dissoluções é a aparência vaga-lumes cintilantes. Essa aparência surge porque o poder do elemento fogo está diminuindo e, por essa razão, isso aparece como se o poder do elemento vento estivesse se tornando mais forte.

Os sinais externos associados à dissolução de cada um dos cinco fenômenos no nível do agregado fatores de composição são:

(16) Não conseguimos mais nos mover;
(17) Não conseguimos mais nos lembrar do propósito do trabalho nem das atividades – ou até mesmo quais eram – exercidos durante a vida que está agora chegando ao fim;
(18) Não há mais nenhuma inalação ou exalação pelas narinas; a respiração para por completo, uma vez que os dez ventos se reuniram no coração;
(19) A língua se torna curta e grossa, a sua raiz assume a cor azul e não conseguimos mais falar claramente;
(20) Não conseguimos mais experienciar sabores.

Além disso, nesse momento, a percepção corporal não consegue experienciar nenhum objeto tátil, tais como aspereza e suavidade, dureza e maciez, calor e frio. Isso é devido à dissolução do poder sensorial corporal e dos objetos táteis incluídos no nosso próprio *continuum*. O sinal interno associado a todas essas dissoluções é a aparência chama de vela.

Neste ponto, a maioria das mentes densas e dos seus ventos se dissolveram; o que permanece é a experiência das dissoluções do agregado consciência. Esse agregado possui níveis densos e sutis. A última mente densa a se dissolver é, necessariamente, uma das oitenta concepções indicativas. Qual delas irá se dissolver depende

CLARA-LUZ E AS QUATRO ALEGRIAS

das atividades e hábitos da vida da pessoa moribunda cuja vida está agora chegando ao fim. Por exemplo, se ela treinou extensamente a bodhichitta, a última mente densa a surgir poderá bem ser a de compaixão. Por outro lado, a última concepção densa no *continuum* de alguém com uma mente indisciplinada pode muito bem ser raiva ou apego. Agora que a aparência chama de vela surgiu, a última dessas oitenta mentes por fim se absorve, juntamente com o poder mental denso e a *sabedoria do Dharmadhatu* básica.

Embora tenhamos incontáveis mentes conceituais densas, todas estão incluídas nas oitenta concepções densas. Estas, por sua vez, estão divididas em três grupos: 33 concepções densas indicativas da mente de aparência branca, quarenta concepções densas indicativas da mente de vermelho crescente, e sete concepções densas indicativas da mente negra da aquisição-próxima. Elas são chamadas "indicativas" porque essas concepções são razões conclusivas que indicam a existência das mentes sutis das quais surgem. O *continuum* das 33 primeiras concepções surge originalmente da mente de aparência branca e se dissolve de volta nessa mente no momento da morte. Do mesmo modo, o *continuum* das quarenta concepções seguintes surge originalmente da mente de vermelho crescente e se dissolve de volta nessa mente no momento da morte, e o *continuum* das sete últimas concepções surge originalmente da mente negra da aquisição-próxima e se dissolve de volta nessa mente no momento da morte. Assim, embora todas as oitenta concepções densas se dissolvam antes que a mente de aparência branca surja, os seus *continuums* não se dissolvem completamente nesse momento. O *continuum* das 33 primeiras concepções se dissolve, por fim, no momento da mente de aparência branca; o *continuum* das quarenta concepções seguintes, no momento da mente de vermelho crescente; e o *continuum* das sete últimas concepções, no momento da mente negra da aquisição-próxima.

Normalmente, não temos consciência das mentes de aparência branca, vermelho crescente e da mente negra da aquisição-próxima

CLARA-LUZ DE ÊXTASE

porque, para os seres comuns, essas mentes ocorrem apenas de modo bastante fraco quando dormimos e um pouco mais fortemente durante o processo da morte; mas, em ambos os momentos, não temos nenhuma contínua-lembrança densa. No entanto, podemos saber da existência dessas três mentes sutis através da nossa experiência das oitenta concepções densas, que surgem delas e são os seus efeitos. Por exemplo, ao observar as primeiras 33 concepções, podemos ver que estas mentes e seus ventos montados surgem muito fortemente, ou densamente. De modo semelhante, podemos observar que as mentes e os ventos das quarenta concepções seguintes surgem com menos força, e as mentes e os ventos das sete últimas concepções, com menos força ainda. A partir disso, podemos inferir a existência de três tipos de mente e vento sutis que dão origem a essas concepções densas, sendo que cada tipo é progressivamente mais sutil que o anterior, e, desse modo, podemos saber da existência das mentes de aparência branca, vermelho crescente e negra da aquisição-próxima. Assim, como essas oitenta concepções densas são razões conclusivas que são efeitos que indicam a existência de suas causas, elas são denominadas como "indicativas" das três mentes sutis.

Esses três grupos de concepções densas são listados como segue:

As 33 concepções indicativas da mente de aparência branca:

(1) Grande separação do apego: uma mente que não deseja um objeto;
(2) Separação mediana do apego;
(3) Pequena separação do apego;
(4) Ir e vir mental: uma mente que vai para objetos externos e volta para objetos internos;
(5) Grande tristeza: a ansiedade mental experienciada após a separação de um objeto atrativo;
(6) Tristeza mediana;
(7) Pequena tristeza;
(8) Paz: uma mente que permanece pacificamente;

(9) Conceitualidade: uma mente distraída com um objeto externo;

(10) Grande medo: a mente de pavor gerada pelo encontro com um objeto desagradável;

(11) Medo mediano;

(12) Pequeno medo;

(13) Grande anseio: uma mente atraída para um objeto agradável;

(14) Anseio mediano;

(15) Pequeno anseio;

(16) Avidez: uma mente completamente aferrada a objetos de desejo;

(17) Não-virtude: dúvida com relação às ações virtuosas;

(18) Fome: uma mente que deseja comida;

(19) Sede: uma mente que deseja beber;

(20) Grande sensação: sensações de prazer, dor ou indiferença;

(21) Sensação mediana;

(22) Pequena sensação;

(23) Concepção de um cognoscente, ou percebedor;

(24) Concepção de conhecer, ou perceber;

(25) Concepção de um objeto conhecido;

(26) Investigação: uma mente que investiga o que é adequado e o que não é adequado;

(27) Vergonha: uma mente que abandona comportamento impróprio por razões que dizem respeito a nós mesmos;

(28) Compaixão: uma mente que deseja que os outros sejam separados do sofrimento;

(29) Misericórdia: uma mente que protege completamente um objeto observado;

(30) Desejo de encontrar o que é atrativo;

(31) Escrúpulo: uma mente de hesitação, que não permanece em uma certeza;

(32) Acumulação: uma mente de reunir posses;

(33) Inveja: uma mente perturbada pela boa fortuna ou boas qualidades dos outros.

Drungpa Tsondru Gyaltsen

CLARA-LUZ E AS QUATRO ALEGRIAS

As quarenta concepções indicativas da mente de vermelho crescente:

(1) Apego: uma mente apegada a um objeto ainda não obtido;
(2) Aderência: uma mente apegada a um objeto já obtido;
(3) Grande alegria: uma mente alegre ao ver o que é atrativo;
(4) Alegria mediana;
(5) Pequena alegria;
(6) Regozijo: uma mente feliz por ter obtido um objeto desejado;
(7) Enlevo: uma mente experienciando repetidamente um objeto desejado;
(8) Surpresa: contemplar um objeto que não havia surgido anteriormente;
(9) Excitamento: uma mente distraída pela percepção de um objeto atrativo;
(10) Contentamento: uma mente satisfeita com um objeto agradável;
(11) Abraçar: uma mente que deseja abraçar;
(12) Beijar: uma mente que deseja beijar;
(13) Sugar: uma mente que deseja sugar;
(14) Estabilidade: uma mente de *continuum* imutável;
(15) Esforço: uma mente direcionada à virtude;
(16) Orgulho: uma mente que se considera elevada;
(17) Atividade: a mente de concluir uma atividade;
(18) Roubo: uma mente que deseja roubar riqueza;
(19) Força: uma mente que deseja dominar, ou controlar, os outros;
(20) Desfrute: uma mente que está se tornando acostumada com o caminho da virtude;
(21) O grande nascido-inato: uma mente envolvida com não-virtude devido à arrogância;
(22) O nascido-inato mediano;
(23) O pequeno nascido-inato;

(24) Veemência: o desejo de debater com o excelente sem nenhum motivo ou razão;

(25) Flerte: o desejo de brincar, ou jogar, ao ver o atrativo;

(26) Disposição raivosa: uma mente de ressentimento;

(27) Virtude: uma mente que deseja colocar esforço em ações virtuosas;

(28) Palavra e verdade claras: uma mente que deseja falar de modo que os outros possam compreender; uma mente que não muda a sua discriminação dos fatos;

(29) Inverdade: uma mente que deseja falar tendo mudado a sua discriminação dos fatos;

(30) Definitividade: uma mente de intenção, ou propósito, muito estável;

(31) Não-avidez: uma mente que não deseja se aferrar a um objeto;

(32) Doador: uma mente que deseja dar as posses, sem restrição;

(33) Exortação: uma mente que deseja exortar os preguiçosos a praticarem o Dharma;

(34) Heroísmo: uma mente que deseja vencer inimigos, tais como as delusões;

(35) Antivergonha: uma mente envolvida com não-virtude, que não abandona a má conduta apesar da nossa própria desaprovação ou proibições religiosas;

(36) Pretensão, presunção: uma mente que engana os outros através de hipocrisia;

(37) Rigor: uma mente de conscienciosidade aguçada;

(38) Maldade: uma mente acostumada a uma visão má;

(39) Antigentileza: uma mente que deseja ofender ou prejudicar os outros;

(40) Desonestidade: uma mente de logro, de ardil.

As sete concepções indicativas da mente negra da aquisição-próxima:

(1) Apego mediano: uma mente de igual apego e ódio;
(2) Esquecimento: uma mente de contínua-lembrança (*mindfulness*) degenerada;
(3) Equívoco: uma mente que apreende uma miragem como sendo água de verdade, e assim por diante;
(4) Não-fala: uma mente que não deseja falar;
(5) Depressão: uma mente de aborrecimento;
(6) Preguiça: uma mente que sente desprazer na virtude;
(7) Dúvida: uma mente de incerteza.

Após a dissolução dessas oitenta mentes densas, a pessoa moribunda experienciará a dissolução das mentes sutis, começando pela mente de aparência branca, que percebe uma aparência de brancura, semelhante à luz brilhante da Lua permeando um céu vazio numa noite clara de outono. A aparência branca percebida por essa mente surge porque agora o nó na roda-canal da coroa afrouxou-se completamente e libertou a gota branca que, então, desce pelo canal central. A aparência do branco ocorre enquanto essa gota desce em direção à roda-canal do coração e dura até ela alcançar o topo da gota indestrutível, no coração. Assim, o objeto efetivo percebido nesse momento é semelhante à aparência de um céu vazio; porém, essa aparência é permeada por brancura, devido ao movimento descendente da gota branca. A mente que percebe essa aparência recebe várias denominações: "a mente de aparência branca", "vazio" ou "o primeiro vazio".

Quando a mente de aparência branca e o seu vento montado se dissolvem, por fim, na gota indestrutível no coração, o sinal da sua dissolução é o surgimento da mente de vermelho crescente, que percebe uma aparência semelhante à luz vermelha do Sol permeando um céu vazio. A aparência vermelha percebida por essa mente surge porque agora o nó na roda-canal do umbigo afrouxou-se completamente e libertou a gota vermelha, que sobe pelo canal central. A aparência do vermelho ocorre enquanto essa gota vermelha sobe em direção à roda-canal do coração e dura até ela alcançar a base da gota indestrutível, no coração. A mente que percebe essa aparência recebe várias denominações: "a mente de vermelho crescente", "muito vazio" ou "o segundo vazio".

Neste ponto, a gota indestrutível está completamente enclausurada no interior das duas gotas: a gota branca, que desceu da coroa, e a gota vermelha, que subiu do umbigo. Essas duas gotas cobrem a gota indestrutível, enclausurando-a tal como um estojo, fazendo surgir assim uma experiência de escuridão. A mente que percebe essa escuridão é a mente negra da aquisição-próxima, que percebe uma aparência semelhante à de um céu vazio permeado pela escuridão. Ela surge quando a mente de vermelho crescente e o seu vento montado se dissolvem na gota indestrutível. Conforme mencionado anteriormente, logo que a mente negra da aquisição-próxima surge, conservamos ainda a contínua-lembrança sutil; porém, à medida que essa mente progride, perdemos a nossa contínua-lembrança por completo. Essa mente percebedora recebe várias denominações: "a mente negra da aquisição-próxima", "grande vazio" ou "o terceiro vazio".

Após a experiência da mente negra da aquisição-próxima, os nós da roda-canal do coração afrouxam-se completamente, permitindo que a gota branca continue a descer e que a gota vermelha continue a subir. Assim que essas gotas se separam, a pessoa moribunda experiencia a mente de clara-luz da morte, que percebe uma aparência semelhante à de um céu vazio e claro ao amanhecer. Do mesmo modo que a remoção lenta da tampa de um estojo permite a entrada de cada vez mais luz, a separação das duas gotas encapsulantes faz surgir uma experiência de clara-luz. Conforme as gotas se separam, a pessoa moribunda recupera uma contínua-lembrança muito sutil como resultado da manifestação da mente e do seu vento montado muito sutis. Essa mente percebedora recebe várias denominações: "a mente de clara-luz da morte", "vazio total" ou "o quarto vazio".

Durante todo o tempo em que estivermos experienciando a clara-luz da morte, não estaremos efetivamente mortos. A razão disso é que a gota indestrutível no coração – constituída pela gota branca muito sutil e pela gota vermelha muito sutil que vieram dos nossos pais, no momento da concepção, e que estão presentes durante toda a nossa vida – ainda não se abriu. A morte efetiva ocorre quando essa gota se abre e a mente e o seu vento montado muito sutis partem para a próxima vida.

Durante a experiência da clara-luz da morte, todos os ventos se dissolvem na gota indestrutível, no coração. Após esse processo ter se completado, as gotas muito sutis branca e vermelha, que constituem a gota indestrutível, finalmente se separam, e a mente e o seu vento montado muito sutis partem para a próxima vida. Os sinais externos gerais de que efetivamente morremos – e de que a mente e o vento muito sutis partiram – é que a gota branca sai pelo órgão sexual e a gota vermelha sai pelas narinas. No entanto, esses sinais não ocorrem para aqueles que têm uma morte súbita ou violenta.

Imediatamente após a experiência de clara-luz cessar, surge a profunda perda de consciência, ou "desmaio", da mente negra da aquisição-próxima da ordem reversa. Esta é a primeira mente do estado intermediário. Então, como já foi mencionado, experienciamos em sequência a mente de vermelho crescente, a mente de aparência branca, o reaparecimento das oitenta concepções indicativas e a aparência chama de vela, seguida pela aparência vaga-lumes cintilantes, aparência fumaça e, por fim, a aparência miragem – todas juntamente com as suas consciências associadas. Em resumo, após a clara-luz da morte, o ser do estado intermediário experiencia os sete sinais restantes em ordem reversa.

Se em sete dias um ser do estado intermediário não encontrar condições carmicamente apropriadas nas quais possa renascer, ele experienciará uma pequena morte e, depois, terá um outro corpo do estado intermediário. Quando uma vida do estado intermediário chega ao fim, experienciamos os oito sinais, desde a aparência miragem até a clara-luz; e, quando a próxima vida do estado intermediário começar, experienciaremos os sete sinais da ordem reversa, desde a mente negra da aquisição-próxima até a aparência miragem.

Um ser do estado intermediário encontrará, com toda a certeza, um local de renascimento em um período de até 49 dias. Quando esse local se tornar acessível, ele, ou ela, morrerá e perceberá os oito sinais, desde a aparência miragem até a clara-luz. Se, por exemplo, esse ser tiver o carma para renascer como um ser humano, então, quando a experiência de clara-luz chegar ao fim, a mente e o seu vento montado muito sutis entrarão no útero da mãe. A primeira mente da concepção no útero é a mente negra da aquisição-próxima, após a qual os sinais restantes da ordem reversa são gradualmente experienciados. Depois, à medida que o feto se desenvolver, a mente do ser recém-concebido irá se tornar gradualmente mais densa.

A partir desta breve explicação sobre a morte, o estado intermediário e o renascimento, podemos obter uma compreensão aproximada do processo que precisa ser controlado e transformado pelo praticante do Mahamudra Vajrayana.

Até este ponto do texto, o termo "clara-luz" tem sido usado para se referir a diversos tipos diferentes de experiência. Visto que a experiência de clara-luz é de importância central na meditação Mahamudra, será útil, nesta etapa, explicar brevemente os diferentes tipos de mente de clara-luz.

A clara-luz é definida como a mente muito sutil que surge por força da mente negra da aquisição-próxima e que é experienciada diretamente após a mente negra da aquisição-próxima ter cessado. A clara-luz da morte, por exemplo, pode ser experienciada somente após a cessação do sétimo sinal da morte. Há dois tipos de clara-luz: a clara-luz-mãe e a clara-luz-filho. O primeiro tipo é a clara-luz que surge naturalmente durante o sono e a morte, e o segundo é a clara-luz que surge apenas quando os ventos se dissolveram no canal central por força de meditação.

Há dois tipos de clara-luz-filho: a mente-isolada de clara-luz e a mente-não-isolada de clara-luz. O termo "mente-isolada" refere-se, em geral, a uma mente que está isolada dos ventos sobre os quais as mentes densas estão montadas. Mais especificamente, é aplicado a qualquer um dos quatro vazios que surgem quando, por força de meditação, os ventos se dissolvem na gota indestrutível, na roda-canal do coração. Consequentemente, a mente de aparência branca – que surge por força de os ventos se dissolverem na gota indestrutível no coração por meio de meditação – é uma mente-isolada, assim como a mente de vermelho crescente e a mente negra da aquisição-próxima, que surgem quando os ventos se dissolvem na gota indestrutível no coração por meio de meditação. No entanto, nenhuma delas é uma mente-isolada de clara-luz. Essa mente se desenvolve somente após o terceiro vazio, a mente-isolada negra da aquisição-próxima, ter cessado.

Quanto à mente-não-isolada de clara-luz, essa é a mente de clara-luz que surge quando, por meio de meditação, os ventos se dissolvem no canal central através de qualquer uma das nove portas que não a roda-canal do coração. Assim como antes, essa mente pode ser experienciada somente após a cessação da mente negra da aquisição-próxima, mas não a mente negra da aquisição-próxima que surge quando os ventos se dissolvem no canal central na altura do coração. Deve-se notar, no entanto, que a mente-não-isolada de clara-luz é *isolada* no sentido de que foi removida, ou separada, dos ventos densos.

A clara-luz-filho também pode ser dividida em clara-luz-exemplo e clara-luz-significativa. A primeira é uma clara-luz-filho que realiza a vacuidade conceitualmente, por meio de uma imagem genérica, e a segunda é uma clara-luz-filho que realiza a vacuidade diretamente, sem uma imagem genérica.

A clara-luz-exemplo também possui duas divisões: a mente-não-isolada de clara-luz-exemplo e a mente-isolada de clara-luz-exemplo. A primeira é uma clara-luz-filho que realiza a vacuidade por meio de uma imagem genérica quando os ventos se dissolvem no canal central em qualquer outro ponto que não seja a gota indestrutível no coração, e a segunda é uma clara-luz-filho que realiza a vacuidade por meio de uma imagem genérica quando os ventos se dissolvem na gota indestrutível no coração.

A mente-isolada de clara-luz-exemplo possui duas divisões: a mente-isolada de clara-luz-exemplo última e a mente-isolada de clara-luz-exemplo não-última. A primeira é a clara-luz que surge por força da dissolução de todos os ventos, incluindo a dissolução completa do vento que-permeia, na gota indestrutível no coração; e a segunda é a clara-luz que surge por força da dissolução de qualquer um dos ventos, mesmo que parcialmente, na gota indestrutível, mas não a dissolução completa do vento que-permeia. As experiências tanto da clara-luz-exemplo última quanto da clara-luz-exemplo não-última dependem de os nós da roda-canal do coração estarem afrouxados. A razão disso é que tanto a clara-luz-exemplo última quanto a clara-luz-exemplo não-última são mentes-isoladas. Os métodos para alcançar essas mentes-isoladas estão explicados nas cinco etapas do estágio de conclusão.

É possível afrouxar parcialmente os nós da roda-canal do coração através de meditações como a do fogo interior e a recitação vajra do *Tantra de Guhyasamaja*. Embora as oito etapas da meditação no fogo interior descritas anteriormente estejam focadas principalmente na roda-canal do umbigo, é relativamente fácil prosseguir com o afrouxamento dos nós localizados no coração uma vez que o canal central tenha sido penetrado por qualquer porta. No entanto, se confiarmos unicamente nessas meditações, não conseguiremos afrouxar completamente os nós na roda-canal do coração e, assim, fazer com que a totalidade do vento que-permeia, presente por todo o corpo, se dissolva na gota indestrutível antes da morte. Portanto, quando o poder de tais técnicas, como a do fogo interior e da recitação vajra, tiver sido concluído, o praticante do Mantra Secreto precisará aceitar um mudra-ação ou esperar até a clara-luz da morte, como será explicado adiante. Sem aceitar um mudra-ação, não será possível, antes da morte, que, apenas através de meditação, a totalidade do vento que-permeia se dissolva na gota indestrutível no coração, facilitando assim a aquisição da mente-isolada de clara-luz-exemplo última. No entanto, um praticante plenamente qualificado do Mantra Secreto que não aceitar um mudra-ação poderá experienciar a mente-isolada de clara-luz-exemplo última durante a experiência da clara-luz da morte.

CLARA-LUZ E AS QUATRO ALEGRIAS

Uma vez que a mente-isolada de clara-luz-exemplo última tenha sido alcançada antes da morte, é absolutamente certo que o meditador alcançará a iluminação nessa mesma vida. Quando esse meditador emergir da sessão na qual a mente-isolada de clara-luz-exemplo última tiver sido alcançada, ele, ou ela, terá obtido automaticamente o corpo-ilusório impuro. É denominado "impuro" porque o praticante ainda não abandonou as obstruções à libertação. A razão disso é que ele, ou ela, ainda não alcançou os caminhos superiores do Mantra Secreto, os quais realizam a vacuidade diretamente com a mente de grande êxtase espontâneo. Se um praticante que tenha alcançado o corpo-ilusório impuro meditar continuamente na vacuidade, ele, ou ela, alcançará, por fim, a clara-luz-significativa e também alcançará, simultaneamente, os caminhos superiores do Mantra Secreto. Quando esse meditador emergir do equilíbrio meditativo da clara-luz-significativa, ele, ou ela, alcançará automaticamente o corpo-ilusório puro, o qual se transformará, mais tarde, no Corpo-Forma de um Buda plenamente iluminado. Desse modo, está assegurado, para um meditador que tenha alcançado a mente-isolada de clara-luz-exemplo última antes da morte, que ele alcançará a iluminação nessa mesma vida.

Se a mente-isolada de clara-luz-exemplo última for alcançada no momento da morte, então a clara-luz da morte, ela própria, irá se transformar na mente-isolada de clara-luz-exemplo última e, em vez de passar para o estado intermediário, o meditador alcançará o corpo-ilusório. É com esse corpo-ilusório que a iluminação é alcançada. Neste caso, algumas vezes é dito que o meditador se torna um Buda no estado intermediário ou com um corpo do estado intermediário, mas, na verdade, o corpo desse meditador não é um corpo efetivo do estado intermediário, uma vez que ele, ou ela, alcançou o corpo-ilusório, o qual é um corpo da Deidade.

De acordo com o Mantra Secreto, o oitavo sinal que ocorre na morte – a clara-luz da morte – é o corpo-verdade básico; o corpo do estado intermediário que se segue é o corpo-de-deleite básico; e o corpo com o qual se renasce é o corpo-emanação básico. Esses três corpos não são o Corpo-Verdade, o Corpo-de-Deleite e o Corpo-

CLARA-LUZ DE ÊXTASE

-Emanação efetivos de um Buda, mas meramente as bases que são purificadas durante os estágios de geração e de conclusão da prática do Mantra Secreto e, desse modo, transformados nos três corpos-resultantes de um Buda.

Os três corpos-básicos são purificados diretamente pela meditação do estágio de conclusão. A clara-luz da morte comum é purificada pela mente-isolada de clara-luz-exemplo última. Quando essa mente-isolada medita na vacuidade, ela se torna o *Mahamudra que é a união de êxtase e vacuidade.* Por experienciar a natureza de grande êxtase da clara-luz e meditar na vacuidade com essa mente-isolada, o meditador impedirá que a morte comum seja por ele experienciada. Uma vez que tenha purificado a clara-luz da morte desse modo, o(a) meditador(a) evitará também experienciar o estado intermediário comum – a mente e o corpo que têm, como suas causas substanciais, a clara-luz da morte comum e o seu vento montado – e alcançará, em vez disso, o corpo-ilusório. A mente-isolada de clara-luz-exemplo última se torna então a mente do corpo-ilusório, e o vento sobre o qual está montada se torna o próprio corpo-ilusório.

Um meditador que consiga purificar a clara-luz da morte comum e o estado intermediário comum dessa maneira será também naturalmente capaz de purificar o renascimento comum e de transformá-lo em caminho espiritual. A chave para purificar essas três bases é a aquisição da mente-isolada de clara-luz-exemplo última. Essa mente-isolada é como o elixir alquímico capaz de transformar metais comuns em ouro, pois transforma a morte, o estado intermediário e o renascimento comuns nos três corpos sagrados de um Buda plenamente iluminado.

É importante, tanto no estágio de geração quanto no estágio de conclusão do Mantra Secreto, ter uma compreensão clara de três coisas: as bases que são purificadas, o que purifica essas bases e os resultados dessa purificação. As bases que são purificadas são as mesmas em ambos os estágios: o corpo-verdade básico (a morte comum), o corpo-de-deleite básico (o estado intermediário comum) e o corpo-emanação básico (o renascimento comum). No entanto, os meios pelos quais eles são purificados são diferentes em cada estágio. No estágio de conclusão, a clara-luz da morte comum é purificada diretamente pela mente-isolada de clara--luz-exemplo última; o estado intermediário comum, pelo corpo--ilusório; e o renascimento comum, pelo ioga das emanações do corpo-ilusório. Nas práticas do estágio de geração, essas três bases comuns são purificadas pelos três iogas conhecidos como "trazer os três corpos para o caminho". Esses três iogas purificam indiretamente as suas bases e, por essa razão, as práticas do estágio de geração são como um ensaio para as purificações efetivas que ocorrem no estágio de conclusão. Se as nossas meditações do estágio de geração forem bem-sucedidas, as nossas meditações do estágio de conclusão também serão muito poderosas, e quando estas forem bem-sucedidas, as três bases poderão ser purificadas sem muita dificuldade. Os resultados dessa purificação são os três corpos de um Buda: o Corpo-Verdade resultante, o Corpo--de-Deleite resultante e o Corpo-Emanação resultante.

Agora que a discussão dos métodos pelos quais os ventos entram, permanecem e se dissolvem no canal central foi concluída, é possível prosseguir com uma explicação do método por meio do qual as quatro alegrias são produzidas através da prática do fogo interior.

Por meditar durante um período prolongado no AH-breve no centro da roda-canal do umbigo e por fundir a nossa mente por completo com esse objeto de meditação, seremos capazes de fazer com que os ventos entrem, permaneçam e se dissolvam no canal central, como descrito anteriormente. Como resultado de esses ventos entrarem pela porta da roda-canal do umbigo, o vento descendente de esvaziamento – localizado logo abaixo dessa roda--canal – irá se mover para cima. Isso, por sua vez, acenderá o fogo interior, visualizado como a letra AH-breve, fazendo com que ele arda. O calor gerado pelo arder do fogo interior derreterá a gota branca na roda-canal da coroa, visualizada como uma letra HAM de cabeça para baixo, e ela começará a fluir para baixo, através do canal central. É esse movimento da gota branca, fluindo lentamente para baixo pelo canal central, que faz surgir a experiência de alegria, ou êxtase.

À medida que a gota desce para o centro da roda-canal da garganta, experienciamos a primeira alegria, denominada simplesmente "alegria". Por estabilizar a nossa concentração meditativa no OM visualizado no centro da garganta, seremos capazes de experienciar essa primeira alegria por um período prolongado. A primeira etapa de alegria será experienciada enquanto a gota branca não ultrapassar a roda-canal da garganta.

Após permanecer por algum tempo nessa roda-canal, devemos permitir que a gota branca continue a descer pelo canal central. Conforme desce para o centro da roda-canal do coração, experienciamos a segunda das quatro alegrias. Ela é conhecida como "suprema alegria" porque o êxtase experienciado nesse momento é maior que o da primeira alegria. Novamente, seremos capazes de manter essa experiência extasiante por meio de nos concentrarmos na letra HUM, no centro do coração.

Após permanecermos na suprema alegria por algum tempo, devemos permitir que a gota branca flua para baixo, em direção ao centro da roda-canal do umbigo. Quando isso acontecer, experienciaremos a terceira e ainda maior alegria, conhecida como "extraordinária alegria". Se a nossa meditação no fogo interior for bem-sucedida, seremos capazes de manter essa experiência de extraordinária alegria pelo tempo que desejarmos.

Quando a gota branca deixa a roda-canal do umbigo, ela desce pelo canal central até alcançar a ponta do órgão sexual. Isso faz surgir a quarta das quatro alegrias, conhecida como "grande alegria espontânea", a qual é uma etapa do grande êxtase espontâneo. Essa experiência extasiante é superior à das três alegrias anteriores e pode ser mantida por um longo tempo. Nos seres comuns, quando a gota branca alcança a ponta do órgão sexual, ela é logo expelida, e a intensidade da experiência extasiante diminui rapidamente. No entanto, para um meditador realizado do Mantra Secreto, isso não acontece. Uma vez que o iogue tenha feito com que os ventos entrem, permaneçam e se dissolvam no canal central,

CLARA-LUZ E AS QUATRO ALEGRIAS

e uma vez que tenha obtido controle sobre o vento descendente de esvaziamento, a gota branca fluirá somente no interior do canal central e, assim, poderá ser mantida na ponta do órgão sexual sem ser expelida.

Quando tivermos alcançado essa experiência extasiante, devemos usar a mente de grande alegria espontânea para meditar na vacuidade, a ausência de existência inerente. Após permanecermos com essa experiência por algum tempo, devemos reverter o fluxo da gota branca e fazer com que se mova para cima, pelo canal central. Até que estejamos familiarizados com essa meditação, precisaremos de muita concentração para realizar essa reversão. No entanto, ao adquirirmos prática, seremos capazes de reverter o fluxo da gota branca naturalmente e com pouco esforço.

À medida que a gota branca fluir para cima, experienciaremos quatro estados progressivamente mais poderosos de alegria. Como a gota branca está agora fluindo para cima, esses estados são chamados de "as quatro alegrias da ordem reversa". Cada uma dessas alegrias é uma etapa do grande êxtase espontâneo e deve estar associada com a meditação na vacuidade.

A primeira alegria da ordem reversa surge à medida que a gota branca sobe para a roda-canal do umbigo. Conforme sobe para o coração, experienciamos a suprema alegria da ordem reversa e, à medida que sobe para a garganta, experienciamos a extraordinária alegria da ordem reversa. Por fim, conforme a gota branca flui para o centro da roda-canal da coroa, experienciamos a grande alegria espontânea da ordem reversa. Esta é a mais elevada de todas as experiências de alegria. Quando ela ocorre, somos permeados por um êxtase imenso e somos capazes de permanecer nessa experiência por um tempo muito longo. Na verdade, continuaremos a experienciar incessantemente esse êxtase, mesmo quando não estivermos mais em meditação. A prática de experienciar essas etapas do grande êxtase espontâneo e de usar essas mentes para meditar na vacuidade é a verdadeira essência do estágio de conclusão, e podemos empregar beneficamente toda a nossa vida nela.

Foi mencionado anteriormente que os Sutras e o Mantra Secreto utilizam níveis diferentes da mente para meditar no objeto vacuidade. A mais poderosa de todas essas mentes é a mente de grande êxtase espontâneo. Ela tem um poder muito maior para destruir as obstruções à libertação e à onisciência do que qualquer outra mente porque está completamente livre dos pensamentos conceituais densos e das aparências duais densas. As concepções densas não podem perturbar a mente de grande êxtase espontâneo, porque os ventos que sustentam essas concepções já se dissolveram no canal central e, portanto, pararam de funcionar. Como não há mais qualquer perigo de interferência dessas concepções densas, somos capazes de meditar na vacuidade com grande poder e clareza. A mente subjetiva e o objeto vacuidade fundem-se de modo indistinguível, como água misturando-se com água.

Além de ser o método supremo para eliminar as obstruções à libertação e à onisciência, essa meditação é também o método supremo para alcançar os corpos sagrados de um Buda. A mente de grande êxtase espontâneo é a causa substancial do Corpo-Verdade de um Buda, e o vento sobre o qual está montada é a causa substancial do Corpo-Forma de um Buda. A partir disso, podemos compreender que a meditação no grande êxtase espontâneo é também o melhor método para completar as duas coleções – a coleção de sabedoria e a coleção de mérito –, que são as causas do Corpo-Verdade e do Corpo-Forma, respectivamente.

Um meditador que seja bem-sucedido nessas práticas não necessita se dedicar a nenhuma outra atividade espiritual. Para aqueles que são afortunados o suficiente para serem proficientes em tais métodos, todas as suas ações diárias – sejam elas andar, comer ou qualquer outra – ajudam a completar as coleções de sabedoria e de mérito. O Mantra Secreto é denominado "o caminho rápido" porque uma única prática – a meditação no grande êxtase espontâneo e vacuidade – elimina as duas obstruções e completa as duas coleções.

Algumas pessoas têm uma visão completamente equivocada do Mantra Secreto. Sem terem nenhuma experiência do grande êxtase e da vacuidade, mesmo assim declaram "eu sou um iogue do Mantra Secreto", e então bebem álcool, fumam cigarros, consomem drogas, brigam, envolvem-se em má conduta sexual, e assim por diante. Adotar tais condutas não pode ser considerado o mesmo que seguir o Caminho do Mantra Secreto. Afinal, essas ações podem ser executadas por qualquer pessoa. Aqueles que têm um desejo puro de se tornarem verdadeiros iogues do Mantra Secreto devem, em vez disso, colocar um grande esforço em dominar a meditação descrita acima e fazê-la com uma motivação de bodhichitta impecável.

Se a experiência das quatro alegrias for analisada com mais detalhes, é possível distinguir dezesseis alegrias da ordem serial e dezesseis alegrias da ordem reversa. Por exemplo, quando a gota branca desce o equivalente a um quarto do caminho entre as rodas-canais da coroa e da garganta, a primeira divisão da primeira alegria é experienciada. Cada uma das quatro alegrias é semelhantemente dividida em quatro divisões de intensidade progressiva, totalizando, assim, 32 etapas de experiência extasiante.

Enquanto permanecermos na grande alegria espontânea da ordem reversa, a nossa mente primária será completamente transformada na natureza de grande êxtase espontâneo. Essa consciência é tanto uma mente sutil quanto uma mente primária. De acordo com os Sutras, o êxtase pode ser somente um fator mental, e não uma mente primária, mas a visão do Mantra Secreto é diferente. No Mantra Secreto, há uma mente de grande êxtase espontâneo que também é uma mente primária.

A causa substancial do corpo-ilusório é o vento muito sutil montado pela mente muito sutil de clara-luz que medita na vacuidade. Quando o meditador emerge da sessão na qual a mente-isolada de clara-luz-exemplo última foi alcançada, ele, ou ela, alcança um corpo que não é o mesmo que o seu corpo físico anterior. Quanto à aparência, é igual ao corpo da Deidade pessoal do estágio de geração, com a diferença de que sua cor é branca. Essa forma pode ser percebida apenas por alguém que já tenha alcançado o corpo-ilusório. A esse respeito, o corpo-ilusório é semelhante a um corpo-sonho, no sentido que tanto o corpo-sonho como o corpo-

CLARA-LUZ DE ÊXTASE

-ilusório surgem do vento muito sutil. O *Tantra de Guhyasamaja* diz que o corpo-sonho é a melhor analogia para o corpo-ilusório e prova que é possível obtê-lo.

Para alcançar a mente-isolada de clara-luz-exemplo última, precisamos ter concluído o poder da nossa meditação nos canais, ventos e gotas. Além disso, para alcançar a mente-isolada de clara-luz-exemplo última antes da clara-luz da morte, é necessário aceitar um mudra-ação qualificado. O lama altamente realizado Je Tsongkhapa não aceitou um mudra-ação, porque estava preocupado com o bem-estar dos seus seguidores ordenados. Embora estivesse na etapa na qual poderia ter meditado com o auxílio de um mudra-ação sem acumular a menor negatividade – embora fosse um monge –, ele não o fez. Por quê? Je Tsongkhapa desejava proteger aqueles discípulos, ou discípulas, impacientes do futuro que, pensando que poderiam seguir o seu exemplo sem estarem plenamente qualificados, ficariam tentados a tomar prematuramente um(a) consorte e, assim, criarem a causa para um renascimento inferior, em vez de criarem a causa para alcançar a iluminação.

Je Tsongkhapa foi extensamente louvado por muitos grandes iogues, tanto durante a sua vida como posteriormente, devido à sua exposição lúcida e inigualável das práticas do Mantra Secreto. Ele era especialmente famoso por suas explicações sobre os meios para obter o corpo-ilusório. Durante a sua vida, demonstrou a maneira de alcançar os quatro vazios da mente-isolada por força da recitação vajra do *Tantra de Guhyasamaja*. Então, no 25º dia do décimo mês tibetano, quando estava prestes a deixar o seu corpo físico denso, ele alcançou a mente-isolada de clara-luz-exemplo última por meio de fundir a clara-luz-mãe e a clara-luz-filho. Quando emergiu dessa meditação, alcançou o corpo-ilusório, com o qual atingiu então a iluminação.

Na realidade, Je Tsongkhapa já era o Buda plenamente iluminado Manjushri. Para beneficiar os outros, Manjushri aparece sob muitas formas: como um ser iluminado, como um ser comum, como uma pessoa ordenada e como um leigo. Neste caso, ele apareceu como um respeitado professor que, através de sua vida e de suas obras, demonstrou os caminhos puros – de Sutra e do Mantra Secreto – à plena iluminação e deu aos seus discípulos afortunados um exemplo excelente a ser emulado. As ações dos seres iluminados, tais como Manjushri, estão além do escopo das mentes dos seres comuns.

Em geral, há quatro alegrias do estágio de geração e quatro do estágio de conclusão. Para alcançar as quatro alegrias do estágio de geração, não é necessário trazer os ventos para o canal central, porque essas quatro alegrias são alcançadas principalmente por força de concentração meditativa. Quanto às quatro alegrias do estágio de conclusão, elas resultam do derretimento e do fluxo da gota branca no canal central. Devemos ensaiar essa experiência por meio de praticar as quatro alegrias do estágio de geração conforme descritas nos Tantras de Guhyasamaja, Heruka, Vajrayogini e assim por diante, e através de seguir as instruções de um Guia Espiritual tântrico plenamente qualificado.

As quatro alegrias do estágio de conclusão são praticadas em associação com a meditação no fogo interior e outros métodos, como a recitação vajra. Primeiro, devemos executar as oito etapas da meditação no fogo interior, como descritas anteriormente. O calor gerado a partir disso derreterá a gota branca localizada na coroa, que então descerá pelo canal central desde a coroa até a garganta, da garganta até o coração, do coração até o umbigo, e do umbigo até a ponta do órgão sexual. Isso fará surgir a experiência de grande alegria espontânea, e devemos manter essa experiência enquanto meditamos na vacuidade. Depois, devemos gerar as quatro alegrias da ordem reversa – todas elas são etapas do grande êxtase espontâneo – e, desse modo, continuar meditando na vacuidade com uma mente supremamente extasiante. Isto conclui a explicação das quatro alegrias.

Konchog Gyaltsen

As Nove Fusões
e os Dois Mudras

EXPLICAÇÃO DAS NOVE FUSÕES

AS NOVE FUSÕES são os métodos principais para trazer a morte, o estado intermediário e o renascimento comuns para os caminhos que conduzem aos três corpos de um Buda. Elas são explicadas extensamente nos textos sobre o *Tantra de Guhyasamaja*, e tanto Nagarjuna como o seu discípulo Aryadeva escreveram comentários claros sobre as mesmas. Essas instruções foram levadas posteriormente da Índia para o Tibete e têm sido praticadas sem interrupção pelos mestres tibetanos até os dias atuais.

As nove fusões são uma prática essencial da meditação do estágio de conclusão, e não é possível alcançar a Budeidade em uma mesma vida sem elas. Marpa e Milarepa teceram louvores especiais a essa prática, e o grande meditador Khedrub Rinpoche disse que, mesmo que não alcancemos a experiência completa dessas nove fusões, um grande estoque de mérito pode ser acumulado meramente por adquirirmos uma compreensão intelectual delas. Em resumo, todos os meditadores qualificados do estágio de conclusão do Mantra Secreto dependem da prática das nove fusões. As instruções a seguir estão fundamentadas nos ensinamentos de Vajradhara contidos no *Tantra de Guhyasamaja*, de onde foram extraídas e incorporadas a outras práticas de Tantra Ioga Supremo.

As nove fusões serão explicadas em três divisões:

1. Explicação das fusões durante o estado de vigília;
2. Explicação das fusões durante o sono;
3. Explicação das fusões durante a morte.

EXPLICAÇÃO DAS FUSÕES
DURANTE O ESTADO DE VIGÍLIA

Este tópico tem três partes:

1. A fusão com o Corpo-Verdade durante o estado de vigília;
2. A fusão com o Corpo-de-Deleite durante o estado de vigília;
3. A fusão com o Corpo-Emanação durante o estado de vigília.

A FUSÃO COM O CORPO-VERDADE
DURANTE O ESTADO DE VIGÍLIA

A primeira das nove fusões é a fusão com o Corpo-Verdade durante o estado de vigília. Como já foi explicado, fazemos com que os ventos entrem, permaneçam e se dissolvam no canal central por força da meditação no fogo interior e, como resultado, experienciamos os oitos sinais, desde a aparência miragem até a clara-luz. Então, transformamos a mente de clara-luz no caminho, através de meditar na vacuidade. Esta é a maneira como a clara-luz é fundida com o Corpo-Verdade. Embora essa meditação seja denominada "a fusão com o Corpo-Verdade durante o estado de vigília", o meditador meramente imagina que a sua mente de clara-luz é o Corpo-Verdade efetivo; não há nenhum Corpo-Verdade efetivo nesse momento. De acordo com o Mantra Secreto, há três tipos de Corpo-Verdade: o corpo-verdade básico, o corpo-verdade caminho e o Corpo-Verdade resultante. Os dois primeiros não são Corpos-Verdade efetivos, verdadeiros, mas são chamados "corpos-verdade" porque praticar o *corpo-verdade caminho* sobre a base do *corpo-verdade básico* conduz à aquisição do Corpo-Verdade resultante, efetivo.

A prática da fusão com o Corpo-Verdade durante o estado de vigília é explicada como segue. Como antes, o objeto inicial de meditação é a letra AH-breve no centro da roda-canal do umbigo. Concentramo-nos nesse objeto até experienciarmos os oito sinais. Ao longo de todo o desenvolvimento dos oito sinais, é importante não nos esquecermos da vacuidade, porque, se não nos lembrarmos da vacuidade com a nossa mente densa, será impossível realizá-la com a nossa mente sutil. Portanto, quando experienciamos a aparência miragem, lembramos que essa aparência não existe do seu próprio lado, mas é meramente uma aparência à nossa consciência percebedora. Empregamos o mesmo tipo de contínua-lembrança (*mindfulness*) ao longo dos três sinais seguintes: aparência fumaça, aparência vaga-lumes cintilantes e aparência chama de vela. Após tudo isso ter sido experienciado, a nossa contínua-lembrança densa desaparecerá. Durante a aparência seguinte – a mente de aparência branca, que é o primeiro dos quatro vazios –, somente a contínua-lembrança sutil funcionará.

Durante a mente de aparência branca, percebemos apenas uma aparência semelhante à de um céu vazio permeado pela luz branca e clara de uma lua cheia outonal, e meditamos que a vacuidade dessa aparência é ausente de existência inerente. Visto que a mente, neste ponto, é uma mente sutil, será difícil, inicialmente, estabelecer a ausência de existência inerente por força de raciocínio lógico. No entanto, à medida que nos familiarizarmos com a experiência das mentes sutis, seremos capazes de utilizar raciocínios lógicos para estabelecer a vacuidade, inclusive durante a mente de aparência branca.

Da mente de aparência branca, avançamos então para a mente de vermelho crescente, que percebe uma aparência semelhante à de um céu vazio permeado pela luz vermelha do Sol. Como antes, mantemos a nossa contínua-lembrança da vacuidade, e meditamos que a vacuidade desse segundo vazio é ausente de existência inerente. Depois, quando surgir a mente negra da aquisição-próxima, que percebe uma aparência semelhante à de um céu vazio permeado por escuridão, devemos manter a nossa contínua-lembrança da vacuidade até experienciarmos a profunda inconsciência, ou "desmaio", dessa mente sutil. Durante essa inconsciência, perdemos temporariamente a nossa contínua-lembrança da vacuidade porque, nesse momento, não há qualquer atividade consciente.

Após a cessação da mente negra da aquisição-próxima, a mente muito sutil de clara-luz – a mais sutil de todas as mentes – surge. Essa mente muito sutil percebe uma aparência semelhante à de um céu outonal vazio ao amanhecer, permeado por uma luz clara e radiante. Com essa mente muito sutil de clara-luz, devemos meditar que a vacuidade da clara-luz é ausente de existência inerente. A habilidade para recordar a vacuidade nessa altura depende de termos sido capazes de recordar a vacuidade durante os vazios precedentes, com a exceção momentânea da profunda inconsciência da mente negra da aquisição-próxima; e recordar a vacuidade durante a aparência das mentes sutis depende de termos recordado a vacuidade com a mente densa antes da sua dissolução. Assim, desde o primeiro instante da aparência miragem, é importante não esquecer a vacuidade.

Quando a nossa mente muito sutil de clara-luz medita na vacuidade e mantém essa união de clara-luz e vacuidade como sendo semelhante, em aspecto, ao Corpo-Verdade, estamos praticando a primeira das três fusões: a fusão com o Corpo-Verdade durante o estado de vigília. Sobre esta base, devemos desenvolver o orgulho divino de sermos o Corpo-Verdade efetivo de um Buda e, desse modo, fazer com que a nossa realização do Corpo-Verdade se torne absolutamente indestrutível. Não é suficiente fazer isso uma ou duas vezes, apenas; é necessário praticar desse modo continuamente, até alcançarmos uma realização estável.

Como indicado anteriormente, durante a meditação do estágio de geração do Mantra Secreto, trazemos a morte para o caminho que conduz ao Corpo-Verdade. O propósito disso é preparar e facilitar a fusão com o Corpo-Verdade que praticamos durante o estágio de conclusão. A fusão com o Corpo-Verdade durante o estado de vigília facilita a fusão com o Corpo-Verdade durante o sono, que, por sua vez, facilita a fusão com o Corpo-Verdade durante a morte. Quando a nossa mente muito sutil de clara-luz meditar na vacuidade, teremos então alcançado a primeira realização do Mahamudra Vajrayana.

A FUSÃO COM O CORPO-DE-DELEITE DURANTE O ESTADO DE VIGÍLIA

Por meio de gerar o orgulho divino de sermos o Corpo-Verdade, com uma mente livre de todas as aparências duais densas, fazemos com que a nossa realização do Corpo-Verdade se torne indestrutível. Essa mente de clara-luz tem um aspecto semelhante ao da mente de clara-luz da morte. Como foi explicado acima, após a experiência da clara-luz da morte, os seres comuns tomam um corpo do estado intermediário, mas um meditador realizado assume, em vez disso, o corpo da sua Deidade pessoal. Portanto, quando estamos praticando a segunda das nove fusões, devemos meditar que surgimos da união da clara-luz e vacuidade, ou Corpo-Verdade, na forma da nossa Deidade pessoal. Se, por exemplo, a nossa Deidade pessoal for Heruka, então, com orgulho divino, pensamos que surgimos sob essa forma. No entanto, em vez de ser azul, o nosso corpo é branco e estamos unidos-em-abraço com uma Vajravarahi branca. Meditamos que o vento muito sutil montado pela mente de clara-luz surge na forma do corpo de Heruka, e que a própria mente muito sutil de clara-luz é a mente de Heruka. Então, com orgulho divino, meditamos que somos o Corpo-de-Deleite efetivo de Buda Heruka.

Praticar dessa maneira cria a causa para alcançarmos um corpo-ilusório efetivo na forma da nossa Deidade pessoal no futuro. Esse corpo-ilusório não é algo que todos possam ver. Embora seja um corpo efetivo, ele pode ser visto apenas por aqueles que alcançaram um corpo-ilusório. Em geral, esse corpo-ilusório é denominado "o corpo-de-deleite caminho". Assim como no caso do Corpo-Verdade, há três tipos de Corpo-de-Deleite, de acordo com o Mantra Secreto: o corpo-de-deleite básico, o corpo-de--deleite caminho e o Corpo-de-Deleite resultante, e, uma vez mais, os dois primeiros são Corpos-de-Deleite apenas no nome. Após a aquisição do corpo-ilusório, ou *corpo-de-deleite caminho*, o meditador pratica continuamente e, por fim, torna-se um Buda, alcançando, assim, o Corpo-de-Deleite resultante, que é um corpo efetivo de um Buda.

Em resumo, quando emergimos da clara-luz sob a forma branca da nossa Deidade pessoal, devemos nos focar nesse corpo e desenvolver o orgulho divino que pensa: "Agora eu sou o Corpo--de-Deleite efetivo". Esta é a prática da fusão com o Corpo-de--Deleite durante o estado de vigília. Esta prática facilita a fusão com o Corpo-de-Deleite durante o sono, que, por sua vez, facilita a fusão com o Corpo-de-Deleite durante a morte. Tudo isso é precedido pela prática do estágio de geração, na qual trazemos o estado intermediário para o caminho que conduz ao Corpo-de-Deleite e, desse modo, ensaiamos e facilitamos as fusões com o Corpo--de-Deleite efetuadas durante a meditação do estágio de conclusão.

A FUSÃO COM O CORPO-EMANAÇÃO
DURANTE O ESTADO DE VIGÍLIA

Neste ponto, ainda estamos sob a forma do Corpo-de-Deleite branco da nossa Deidade pessoal. Compreendemos que esse corpo e o nosso corpo físico normal são totalmente diferentes, e então pensamos:

> *Se eu permanecer neste estado, os seres comuns não serão capazes de me ver e, assim, serei incapaz de ajudá-los a passarem para além do sofrimento e de alcançarem a Budeidade.*

Com este pensamento e motivados pela bodhichitta, desenvolvemos então uma forte determinação de assumir um Corpo-Emanação que possa ser percebido pelos seres comuns, de modo que possamos beneficiar os outros ao máximo.

Antes de praticar as fusões durante o estado de vigília, precisamos de ter gerado a nós mesmos no aspecto da nossa Deidade pessoal. Isso é denominado "o ser-de-compromisso". Por exemplo, se a nossa Deidade pessoal for Heruka, o ser-de-compromisso será nós próprios sob a forma de Heruka, com um corpo azul, uma face e duas mãos. O corpo desse ser-de-compromisso estará presente durante toda a meditação do estágio de conclusão, mas deixará de ser um objeto de meditação enquanto estivermos praticando as fusões com o Corpo-Verdade e o Corpo-de-Deleite. Isso é semelhante à maneira na qual a aparência do nosso corpo comum cessa quando dormimos e sonhamos, uma vez que, embora o nosso corpo físico permaneça, não estamos mais conscientes dele.

Agora, após a fusão com o Corpo-Verdade, surgimos como o corpo-ilusório, sob a forma de Heruka branco. Esse Heruka branco difere do corpo azul do ser-de-compromisso do mesmo modo que um corpo-sonho difere de um corpo físico denso. Enquanto praticamos a fusão com o Corpo-de-Deleite, desenvolvemos o forte orgulho divino de sermos o Corpo-de-Deleite efetivo de Heruka. Esse Heruka branco é o ser-de-sabedoria. Quando, como resultado da nossa forte motivação de bodhichitta, nos determinarmos a surgir na forma de um Corpo-Emanação para o benefício dos outros, meditamos que esse Heruka branco entra no corpo do ser-de-compromisso pela coroa da cabeça deste. Isso é semelhante à maneira na qual, ao acordarmos de um sonho, o nosso corpo-sonho entra novamente no nosso corpo físico denso. Neste ponto da nossa meditação, o Heruka branco permanece no coração do Corpo-Emanação – o Heruka azul – como um ser-de-sabedoria. Focando o corpo do Heruka azul, desenvolvemos então o orgulho divino de sermos o Corpo-Emanação efetivo. Esta é a prática da fusão com o Corpo-Emanação durante o estado de vigília.

CLARA-LUZ DE ÊXTASE

EXPLICAÇÃO DAS FUSÕES
DURANTE O SONO

Este tópico tem três partes:

1. A fusão com o Corpo-Verdade durante o sono;
2. A fusão com o Corpo-de-Deleite durante o sono;
3. A fusão com o Corpo-Emanação durante o sono.

A FUSÃO COM O CORPO-VERDADE
DURANTE O SONO

Quando os seres comuns adormecem, eles experienciam a clara-luz do sono. Os meditadores do Mantra Secreto se esforçam para fundir essa clara-luz do sono com o Corpo-Verdade. No entanto, isso pode ser realizado apenas por aqueles que, anteriormente, ganharam experiência nos quatro vazios através de praticar as fusões durante o estado de vigília, como descritas acima. Portanto, essa meditação será bem-sucedida somente se formos capazes de, deliberadamente, fazer com que os nossos ventos entrem, permaneçam e se dissolvam no canal central.

Quando formos praticar as fusões durante o sono, devemos meditar no fogo interior imediatamente antes de adormecermos. Nesse momento, não precisamos estar sentados em postura de meditação; podemos praticar o fogo interior enquanto estamos deitados na nossa posição normal de dormir. No entanto, é aconselhável, se possível, dormir na *postura do leão*, deitados sobre o nosso lado direito, com a face direita pousada na palma da nossa mão direita, as pernas estendidas – a perna esquerda pousada sobre a direita – e o braço esquerdo pousado ao longo da nossa coxa esquerda. Essa é a postura na qual Buda Shakyamuni faleceu, e é a melhor postura para se adotar sempre que formos dormir.

Assim como na prática normal do fogo interior, o objeto de meditação é o AH-breve no vacúolo no centro da roda-canal do umbigo. Se estivermos familiarizados em fazer com que os ventos

AS NOVE FUSÕES E OS DOIS MUDRAS

entrem, permaneçam e se dissolvam no canal central durante o estado de vigília, devemos ser capazes de fazer o mesmo durante o sono, sem muita dificuldade. Praticamos a meditação no fogo interior até percebermos a aparência miragem do sono. Enquanto adormecemos, precisamos ser capazes, por força da contínua-lembrança, de identificar cada aparência à medida que surja. Precisamos, também, recordar a ausência de existência inerente desde o primeiro instante da aparência miragem até o quarto vazio, inclusive, o qual é a própria clara-luz. Pensamos que esses oito sinais são meras aparências percebidas pela nossa mente primária e que são vazios, desprovidos de existência inerente. Quando, durante o oitavo sinal, a nossa mente muito sutil de clara-luz meditar na vacuidade, a nossa experiência da vacuidade irá se tornar extremamente poderosa. A razão disso é que a mente muito sutil pode fundir-se com o seu objeto, como água misturando-se com água. Quando alcançarmos este ponto na nossa prática, devemos meditar que a não-dualidade da *nossa mente e vacuidade* tornou-se absolutamente indestrutível e, sobre essa base, gerarmos o orgulho divino de sermos o Corpo-Verdade de um Buda. Esta é a prática da fusão com o Corpo-Verdade durante o sono.

Para sermos bem-sucedidos nessa meditação, precisamos ser capazes de praticar dois métodos profundos: (1) fazer com que os ventos entrem, permaneçam e se dissolvam no canal central durante o estado de vigília e, assim, sermos capazes de fazer o mesmo durante o sono, e (2) impedir que o poder da contínua-lembrança diminua durante o sono. O primeiro método já foi discutido; o que se segue é uma explicação do segundo.

Normalmente, quando adormecemos, perdemos completamente o poder da contínua-lembrança e, por isso, não reconhecemos os oito sinais do sono à medida que ocorrem. Por outro lado, se o poder da nossa contínua-lembrança não diminuir, acharemos totalmente impossível adormecer. Portanto, precisamos ser muito hábeis ao praticar a fusão com o Corpo-Verdade durante o sono; precisamos ser capazes de adormecer e, ainda assim, manter o poder da contínua-lembrança. A maneira de fazer isso é permitir que a nossa contínua-lembrança diminua muito levemente, o suficiente para tornar o sono possível, mas não ao ponto de não sermos capazes nem mesmo de reconhecer o primeiro dos oito sinais do sono. Em geral, quando estão dormindo, os seres comuns não sabem que estão dormindo ou que estão sonhando, porque, nesses momentos, a sua contínua-lembrança diminui completamente, mas meditadores realizados são capazes de identificar os oito sinais como sendo os oito sinais do sono e são capazes também de reconhecer quando ingressam no estado onírico.

Portanto, quando nos deitarmos para dormir, devemos praticar a meditação no fogo interior, e o objeto principal dessa meditação deve ser o AH-breve no centro da roda-canal do umbigo. Ao mesmo tempo, com uma parte da nossa mente, devemos gerar a forte determinação de manter a nossa contínua-lembrança para que possamos identificar os oito sinais quando aparecerem e reconhecê-los como sendo vazios de existência inerente. Se praticarmos continuamente dessa maneira, por fim, por força da nossa concentração e determinação, seremos bem-sucedidos; mas, toda vez que praticarmos, é essencial, bem no início, nos assegurarmos de que geramos uma forte determinação de identificar os oito sinais. O sucesso nessa prática será ainda mais fácil se, enquanto praticamos as fusões durante o estado de vigília, lembrarmo-nos que os mesmos oito sinais também ocorrerão quando adormecermos. Por exemplo, quando a aparência miragem surgir durante a nossa prática no estado de vigília, devemos lembrar que esse sinal também surgirá quando estivermos dormindo.

Embora os seres comuns percebam a clara-luz enquanto morrem e enquanto dormem, eles são incapazes de reconhecê-la como sendo a clara-luz. No entanto, um meditador realizado possui tal reconhecimento e o utiliza como um meio para alcançar a iluminação. Ele, ou ela, é capaz de perceber a clara-luz durante o sono ainda mais vividamente do que quando está a praticar a fusão com o Corpo-Verdade durante o estado de vigília. Portanto, a fusão com o Corpo-Verdade durante o sono é uma meditação ainda mais poderosa do que aquela feita durante o estado de vigília.

AS NOVE FUSÕES E OS DOIS MUDRAS

Quando o grande Bodhisattva Shantideva estava na universidade monástica de Nalanda, os monges pensavam que ele era extremamente preguiçoso, porque parecia fazer apenas três coisas: comer, defecar e dormir – e, dentre estas, principalmente a última! Na verdade, no entanto, ele estava empenhado nas práticas muito avançadas do Mantra Secreto das três fusões durante o sono. Isso mostra que, se alguém for verdadeiramente um meditador hábil, o sono, ele próprio, pode se tornar uma prática espiritual poderosa.

Quando praticamos a fusão com o Corpo-Verdade durante o sono, devemos tentar integrar a experiência dos quatro vazios, obtida durante a meditação do estado de vigília, com a experiência dos quatro vazios obtida enquanto dormimos. Desse modo, a nossa meditação irá se tornar muito poderosa. No entanto, para praticar bem as fusões durante o sono, o nosso sono deve ser longo, profundo e sereno. Se formos interrompidos durante a nossa meditação durante o sono, isso interferirá com a nossa habilidade para meditar na clara-luz. Por exemplo, se, após experienciar os dois primeiros sinais do sono, formos acordados ou perturbados por algo, isso interferirá com a nossa percepção dos demais sinais e, desse modo, a nossa prática da fusão com o Corpo-Verdade durante o sono será interrompida. Em *Lâmpada de Feitos Condensados*, Aryadeva pergunta "Qual é a causa de um sono longo e profundo?", e responde que é fazer com que os ventos se reúnam vigorosamente no coração. Quanto mais intensamente esses ventos se reunirem no coração, mais longo e profundo será o nosso sono.

Visto que um sono longo e profundo é o melhor tipo para a prática das fusões durante o sono, devemos tentar reunir os ventos no nosso coração por meio da seguinte visualização. Enquanto adormecemos, focamos a nossa mente na gota indestrutível, no centro da nossa roda-canal do coração. Concentramos a nossa mente nessa gota e nos permitimos adormecer. Se preferirmos, podemos visualizar uma letra no nosso coração. Por exemplo, um praticante da meditação no fogo interior pode usar o AH-breve. No início, concentramo-nos nesse AH-breve do fogo interior residindo na roda-canal do umbigo. Então, imediatamente antes de adormecermos, fazemos com que a letra suba pelo canal central até encontrar o vacúolo da roda-canal do coração, onde a gota indestrutível reside. Então, à medida que adormecemos, visualizamos esse AH-breve no nosso coração.

Há um outro método que é eficaz em produzir um sono longo e profundo, e é especialmente útil se quisermos adormecer rapidamente. Primeiro, visualizamos que a gota indestrutível, no centro do nosso coração, está sob a forma de uma gota branca radiante. Essa gota desce pelo canal central e, por fim, para na ponta do órgão sexual, onde se transforma em uma gota preta. Então, adormecemos, enquanto nos concentramos nessa gota preta.

Visto que é muito mais fácil perceber os oito sinais durante um sono longo e profundo, devemos usar qualquer método que considerarmos mais útil para alcançar esse objetivo. Mesmo que ainda não estejamos verdadeiramente prontos para começar a prática efetiva das fusões durante o sono, é importante dar início ao nosso treino agora, para que as sementes dessa prática sejam plantadas e cultivadas em nossa mente. Isto é válido para todas as nove fusões.

Não precisamos estar praticando os métodos do Mantra Secreto para, enquanto dormimos, obter o reconhecimento consciente do *nosso sono* como sendo *sono* ou, enquanto sonhamos, de que os *nossos sonhos* são *sonhos*. Esse reconhecimento pode ser alcançado meramente por força de determinação e concentração. Enquanto estamos no estado de vigília, devemos gerar uma determinação forte e constante de reconhecer o nosso *sono* como *sono* e os nossos *sonhos* como *sonhos*. Então, seremos capazes de alcançar esses dois reconhecimentos devido à nossa concentração firme. Quando estamos praticando efetivamente o Mantra Secreto, esses dois reconhecimentos são obtidos por meio de fazer com que os ventos entrem, permaneçam e se dissolvam no canal central, associados com a força da concentração. Se previamente tivermos nos habituado à experiência dos quatro vazios por termos praticado as fusões durante o estado de vigília, não será difícil reconhecê-los quando estivermos dormindo.

Concluindo, quando percebermos a clara-luz do sono, devemos usar essa mente para meditar na vacuidade. Se formos capazes de fazer essa prática, estaremos fundindo a clara-luz-mãe do sono e a clara-luz-filho do sono e, como resultado, também seremos capazes de fundir a clara-luz-mãe da morte e a clara-luz-filho da morte. Enquanto estamos acordados, a única clara-luz que podemos experienciar é a clara-luz-filho; portanto, o único momento em que podemos fundir a clara-luz-mãe e a clara-luz-filho antes da nossa morte efetiva é enquanto estamos dormindo. Isso nos permite transformar a clara-luz do sono no *corpo-verdade caminho* efetivo (a clara-luz-exemplo ou clara-luz-significativa) ou em um *corpo-verdade caminho* semelhante a ele. Se formos bem-sucedidos nisso, até mesmo o nosso sono irá se transformar em uma meditação poderosa e benéfica.

A FUSÃO COM O CORPO-DE-DELEITE DURANTE O SONO

A quinta das nove fusões pode ser praticada apenas enquanto estamos sonhando. Em geral, há dois tipos de sono: o sono sem sonhos e o sono com sonhos. O sono experienciado durante a evolução dos oito sinais é o sono sem sonhos. Os sonhos surgem uma vez que a clara-luz do sono tenha cessado. Isso é muito semelhante à maneira como o estado intermediário surge imediatamente após a clara-luz da morte ter cessado.

O sono sem sonhos também é de dois tipos: o sono leve e o sono profundo. O sono leve é experienciado desde a aparência miragem até a aparência de vermelho crescente, embora o nosso sono se torne progressivamente mais profundo com o aparecimento consecutivo de cada sinal. O sono mais profundo de todos é aquele experienciado durante a inconsciência da mente negra da aquisição-próxima, quando a nossa contínua-lembrança é temporariamente perdida.

O praticante do Mantra Secreto mantém a vacuidade como objeto de meditação desde o início da aparência miragem, mas a

Panchen Losang Yeshe

AS NOVE FUSÕES E OS DOIS MUDRAS

habilidade para manter esse objeto cessa por algum tempo durante a inconsciência da mente negra da aquisição-próxima. Quando o quarto vazio, que é a própria clara-luz, gradualmente surge, recuperamos uma contínua-lembrança muito sutil. É por força dessa contínua-lembrança muito sutil que somos capazes de fundir a clara-luz-mãe do sono e a clara-luz-filho do sono.

Não experienciaremos nenhum sonho até que a clara-luz do sono cesse. Após a fusão com o Corpo-Verdade durante o sono, durante a qual praticamos a transformação da clara-luz do sono no *corpo-verdade caminho*, o meditador do Mantra Secreto pratica a fusão com o Corpo-de-Deleite durante o sono. Isto requer treinar em transformar o estado onírico comum no *corpo-de--deleite caminho*. Enquanto permanecemos na forma do Corpo--Verdade, determinamo-nos a alcançar o Corpo-de-Deleite, de modo a termos um Corpo-Forma que seja visível para os outros. Então, quando o estado onírico começar, nós o reconhecemos tal como é e praticamos a transformação do corpo-sonho no *corpo-de-deleite caminho* por meio de surgir na forma da nossa Deidade pessoal, com um corpo branco, uma face e duas mãos e unidos-em-abraço com um, ou uma, consorte-sabedoria de cor branca. Sobre essa base, desenvolvemos então o orgulho divino de sermos o Corpo-de-Deleite. Desse modo, seremos capazes de transformar o estado onírico comum no *corpo-de-deleite caminho* efetivo (o corpo-ilusório) ou em um *corpo-de-deleite caminho* semelhante a ele.

O *corpo-de-deleite caminho* efetivo surge da mente-isolada de clara-luz-exemplo última e do seu vento montado. Como indicado anteriormente, o corpo-ilusório é completamente diferente do corpo físico denso. Embora seja um corpo verdadeiro, efetivo, ele é percebido apenas por aqueles que já alcançaram um corpo--ilusório, assim como um corpo-sonho é percebido apenas por aquele que está a sonhar. Quando alcançarmos o corpo-ilusório, a nossa forma sutil irá se transformar efetivamente no aspecto da nossa Deidade pessoal. Este é o *corpo-de-deleite caminho* efetivo. Quando praticamos a fusão com o Corpo-de-Deleite durante o sono, transformamos o corpo-sonho no *corpo-de-deleite caminho* efetivo ou em um *corpo-de-deleite caminho* semelhante a ele.

O sono onírico, ou etapa do sono que corresponde ao estado onírico, é também uma forma de sono leve. Para sermos capazes de usar esse sono em nossa prática, os nossos sonhos precisam ser muito longos e claros, e precisamos ter um poder de contínua--lembrança fortemente desenvolvido para que possamos reconhecer os nossos sonhos tal como são e, desse modo, sermos capazes de transformar o corpo-sonho no *corpo-de-deleite caminho*. Enquanto o nosso corpo-sonho permanecer, devemos tentar manter essa transformação juntamente com o orgulho divino de sermos o Corpo-de-Deleite resultante de um Buda. Então, quando percebermos que o sonho em breve chegará ao fim, preparamo-nos para praticar a sexta das nove fusões: a fusão com o Corpo-Emanação durante o sono.

A FUSÃO COM O CORPO-EMANAÇÃO DURANTE O SONO

A sexta fusão pode ser explicada através de utilizarmos a prática de Heruka como exemplo. Durante o estado onírico, meditamos que estamos na forma do Corpo-de-Deleite branco de Heruka. Então, pensamos que, se permanecermos nessa forma, os seres comuns não serão capazes de nos ver, porque apenas Bodhisattvas superiores e Budas são capazes de perceber o Corpo-de-Deleite de um Buda. Consequentemente, geramos uma forte determinação de surgir na forma de um Corpo-Emanação, que até mesmo os seres comuns podem ver e se beneficiar dele.

Então, com uma forte motivação de bodhichitta, acordamos do sono do estado onírico. É importante que pratiquemos o ato de acordar de uma maneira específica. Praticar as fusões durante o sono é muito semelhante a praticar as fusões durante o estado de vigília. Antes de termos ido dormir, visualizamos a nós mesmos como o ser-de-compromisso Heruka, com um corpo azul, uma face e duas mãos e unidos-em-abraço com a sua consorte;

mas, enquanto estamos praticando as fusões com o Corpo-Verdade e o Corpo-de-Deleite durante o sono, perdemos essa aparência do ser-de-compromisso. Quando ingressamos no estado onírico, surgimos da clara-luz do sono na forma de Heruka branco, transformando, assim, o corpo-sonho no Corpo-de-Deleite. Este Heruka branco é o ser-de-sabedoria. O corpo desse ser-de-sabedoria é uma entidade diferente do corpo do ser-de-compromisso – o Heruka azul –, assim como o nosso corpo-sonho é uma entidade diferente do nosso corpo físico denso.

Para praticar a fusão com o Corpo-Emanação durante o sono, fazemos com que o ser-de-sabedoria entre no corpo do ser-de-compromisso, do mesmo modo que o corpo-sonho entra no corpo físico denso quando acordamos do estado onírico. Assim, o Heruka branco entra no Heruka azul e permanece no coração do Heruka azul. Então, emergimos do estado onírico na forma de Heruka azul e geramos o forte orgulho divino de sermos o Corpo-Emanação de um Buda. Pensamos: "Eu sou o Corpo-Emanação resultante; eu sou Heruka". Embora esse orgulho divino seja gerado enquanto estamos acordados, essa prática é denominada "a fusão com o Corpo-Emanação durante o sono". A razão disso é que esse processo de fusão começa com uma forte determinação gerada enquanto permanecemos no sono do estado onírico.

Enquanto estamos praticando as três fusões do sono, é dito que os momentos do sono e do sonho pertencem à sessão de meditação, e que o ato de acordar na forma do Corpo-Emanação pertence à aquisição subsequente. Durante a aquisição subsequente, devemos contemplar continuamente todas as aparências como sendo vazias de existência inerente, considerando todas essas vacuidades como sendo da natureza de êxtase, e perceber esse êxtase como que estando, ou aparecendo, sob a forma do corpo da Deidade.

Esta sessão, relativa às fusões durante o sono, é concluída com cinco perguntas e respostas extraídas da obra *Lâmpada de Feitos Condensados*, de Aryadeva.

CLARA-LUZ DE ÊXTASE

(1) *Qual é a causa do sono, em geral, e a de um sono longo e profundo, em particular?* O sono ocorre quando os cinco ventos densos – as montarias das cinco consciências sensoriais – reúnem-se naturalmente no coração. Até que esses ventos se reúnam todos ali, é impossível adormecer. Na verdade, se temos problemas para adormecer, a razão disso é que esses ventos não estão se reunindo no coração por algum motivo. Algumas vezes, eles se reúnem naturalmente, mesmo quando não desejamos que o façam; por exemplo, durante ensinamentos ou no meio de uma sessão de meditação! Essa reunião involuntária dos ventos no coração pode ser causada por afundamento mental, torpor, cansaço físico, comer demasiado, falta de sono na noite anterior, e assim por diante.

Deve-se notar que, além do processo natural de reunião, os ventos das cinco consciências sensoriais também podem ser recolhidos no coração por força de meditação e no momento da morte, mas, nesses casos, o sono não ocorre, porque a reunião dos ventos não acontece naturalmente. Para que seja a causa de um sono longo e profundo, a reunião dos ventos no coração não deve ocorrer apenas naturalmente, mas também deve acontecer fortemente.

(2) *Qual é a causa dos sonhos, em geral, e a de sonhos longos e claros, em particular?* Como foi afirmado acima, enquanto os ventos permanecem no coração, experienciamos, geralmente, um estado de sono profundo. Quando esses ventos deixam o coração e se reúnem na garganta, passamos do estado de sono profundo para o estado mais leve de sono onírico. Em outras palavras, o estado onírico ocorre quando a gota na roda-canal da garganta e os ventos se encontram. A causa de sonhos longos e claros é os ventos se reunirem fortemente na garganta. Enquanto os ventos estiverem recolhidos na garganta, permaneceremos no estado onírico, e quanto mais forte e longamente permanecerem ali reunidos, mais claros e longos serão os nossos sonhos.

(3) *O que faz com que o corpo-sonho entre no corpo denso quando acordamos do estado onírico?* Mesmo que o nosso corpo-sonho

viaje para um lugar distante, quando acordamos ele entra imediatamente no nosso corpo denso. Isso acontece porque o corpo-sonho deixou o corpo denso apenas temporariamente, e a relação que existe entre os dois não chegou ainda a um fim. Enquanto a sua ligação cármica não for rompida, o corpo-sonho sempre retornará ao corpo denso. Por exemplo, se o pai de uma família sai para trabalhar, ele deixa a sua família apenas temporariamente e, quando tiver concluído o seu trabalho, retorna para ela. Ele faz isso devido à relação que tem com a sua família. No entanto, se, por alguma razão, essa relação, ou conexão, chegar ao fim, o pai ficará impossibilitado de retornar como havia originalmente planejado. No entanto, na situação do sonho, o lugar para onde o corpo-sonho viaja não é um local verdadeiro, efetivo, mas um lugar onírico.

(4) *Se o corpo-sonho e o corpo denso são diferentes, por que razão as experiências do corpo-sonho amadurecem no corpo denso?* Uma pessoa pode acordar de um pesadelo aterrorizante e descobrir que o seu coração está palpitante e que as palmas das suas mãos estão transpirando, ou um homem pode meramente sonhar que está tendo uma relação sexual e realmente ejacular. A razão pela qual essas coisas podem acontecer é que a mente da pessoa que está sonhando e a mente da pessoa quando está acordada são o mesmo *continuum*. Existe apenas uma pessoa com relação a esse *continuum* e, portanto, as experiências da sua mente onírica podem amadurecer na mente de vigília. O inverso também pode acontecer. Por exemplo, alguém pode experienciar que chove sobre si enquanto dorme e, como resultado, sonha que está nadando ou se afogando.

(5) *Qual é a causa de acordarmos do sono?* Nós acordamos do estado onírico quando os ventos deixam a garganta e se reúnem no ponto entre as sobrancelhas. Se desejarmos acordar rapidamente do sono com uma mente clara e vigilante, devemos visualizar uma gota branca na roda-canal do ponto entre as sobrancelhas e nos concentrarmos nela antes de adormecermos. Como foi mencionado anteriormente, os ventos montados irão se reunir onde quer

que a mente esteja focada, e é a reunião dos ventos no ponto entre as sobrancelhas que faz com que acordemos do sono.

EXPLICAÇÃO DAS FUSÕES DURANTE A MORTE

Visto que há apenas uma única oportunidade em cada vida para praticar as fusões durante a morte, é muito importante que treinemos para isso enquanto estamos vivos. Uma prática bem-sucedida das fusões durante a morte depende de obtermos proficiência nas três fusões durante o sono. Se não conseguirmos efetuar a fusão com o Corpo-Verdade, o Corpo-de-Deleite e o Corpo--Emanação durante o sono, com certeza não seremos capazes de efetuar a fusão com eles durante a morte. Além disso, o êxito em praticar as três fusões durante o sono depende de sermos proficientes em praticar as três fusões durante o estado de vigília. As mais fáceis dessas práticas são as fusões durante o estado de vigília, porque permitem mais oportunidades de fazermos uso da nossa contínua-lembrança densa.

Em termos gerais, adormecer e morrer são muito semelhantes, porque, em ambos os casos, os ventos se reúnem no coração. No momento da morte, experienciamos os oito sinais, desde a aparência miragem até a clara-luz. Um meditador realizado combina esses oito sinais da morte com os oito sinais que ocorrem quando os ventos se dissolvem no canal central por força da meditação do estágio de conclusão. Desse modo, ele, ou ela, transforma os oito sinais da morte em caminho espiritual. Neste contexto, estamos falando de um meditador que tem praticado a meditação do Mantra Secreto, mas que ainda não alcançou a iluminação. Como havíamos afirmado anteriormente, se alguém já alcançou a iluminação durante a sua vida, não precisará praticar as três fusões durante a morte, porque já terá vencido a morte comum. No entanto, a vida é muito curta e, mesmo para um grande meditador, a morte poderá vir antes que a iluminação final seja alcançada. Se isso acontecer, será necessário praticar as fusões durante a morte.

AS NOVE FUSÕES E OS DOIS MUDRAS

Se formos incapazes de praticar essas fusões durante a morte, teremos, sem escolha alguma, um renascimento samsárico comum e haverá o grande perigo de esquecermos todo o conhecimento espiritual que tivermos obtido nesta vida. Se morrermos sem um controle consciente, perderemos tudo o que temos tentado aprender tão arduamente nesta vida; apenas as marcas desse conhecimento permanecerão. Mesmo se tivermos a boa fortuna de renascermos como um ser humano na nossa próxima vida, teremos de começar tudo novamente, experienciando as mesmas dificuldades para reunir o conhecimento que havíamos encontrado antes. Por outro lado, se morrermos com controle, seremos capazes de transferir a nossa prática desta vida para a vida seguinte. Somente o nosso corpo físico terá mudado; o conhecimento que havíamos reunido permanecerá intacto.

É muito importante morrer com uma mente feliz e positiva. Embora possamos ter praticado arduamente nesta vida, se morrermos com uma mente enraivecida ou negativa, cairemos para um dos três reinos inferiores. Portanto, enquanto estivermos morrendo, devemos estar muito conscientes da nossa atividade mental e verificar o que é virtuoso e o que não é virtuoso. O verdadeiro teste de um meditador realizado é se ele, ou ela, pode manter a prática de Dharma durante o processo da morte.

Quando praticamos as fusões durante o estado de vigília, devemos recordar que o propósito é sermos capazes de praticá-las durante o sono; e quando as praticamos durante o sono, devemos recordar que o propósito é sermos capazes de praticá-las durante a morte. Quanto às práticas efetuadas durante a morte, elas têm três propósitos principais: (1) proteger-nos do medo durante todo o processo da morte, (2) dar-nos o poder de escolher as circunstâncias do nosso próximo renascimento, e (3) capacitar-nos a transferir a prática desta vida para a vida seguinte. Essas três razões, por si sós, são suficientes para demonstrar quão preciosas as práticas vajrayana são. Além disso, por praticar o Vajrayana de uma maneira pura e perfeita, com toda a certeza seremos capazes de alcançar a iluminação na nossa próxima vida, caso sejamos incapazes de fazê-lo durante esta vida.

Assim como as fusões praticadas durante o estado de vigília e durante o sono, as fusões durante a morte têm três partes:

1. A fusão com o Corpo-Verdade durante a morte;
2. A fusão com o Corpo-de-Deleite durante a morte;
3. A fusão com o Corpo-Emanação durante a morte.

A FUSÃO COM O CORPO-VERDADE DURANTE A MORTE

Começamos esta prática tão logo tenhamos certeza de que estamos morrendo, por meio de selecionar um objeto de meditação que fará com que os nossos ventos entrem, permaneçam e se dissolvam no canal central. Se, durante a nossa vida, a nossa prática principal tiver sido o fogo interior, devemos agora usá-la como o nosso objeto de meditação e continuar praticando-a, até morrermos. Se praticarmos o fogo interior durante o processo da morte, os oito sinais aparecerão muito claramente.

Quando esses sinais aparecerem, devemos meditar na sua ausência de existência inerente. Essa meditação deve começar bem no início da aparência miragem e continuar por todos os oito sinais. Quando alcançarmos a clara-luz da morte, não devemos perder o poder da nossa contínua-lembrança, mas, em vez disso, usar a nossa contínua-lembrança sutil para permitir-nos meditar na vacuidade com a nossa mente muito sutil de clara-luz. Conforme mencionado, os seres comuns perdem o poder da sua contínua-lembrança durante o processo da morte e, por essa razão, são incapazes de reconhecer a clara-luz mesmo quando ela surge. No entanto, um meditador realizado é capaz de manter a sua contínua-lembrança devido ao seu treino intensivo anterior nas fusões do estado de vigília e do sono. Portanto, esse meditador é capaz não apenas de reconhecer a clara-luz da morte, como também de meditar na vacuidade com essa mente muito sutil. É desse modo que praticamos a transformação da clara-luz da morte comum no *corpo-verdade caminho*.

AS NOVE FUSÕES E OS DOIS MUDRAS

Durante essa mente de clara-luz, devemos gerar o orgulho divino de sermos o Corpo-Verdade resultante. Isso tornará a sétima fusão indestrutível.

A FUSÃO COM O CORPO-DE-DELEITE
DURANTE A MORTE

Quando treinamos o *corpo-verdade caminho*, concentramo-nos na vacuidade com a mente de clara-luz. Essa é a nossa prática principal, mas uma pequena parte da nossa mente deve decidir que, quando o momento do estado intermediário chegar, surgiremos na forma do Corpo-de-Deleite. Se tivermos obtido proficiência em reconhecer o *sono* como *sono* e os *sonhos* como *sonhos*, seremos também capazes de reconhecer o estado intermediário tal como é.

Por força de determinação prévia, um meditador realizado é capaz de impedir a aparência do estado intermediário comum e, em seu lugar, gerar a forma da Deidade. Assim, se Heruka for a nossa Deidade pessoal, devemos transformar o corpo do estado intermediário no corpo de Heruka, com uma cor branca, uma face e duas mãos e unido-em-abraço a uma consorte-sabedoria. Devemos, então, meditar no orgulho divino de sermos o Corpo- -de-Deleite resultante de um Buda.

Uma pessoa que consiga meditar dessa maneira terá transferido a prática da vida anterior para o estado intermediário. Esse ser do estado intermediário terá controle para escolher as circunstâncias do próximo renascimento e poderá aparecer onde quer que ele, ou ela, deseje; por exemplo, na Terra Pura de Vajrayogini ou em outra Terra Búdica. Esse praticante terá sido, então, bem-sucedido em efetuar a fusão com o Corpo-de-Deleite durante a morte.

É importante lembrar os significados específicos dos termos empregados aqui. O Corpo-de-Deleite que treinamos nesta etapa é o *corpo-de-deleite caminho*, não o Corpo-de-Deleite resultante efetivo de um Buda. Como foi afirmado anteriormente, o estado intermediário comum é denominado "o corpo-de-deleite básico", de acordo com o Mantra Secreto. Por força da mente-isolada de clara-luz-exemplo última, o meditador realizado alcançará o corpo-ilusório – o *corpo-de-deleite caminho* – em lugar do corpo do estado intermediário comum. O corpo do estado intermediário e o corpo-ilusório surgem, ambos, da mesma substância: o vento muito sutil. Quando o Corpo-de-Deleite resultante de um Buda for, por fim, alcançado, ele também surgirá do vento muito sutil. No entanto, deve ser lembrado que, embora o *corpo-de-deleite básico* e o *corpo-de-deleite caminho* sejam denominados "corpos-de-deleite", eles não são o Corpo-de-Deleite efetivo de um Buda.

Em resumo, quando efetuamos a fusão com o Corpo-de-Deleite durante a morte, surgimos da clara-luz na forma branca da nossa Deidade pessoal. Assim, na dependência das nossas práticas anteriores, surgimos como Heruka branco, Vajrayogini branca, e assim por diante. A cor branca indica o corpo-ilusório, porque a substância desse corpo-ilusório – o vento muito sutil – é branca. Então, com orgulho divino, meditamos que alcançamos o Corpo-de-Deleite resultante de um Buda. Essa é a prática da fusão com o Corpo-de-Deleite durante a morte.

A FUSÃO COM O CORPO-EMANAÇÃO DURANTE A MORTE

Neste ponto, estamos prontos para praticar a nona e última das nove fusões: a fusão com o Corpo-Emanação durante a morte. Esta prática começa enquanto ainda estamos efetuando a fusão com o Corpo-de-Deleite. Enquanto mantemos o orgulho divino de sermos o Corpo-de-Deleite resultante, tomamos a decisão de surgir no aspecto do Corpo-Emanação, para o benefício de todos os seres vivos. Pensamos:

Se eu permanecer na forma do Corpo-de-Deleite para sempre, os seres comuns não serão capazes de me ver e, assim, serei incapaz de ajudá-los. Além disso, se eu quero cumprir o meu desejo de concluir a prática do Mantra Secreto, preciso, então, assumir um Corpo-Emanação.

É neste ponto que escolhemos o nosso próximo renascimento, que poderá ser em um reino humano ou em uma das Terras Puras. Por exemplo, se desejarmos nascer como um ser humano, com condições favoráveis para continuar a nossa prática do Mantra Secreto, devemos pensar:

Como ainda não concluí a minha prática do Mantra Secreto, preciso renascer no reino humano. Qual país, portanto, seria o mais propício para a minha prática?

Então, se formos um meditador realizado, renasceremos em um país onde o Mantra Secreto é ensinado por Guias Espirituais plenamente qualificados. Ao contrário dos seres comuns, que, sem escolha ou controle conscientes, renascem, vindos do estado intermediário, no útero de suas mães, os meditadores plenamente realizados podem decidir onde e quando renascerão.

Segue-se agora uma breve explicação do processo do renascimento controlado. Se a nossa Deidade pessoal for Heruka, devemos considerar a nossa futura mãe como Vajravarahi e o nosso futuro pai como Heruka. Por força dessa visualização, impedimos as aparências comuns da nossa mãe e do nosso pai e transferimos a nossa prática da vida anterior para a próxima vida. Do estado intermediário, consideramos a nossa mãe como sendo o ser-de-compromisso e a nós próprios como o ser-de-sabedoria. Então, quando as gotas branca e vermelha da nossa futura mãe e do nosso futuro pai se fundirem, ingressaremos na união das células germinais e desenvolveremos o orgulho divino de sermos o Corpo-Emanação resultante de um Buda. Esse Corpo-Emanação é visualizado como sendo de cor azul, com uma face e duas mãos e unido-em-abraço com a consorte. Alternativamente, se a nossa Deidade pessoal for Vajrayogini, esse Corpo-Emanação é percebido como sendo de cor vermelha, com uma face e duas mãos.

Quando alguém concebido dessa maneira emergir do útero da mãe, os seres comuns o perceberão como um bebê comum. Contudo, isso é meramente a aparência externa; interiormente, ele, ou

CLARA-LUZ DE ÊXTASE

ela, terá o orgulho divino ininterrupto de ser o Corpo-Emanação de uma Deidade específica, embora isso não seja evidente para os outros. Alguém que alcançou esse nível de prática é elegível a ser chamado "Corpo-Emanação", ou "Tulku". Assim, um *tulku* não é apenas alguém que pode recordar a sua vida anterior, mas um meditador que escolheu conscientemente as condições para o seu renascimento presente e teve um renascimento controlado da maneira como foi descrita.

Em resumo, um Corpo-Emanação, ou *tulku*, é alguém que morreu, passou pelo estado intermediário e renasceu – tudo isso com controle consciente e sem interromper a continuidade da sua prática de uma vida para outra. Essa é a prática da fusão com o Corpo-Emanação durante a morte. Novamente, deve-se notar que, neste caso, o meditador tem o orgulho divino de ser o Corpo-Emanação, mas não tem, realmente, o Corpo-Emanação resultante efetivo de um Buda; este é alcançado somente por força do Corpo-de-Deleite resultante.

A explicação inteira dada acima sobre o renascimento controlado diz respeito somente a um meditador que não tenha alcançado a mente-isolada de clara-luz-exemplo última durante a morte. No entanto, se ele, ou ela, alcançou esta mente, isso significa que, em vez de ingressar no estado intermediário, alcançou então o corpo--ilusório e, na dependência deste, a plena iluminação.

Dos dois métodos para desenvolver o possuidor-de-objeto (o grande êxtase espontâneo), o primeiro – penetrar os pontos exatos do nosso próprio corpo – foi agora explicado. Concluindo, por meditar nos nossos canais, ventos e gotas, faremos com que os nossos ventos entrem, permaneçam e se dissolvam no nosso canal central e, como resultado, gerem a experiência de grande êxtase espontâneo.

É importante notar que essas meditações podem ser praticadas com êxito por pessoas de ambos os sexos. O único pré-requisito é que devemos ter recebido uma iniciação apropriada de um Guia Espiritual Vajrayana qualificado. Dependendo da iniciação e das instruções que tenhamos recebido, precisamos, durante o estágio de geração, visualizar a nós mesmos sob a forma de uma Deidade masculina ou feminina, independentemente do nosso sexo. Por exemplo, homens podem visualizar a si próprios como Heruka e mulheres podem visualizar a si próprias como Vajrayogini, ou, se preferirem, homens podem visualizar a si próprios como Vajrayogini e mulheres podem visualizar a si próprias como Heruka; isto não faz diferença. Se a Deidade pessoal de um monge for Vajrayogini, ele precisa gerar a si mesmo neste aspecto feminino, assim como todos os demais homens com a mesma Deidade pessoal precisam fazê-lo. O ponto essencial de todas essas práticas é impedir que as aparências comuns surjam. Se um homem se sentir desconfortável em ver a si próprio como Vajrayogini, e se uma mulher experienciar a mesma dificuldade em ver a si própria como Heruka, isso indica que falharam em superar as suas aparências comuns. Uma vez que essa falha tenha sido eliminada, não faz diferença se escolhemos ver a nós próprios como uma Deidade masculina ou uma Deidade feminina.

Quando consideramos o aspecto Pai-Mãe de uma Deidade do Tantra Ioga Supremo – por exemplo, quando Heruka é representado unido-em-abraço com Vajravarahi –, pode parecer que as duas figuras são duas entidades distintas, do mesmo modo que um marido e uma esposa comuns são duas pessoas distintas; mas, na verdade, a sua união-em-abraço divina simboliza a união de grande êxtase espontâneo e vacuidade. Esse êxtase e vacuidade são, respectivamente, o método e a sabedoria de Vajradhara – a manifestação tântrica (ou Mântrica Secreta) de Buda – e são *uma e mesma* essência. Diferentemente das mentes dos seres comuns, a mente onisciente de um Buda pode assumir forma. Assim, a mente de Vajradhara, que é a mente de união de grande êxtase espontâneo e vacuidade, pode surgir na forma aparentemente dual do aspecto de Heruka Pai e Mãe. Neste caso, o método de grande êxtase de Vajradhara aparece no aspecto de Heruka, e a sua sabedoria da vacuidade aparece no aspecto de sua consorte, Vajravarahi, mas eles permanecem essencialmente idênticos.

Há muitos métodos efetivos para gerar grande êxtase espontâneo, incluindo a recitação vajra explicada no *Tantra de Guhyasamaja*, e outros que podem ser encontrados nos Tantras de Vajrabhairava e assim por diante. De acordo com o sistema do Mahamudra explicado aqui, o grande êxtase espontâneo é desenvolvido principalmente na dependência da meditação no fogo interior, através da qual fazemos com que os ventos entrem, permaneçam e se dissolvam no canal central. Como cada método explicado nos Tantras Iogas Supremos é, por si só, adequado, não há necessidade de praticá-los todos para experienciar grande êxtase espontâneo. Uma vez que essa mente tenha sido gerada por qualquer um dos métodos, podemos praticar as nove fusões mencionadas anteriormente para superarmos as obstruções à libertação e à onisciência e, assim, alcançar a plena iluminação. A aquisição desse estado excelso é o propósito de gerar grande êxtase espontâneo.

Isto conclui a explicação sobre gerar grande êxtase espontâneo por meio de penetrar os pontos exatos do nosso próprio corpo.

PENETRAR OS PONTOS EXATOS DO CORPO DE OUTRA PESSOA

O segundo método para desenvolver grande êxtase espontâneo será explicado a partir dos seguintes dois tópicos:

1. Depender de um mudra-ação;
2. Depender de um mudra-sabedoria.

DEPENDER DE UM MUDRA-AÇÃO

Depender de um mudra-ação significa meditar com um(a) consorte verdadeiro(a), efetivo(a). Para praticar com um mudra-ação no estágio de conclusão, precisamos já ser capazes de fazer com que os nossos ventos entrem, permaneçam e se dissolvam no canal central por força de meditação. Uma pessoa que não consiga controlar os seus ventos dessa maneira através de meditação provavelmente não conseguirá fazê-lo através de uma relação sexual. Se alguém desejar praticar por meio de se envolver em atividade sexual com um mudra-ação, ele, ou ela, precisará gerar grande êxtase espontâneo através do controle dos ventos e, então, meditar na vacuidade com essa mente extasiante. Um praticante leigo que, no momento presente, seja incapaz de transformar a atividade sexual em caminho [espiritual] dessa forma, deve gerar a forte aspiração e motivação de ser capaz de fazê-lo no futuro.

Se o nosso canal central ainda não estiver aberto através de penetrarmos os pontos exatos do nosso próprio corpo, seremos incapazes de trazer os ventos para o seu interior enquanto estivermos unidos-em-abraço a um, ou a uma, consorte. A indicação de que penetramos com sucesso os pontos exatos do nosso próprio corpo e que fizemos com que os ventos entrassem, permanecessem e se dissolvessem no canal central é obtermos, pelo menos, uma experiência rudimentar, ou aproximada, dos oitos sinais, desde a aparência miragem até a clara-luz. Se tivermos obtido tal experiência através de penetrar os pontos exatos do nosso próprio corpo, não teremos dificuldade em controlar os ventos enquanto meditamos com um(a) consorte. Portanto, se já formos proficientes em controlar os nossos ventos por força de concentração, meditar com um(a) consorte poderá ser muito benéfico para a nossa prática.

Um mudra-ação precisa ter recebido iniciações do Mantra Secreto, precisa conhecer o significado do Mantra Secreto, precisa ser capaz de manter todos os votos e compromissos do Mantra Secreto e, se possível, precisa ter experiência do estágio de conclusão – ou, no mínimo, alguma experiência do estágio de geração. Se ambos, o meditador e a meditadora, tiverem experiência das práticas do estágio de conclusão e forem capazes de trazer os ventos para o canal central, a meditação com um(a) consorte poderá ser extremamente benéfica. Os ventos entrarão no canal central mais intensamente através da meditação com um(a) consorte do que quando o fazemos apenas através de meditação, razão pela qual a união-em-abraço com um(a) consorte permite-nos afrouxar completamente os nós na roda-canal do coração. Na verdade, uma pessoa que tenha alcançado a mente-isolada dos quatro vazios na dependência apenas de meditação precisa aceitar um

CLARA-LUZ DE ÊXTASE

mudra-ação caso ele, ou ela, deseje alcançar a mente-isolada de clara-luz-exemplo última antes da morte.

No *Tantra-Raiz de Heruka*, há uma explicação detalhada da definição e das diferentes classes de mudra-ação, bem como instruções completas sobre onde, quando e como devemos ingressar nessa prática para que os nossos ventos possam ser trazidos para o canal central. De acordo com esse texto, cada parte do corpo do(a) consorte deve ter um formato específico, incluindo até mesmo os olhos; a voz deve ter uma entonação específica, e assim por diante. Além de ter alcançado um determinado nível de realização interior, o(a) consorte deve ser hábil nas 64 artes do amor. Uma vez que, nestes dias, é muito difícil encontrar um(a) consorte que preencha todos esses requisitos, se nós próprios tivermos as qualificações mencionadas anteriormente, poderemos confiar em um(a) consorte que satisfaça, pelo menos, os seguintes requisitos mínimos. Ele, ou ela, precisa: (1) ter alguma experiência dos três aspectos principais do caminho (renúncia, bodhichitta e a visão correta da vacuidade), (2) ter recebido uma iniciação apropriada de Tantra Ioga Supremo de um mestre do Mantra Secreto, (3) desfrutar de manter os votos e compromissos do Mantra Secreto, e (4) ter profunda fé no nosso próprio Guia Espiritual e Deidade pessoal. Por fim, se nem nós próprios nem o nosso parceiro(a) tivermos essas qualificações mínimas, mas ainda assim desejarmos praticar o Mantra Secreto, então, durante a atividade sexual, devemos, ambos, tentar impedir o surgimento de aparências comuns, por meio de desenvolver o pensamento de que somos Deidades, e gerar a forte motivação de que a nossa relação sexual se torne a causa para que os nossos ventos entrem, permaneçam e se dissolvam no canal central, conduzindo-nos, assim, à experiência de grande êxtase espontâneo.

Para todas as etapas dos caminhos de Sutra e do Mantra Secreto, é muito importante fazer preces constantes para que, em breve, sejamos capazes de nos empenhar nas práticas para as quais, no momento presente, não estamos qualificados. Se fizermos essas preces sinceramente, experienciaremos, com toda a certeza, os resultados desejados. Portanto, mesmo antes de nos tornarmos proficientes em uma prática específica, devemos tentar nos familiarizar com ela o melhor que pudermos, dentro das nossas capacidades. Por exemplo, embora, no momento presente, possamos não ser capazes de gerar grande êxtase espontâneo através de praticar as oito etapas da meditação no fogo interior, se, não obstante, continuarmos praticando essas oito etapas, por fim obteremos a experiência efetiva dessa meditação. A razão para tal é que as marcas que colocamos em nossa mente por tentar praticar amadurecerão, por fim, na forma da experiência desejada. No entanto, se formos preguiçosos e não praticarmos de modo algum e se não gerarmos a aspiração sincera de sermos capazes de praticar no futuro, não alcançaremos nenhuma realização ou experiência.

DEPENDER DE UM MUDRA-SABEDORIA

Se não formos ainda qualificados para nos unirmos-em-abraço a um mudra-ação e não tivermos ainda reunido as condições necessárias, não obstante podemos praticar por meio de visualizarmos um mudra-sabedoria, ou consorte, visualizado(a). Através de praticar com um mudra-sabedoria, podemos gerar grande êxtase espontâneo por meio de visualização e concentração. Neste caso, o mudra-sabedoria toma o lugar do mudra-ação. Na verdade, um dos compromissos ao termos recebido uma iniciação de Tantra-Mãe – por exemplo, as iniciações de Heruka ou Vajrayogini – é nos visualizarmos unidos-em-abraço com um mudra-sabedoria três vezes durante o dia e três vezes durante a noite. Além disso, se tivermos tempo suficiente, quando nos unirmos-em-abraço com o mudra-sabedoria devemos praticar o derretimento da gota branca, localizada na nossa coroa, e experienciar as quatro alegrias com base nas oito etapas da meditação no fogo interior, descritas acima.

Das duas divisões principais do *Mahamudra que é a união de êxtase e vacuidade*, a primeira divisão – gerar o possuidor-de-objeto, o grande êxtase espontâneo – foi agora concluída.

Introdução à Natureza da Mente

EXPLICAÇÃO DO MÉTODO PARA REALIZAR CORRETAMENTE O OBJETO, A VACUIDADE

ESTE TÓPICO TEM três partes:

1. Como a realização direta da vacuidade depende do tranquilo-permanecer;
2. A explicação incomum sobre como meditar no tranquilo-permanecer;
3. Como buscar a visão da vacuidade através de meditação.

COMO A REALIZAÇÃO DIRETA DA VACUIDADE DEPENDE DO TRANQUILO-PERMANECER

Para que a mente alcance uma realização direta da vacuidade, ela precisa ser capaz de manter o seu objeto de meditação sem oscilar ou divagar; porém, isso é difícil para as mentes comuns, as quais, por não terem sido subjugadas pelo tranquilo-permanecer, estão em constante movimento. Os pensamentos conceituais dispersam continuamente a mente, fazendo com que ela não consiga se concentrar de modo estritamente focado por tempo suficiente para alcançar uma realização direta de o que quer que seja. É impossível para uma mente dispersa desenvolver uma percepção clara de um objeto sutil, como a vacuidade.

Losang Trinlay

INTRODUÇÃO À NATUREZA DA MENTE

Podemos perceber objetos – tais como formas visuais, sons, cheiros, sabores e objetos táteis – diretamente com as nossas percepções sensoriais, mas, a menos que sejamos um ser iluminado, não conseguimos perceber objetos sutis, tal como a vacuidade, com essas percepções. Esses objetos sutis são denominados "objetos ocultos" porque, inicialmente, somente podem ser conhecidos conceitualmente, através da percepção mental. No entanto, uma vez que a nossa mente conceitual, no momento presente, está indomada e em constante movimento, é impossível para a nossa percepção mental perceber claramente esses objetos ocultos sutis. Como resultado, a nossa mente não tem oportunidade para fundir-se com esses objetos e alcançar uma realização direta deles.

O tranquilo-permanecer é um estado de concentração estável, inabalável, no qual os pensamentos conceituais não são mais capazes de mover ou perturbar a mente. Quando alcançarmos o tranquilo-permanecer, a nossa mente será capaz de ficar estritamente focada e de permanecer não-distraída, por um período extenso, em qualquer objeto que escolhermos – mesmo que esse objeto seja um objeto oculto sutil, como a vacuidade. Quanto mais a mente permanecer focada no seu objeto, mais claramente esse objeto será percebido. Por fim, alcançaremos uma realização direta desse objeto. Assim, podemos ver que a aquisição do tranquilo-permanecer, que é da natureza da quietude perfeita, é um pré-requisito indispensável para realizarmos diretamente o objeto oculto sutil que é a vacuidade.

Je Tsongkhapa deu a seguinte analogia para mostrar a necessidade de se alcançar o tranquilo-permanecer. Imagine que estamos tentando ler um texto à noite, à luz de uma vela. Se uma corrente de vento fizer com que a chama da vela tremule, não seremos capazes de ver com clareza as palavras que estão na página e, assim, não seremos capazes de absorver o seu significado; mas, se a chama permanecer firme, não teremos esse problema. Do mesmo modo, se a nossa mente for "soprada" pelos ventos de pensamento conceitual, ela não conseguirá ver ou compreender claramente objetos ocultos; no entanto, esse problema será superado

147

quando os ventos de distração conceitual tiverem sido pacificados pela aquisição do tranquilo-permanecer.

Sem a aquisição do tranquilo-permanecer, a nossa mente não será flexível nem dócil, mas teimosa e difícil de controlar. Acharemos difícil focá-la em objetos virtuosos de meditação e, mesmo que sejamos capazes de focá-la momentaneamente em tais objetos, seremos incapazes de permanecer concentrados neles por um longo tempo. Uma mente como essa é como um cavalo indomado, sobre o qual o cavaleiro não tem controle algum. É como se a nossa mente fosse o nosso mestre e nós próprios fôssemos obrigados a fazer o que ela ordena. Uma mente indisciplinada como essa recusa-se a se empenhar nas atividades virtuosas que possamos desejar executar. Se, por exemplo, quisermos desenvolver concentração, ela proporcionará somente obstáculos, em vez de auxílio.

Uma vez que tenhamos alcançado o tranquilo-permanecer, essa situação será invertida. Assim como um cavalo bem treinado, a nossa mente irá se tornar receptiva e obediente. Controlada pelas rédeas da contínua-lembrança (*mindfulness*) e vigilância, essa mente obediente fará o que quer que desejemos. Em vez de ser uma interferência, ela se tornará a nossa maior auxiliadora. Com ela, seremos capazes de penetrar profundamente em qualquer objeto de meditação que escolhermos. Por fim, seremos capazes de alcançar uma realização direta da vacuidade.

Uma vez que, no início, é impossível realizar a vacuidade diretamente, precisamos, primeiro, obter uma imagem genérica da vacuidade e usá-la como o nosso objeto de meditação. Depois, à medida que a nossa meditação progredir, a nossa compreensão da vacuidade irá se tornar cada vez mais vívida. Por fim, alcançaremos o ponto no qual a imagem genérica desaparecerá e não haverá nenhum espaço, ou diferenciação, entre o sujeito (a nossa mente) e o objeto (a vacuidade, ela própria). Quando isso acontecer, teremos alcançado uma realização direta da vacuidade e, por meio disso, teremos nos tornado um ser superior.

Podemos nos perguntar por que é necessário realizar a vacuidade diretamente. A razão é que, sem uma realização direta da

INTRODUÇÃO À NATUREZA DA MENTE

vacuidade, não seremos capazes de abandonar o agarramento ao em-si e, portanto, não seremos capazes de alcançar nem mesmo o estado de libertação de um Destruidor de Inimigos, quanto mais a plena iluminação de um Buda. Portanto, não é suficiente, simplesmente, realizar a vacuidade; precisamos realizá-la diretamente.

Embora o tranquilo-permanecer possa ser alcançado através de se utilizar qualquer objeto de meditação, devemos ser cuidadosos para não considerarmos essa aquisição como um fim em si mesma. Se quisermos concluir o nosso treino espiritual e alcançar o excelso estado de Budeidade para o benefício de todos os seres vivos, precisamos gerar a bodhichitta e usar a nossa concentração do tranquilo-permanecer para meditar na vacuidade. Desse modo, abandonaremos, por fim, ambas as obstruções – as obstruções à libertação e as obstruções à onisciência – e alcançaremos o excelso estado de Budeidade.

A EXPLICAÇÃO INCOMUM SOBRE COMO MEDITAR NO TRANQUILO-PERMANECER

Esta explicação é dada a partir dos seguintes dois tópicos:

1. Introdução ao objeto de meditação – a mente, ela própria;
2. A explicação propriamente dita sobre como treinar.

INTRODUÇÃO AO OBJETO DE MEDITAÇÃO – A MENTE, ELA PRÓPRIA

De acordo com o sistema estabelecido pelos mestres da linhagem Mahamudra, devemos tomar a mente, ela própria, como o nosso objeto de meditação do tranquilo-permanecer. Este não é o único objeto que podemos utilizar. Podemos, por exemplo, treinar o tranquilo-permanecer por meio de meditar na letra AH-breve. No entanto, ao passo que a utilização do AH-breve é exclusiva da prática do Mantra Secreto, a mente, ela própria, pode ser usada como objeto de meditação tanto nas práticas de Sutra como nas práticas do Mantra Secreto.

Tomar a mente como objeto de meditação tem diversas vantagens. Torna mais fácil alcançar o tranquilo-permanecer, superar as distrações externas e realizar a vacuidade. Além disso, torna muito mais fácil reconhecer a natureza da mente muito sutil, que passa de uma vida para outra. Por essas razões, os mestres espirituais da linhagem Mahamudra deram apresentações claras e detalhadas sobre a natureza da mente.

Tradicionalmente, o Guia Espiritual, primeiro, explica os atributos da mente para o discípulo, ou discípula, e ensina como procurar pela mente por meio de meditação. Depois, o discípulo retira-se para um local de solitude e medita de acordo com as instruções recebidas. Após algum tempo, o discípulo retorna para o Guia Espiritual e debate com ele quaisquer experiências que possa ter obtido. Por meio desse diálogo, todos os equívocos e más compreensões são removidos, e o discípulo, por fim, chega a uma compreensão e experiência corretas sobre as mentes densas e sutis.

Além de dar descrições claras sobre as diferenças entre a natureza convencional e a natureza última da mente, os ensinamentos do Mahamudra também fornecem explicações detalhadas dos vários níveis, densos e sutis, da mente. Essas instruções são muito importantes porque, se formos incapazes de experienciar a mente densa corretamente, seremos incapazes de experienciar as mentes sutis, e se formos incapazes de experienciar as mentes sutis, seremos incapazes de experienciar a mente muito sutil e de nos beneficiarmos da experiência de clara-luz.

A introdução ao objeto de meditação – a mente, ela própria – tem três partes:

1. Introdução à mente, em geral;
2. Introdução às mentes individuais;
3. Evitar confundir a introdução à natureza convencional da mente com uma introdução à natureza última da mente.

INTRODUÇÃO À NATUREZA DA MENTE

INTRODUÇÃO À MENTE, EM GERAL

Podemos achar que uma introdução geral à mente deva ser relativamente simples, uma vez que todos têm uma mente; mas, na verdade, precisamos de instruções exatas para sermos capazes de reconhecer a mente precisamente. Como há muita discussão entre os filósofos com respeito ao que a mente realmente é, precisamos, nós mesmos, fazer uma investigação rigorosa para nos certificarmos da verdade sobre o assunto.

Primeiro, devemos perguntar: "Onde a minha mente está localizada?". Em geral, há três respostas possíveis a esta questão. Algumas pessoas acreditam que a mente está localizada por todo o corpo; outras, que ela existe principalmente no cérebro, ao passo que outras acreditam que ela está localizada principalmente no coração. Quanto à primeira asserção, há boas razões para dizer que a mente está localizada por todo o corpo. Como Aryadeva afirma, na sua obra *Quatrocentos*, todas as partes do corpo são permeadas pelo poder sensorial corporal e, consequentemente, pela percepção tátil. Quando tocamos o nosso corpo, experienciamos uma sensação no ponto de contato, e essa sensação é mente. Portanto, nesse sentido, é correto dizer que a mente permeia o corpo inteiro. Podemos verificar, por nós mesmos, para ver se isso é verdadeiro ou não.

O cérebro também é o local de várias faculdades sensoriais. Assim, se alguém tocar ou estimular uma parte do cérebro, determinadas sensações surgirão e, como afirmado antes, sensações são mente. Talvez seja essa a razão pela qual algumas pessoas alegam que o cérebro seja a localização principal da mente. Se, no entanto, não houvesse sensações experienciadas em resposta à estimulação do cérebro, teríamos de concluir que não há mente no cérebro.

Há boas razões para asseverar que a mente está localizada principalmente na roda-canal do coração. A razão é que a mente--raiz – a mente muito sutil – e o seu vento montado residem ali. Como todas as mentes densas e sutis se desenvolvem dessa mente, é razoável afirmar que a mente está localizada principalmente no centro [da roda-canal] do coração.

As escrituras definem a mente de diversas maneiras. Em alguns textos, a mente é definida, simplesmente, como aquilo que é *clareza* e *que conhece*. Em outros, tais como os escritos do primeiro Panchen Lama, a mente é definida como aquilo que é *clareza*, é *vazia de forma* e *que conhece*. Assim, além de afirmar que a mente é clareza e cognição, o Panchen Lama também afirma que ela é vazia de forma. Dizer que a mente é vazia de forma significa dizer, simplesmente, que ela carece de qualquer propriedade física. Este ponto está incluído na definição para refutar as asserções de alguns eruditos que afirmam que a mente é uma forma física.

Há muitas maneiras pelas quais as coisas podem ser vazias. Por exemplo, dizemos que o céu é vazio porque carece de contato obstrutivo, isto é, ele é intangível e não impede o movimento; mas o céu não carece de forma física porque, quando olhamos para ele, vemos a cor azul. Neste caso, o contato obstrutivo é negado, mas a forma não o é. No entanto, no caso da mente, é a forma que é negada. Assim, embora seja dito que tanto a mente quanto o céu sejam vazios, os seus objetos negados são diferentes. Dizemos que o céu é vazio porque carece de contato obstrutivo, ao passo que dizemos que a mente é vazia porque carece de forma. Portanto, embora o mesmo termo seja utilizado em ambos os casos, a sua denotação – ou seja, aquilo que ele indica – é diferente para cada caso, porque o *objeto que é negado* é diferente. Será importante manter esta distinção em mente mais à frente, quando uma vacuidade muito mais sutil, a ausência de existência inerente, for debatida.

Quando é dito que a mente é vazia de forma física, essa vacuidade não é a natureza última da mente, mas a sua natureza convencional. Apenas a mente é vazia de forma e, apesar disso, conhece objetos. A mente apreende e percebe objetos, bem como executa muitas outras funções, tais como discriminar e experienciar os seus objetos. Em resumo, a função da mente é conhecer objetos.

Por contemplarmos as definições e funções descritas acima, devemos chegar a uma imagem genérica da mente. Visto que no

INTRODUÇÃO À NATUREZA DA MENTE

momento presente a nossa mente está obscurecida pelo pensamento conceitual, é difícil, no início, perceber a mente claramente; portanto, nesta etapa, devemos nos esforçar para alcançar uma imagem genérica exata da mente e meditar nela. Por exemplo, embora possamos nunca ter estado na cidade de Lhasa, podemos, ainda assim, obter uma imagem genérica de como Lhasa é por meio de ouvir as histórias de um viajante experiente que já esteve lá. De modo semelhante, ainda que não possamos presentemente nos focar diretamente na nossa mente, podemos obter uma imagem genérica exata de como a nossa mente é e, então, meditar nessa imagem genérica. Depois, através da meditação no tranquilo-permanecer, os nossos pensamentos conceituais duais densos desaparecerão gradualmente e seremos capazes de perceber a mente ela própria, clara e diretamente.

Embora tenha sido afirmado anteriormente que o corpo é permeado pela percepção tátil, devemos compreender que essa percepção se manifesta apenas quando o poder sensorial corporal se encontra com um objeto tátil. De modo semelhante, uma percepção visual surgirá apenas quando o poder sensorial visual se encontrar com uma forma visual. Se uma forma visual estiver presente, mas não houver um poder sensorial visual – ou se houver um poder sensorial visual funcionando, mas nenhuma forma visual estiver presente –, nenhuma percepção visual surgirá. Em resumo, se um objeto e um poder não se encontrarem, nenhuma mente ou percepção poderá se desenvolver, do mesmo modo que se duas mãos não se encontrarem, não poderá haver nenhum som de bater de palmas.

Praticantes realizados da meditação no tranquilo-permanecer geralmente tomam como seu objeto de meditação a mente muito sutil, localizada no centro da roda-canal do coração. Essa mente é referida tanto como "a mente-raiz" como "a mente-residente". O último nome é usado para distinguir a mente muito sutil das mentes densas e sutis, que são temporárias e que aparecem e desaparecem muitas vezes durante uma vida. Embora a mente muito sutil seja impermanente no sentido de mudar momento a momento, ela é constante no sentido de que continua de uma vida para outra.

Utilizar a mente-raiz muito sutil como o objeto da meditação do tranquilo-permanecer é uma técnica poderosa, porque ambos, o sujeito e o objeto, são a mente ela própria. No entanto, embora essa meditação seja muito extasiante e poderosa, poderemos ficar confusos se não estivermos habituados a ela, pensando que há duas mentes diferentes: uma, que é o sujeito, e outra, que é o objeto. Tal incerteza é uma indicação de que somos novos neste tipo de meditação. Quando nos familiarizarmos totalmente com ela, sentiremos que o sujeito e o objeto são completamente indistinguíveis.

Meditar na mente-raiz, localizada no centro [da roda-canal] do coração, é um método muito efetivo para trazer os ventos para o canal central. Se fizermos essa meditação no contexto da prática do Mantra Secreto, devemos meditar na mente indestrutível sutil que reside no vacúolo dentro do canal central, no centro da roda-canal do coração. Como foi mencionado anteriormente, o objetivo principal do meditador do Mantra Secreto é desenvolver grande êxtase espontâneo por meio de trazer os ventos para o canal central. Portanto, se escolhermos a mente, ela própria, como o objeto para treinar a meditação do tranquilo-permanecer e a visualizarmos residindo no centro da roda-canal do coração, estaremos preparando o caminho para que o grande êxtase espontâneo surja. Quando esse tipo de meditação é associado com as práticas do Mantra Secreto, ele se torna uma meditação indireta do estágio de conclusão. Assim, há muitos benefícios a serem obtidos por escolher a mente, ela própria, como o nosso objeto de meditação do tranquilo-permanecer.

INTRODUÇÃO ÀS MENTES INDIVIDUAIS

De acordo com os Sutras e o Mantra Secreto, há dois tipos de mente: mentes primárias e fatores mentais. Em geral, há seis mentes primárias e 51 fatores mentais. As mentes primárias e os fatores mentais estão amplamente explicados no livro *Como Entender a Mente* e, por essa razão, não serão enumerados aqui. De acordo com o Mantra Secreto, a mente também pode ser dividida em

INTRODUÇÃO À NATUREZA DA MENTE

mentes densas, mentes sutis e a mente muito sutil. As cinco percepções sensoriais – a percepção visual, a percepção auditiva, a percepção olfativa, a percepção gustativa e a percepção corporal – são, todas, mentes densas. A sexta percepção, a percepção mental, possui as três divisões mencionadas: densa, sutil e muito sutil. Todas as oitenta concepções indicativas listadas anteriormente são mentes densas e percepções mentais. Elas são as "mentes utilizadas" dos seres comuns e incluem os nossos diferentes pensamentos, memórias, delusões, e assim por diante. São chamadas de "mentes utilizadas" porque compreendem, mantêm e conhecem os seus objetos e, enquanto pensam e meditam, nós, a pessoa, as utilizamos.

As mentes de aparência miragem, aparência fumaça, aparência vaga-lumes cintilantes e aparência chama de vela são, também, mentes densas. Embora cada uma dessas mentes seja mais sutil que a mente que a precedeu – a mente de aparência fumaça é mais sutil que a mente de aparência miragem, e assim sucessivamente –, elas são, todas, mentes densas, porque os seus ventos montados são densos.

As mentes de aparência branca, vermelho crescente e a mente negra da aquisição-próxima são mentes sutis. Como anteriormente, cada mente é mais sutil que a anterior. Elas são mentes sutis porque estão livres de pensamentos conceituais duais densos. Após a mente negra da aquisição-próxima ter cessado, surge a mente de clara-luz. Ela é denominada "mente muito sutil" porque não há mente mais sutil do que esta.

Um meditador realizado do estágio de conclusão experienciará cada uma dessas mentes em sequência – desde as mentes densas, passando pelas mentes sutis, até a mente muito sutil – durante o estado de vigília do mesmo modo como elas ocorrem durante o sono e a morte. O ponto essencial da meditação do estágio de conclusão é experienciar a mente muito sutil. Embora a mente de clara-luz seja uma mente muito sutil, nem todas as mentes muito sutis são, necessariamente, a mente de clara-luz. A razão disso é porque os seres comuns têm uma mente muito sutil o tempo todo,

Drubwang Losang Namgyal

INTRODUÇÃO À NATUREZA DA MENTE

mas não uma mente de clara-luz o tempo todo. Para eles, a clara-
-luz ocorre somente durante o sono e na morte. Apenas os iogues
podem experienciar a clara-luz durante o estado de vigília.

O método para experienciar essa mente muito sutil é plenamente explicado nos ensinamentos de Mahamudra do Mantra
Secreto. Por quê? A razão é que podemos alcançar a iluminação
nesta mesma vida na dependência dessa mente muito sutil e do
seu vento montado. A mente muito sutil é a causa substancial do
Corpo-Verdade de um Buda, e o vento muito sutil, sobre o qual
está montada, é a causa substancial do Corpo-Forma de um Buda.
Sem usar essa mente e vento muito sutis, é impossível alcançar a
perfeita iluminação da Budeidade.

A habilidade que uma mente tem para funcionar depende do
seu vento montado. Se um vento for impuro, a mente montada
sobre ele também será impura. Por outro lado, se for um vento
de sabedoria, a mente montada sobre ele será uma mente de sabedoria. Os ventos que fluem pelos canais direito e esquerdo e
aqueles que fluem por todos os outros 72 mil canais do corpo dão,
todos eles, origem às concepções duais. No entanto, os ventos que
fluem pelo canal central são ventos de sabedoria, assim chamados porque os iogues desenvolvem as suas mentes de sabedoria
a partir deles. Visto que todas as mentes de sabedoria precisam
estar montadas em ventos de sabedoria, é essencial trazer todos
os ventos para o canal central.

De acordo com os Sutras, o agarramento ao em-si é a raiz do
samsara e de todos os seus sofrimentos, e, por essa razão, os métodos explicados nos Sutras para se obter a libertação do sofrimento
tratam apenas de como superar essa mente de agarramento ao
em-si. No entanto, de acordo com o Mantra Secreto, não é apenas
o agarramento ao em-si que é a raiz do samsara, mas também
os ventos impuros. Assim, o Mantra Secreto explica não apenas
como superar o agarramento ao em-si, mas também como superar os ventos impuros sobre os quais ele está montado e, desse
modo, alcançar a libertação do samsara. Visto que os métodos
ensinados no Mantra Secreto superam tanto o agarramento ao

CLARA-LUZ DE ÊXTASE

em-si como os ventos impuros, eles são superiores aos métodos ensinados nos Sutras.

Embora, no momento presente, possamos não ser capazes de praticar os métodos superiores do Mantra Secreto, devemos tomar uma firme determinação de sermos capazes de fazê-lo no futuro. Quando consideramos quão raros os ensinamentos do Mantra Secreto são – como Je Tsongkhapa afirmou, eles são ainda mais raros que os Budas –, devemos nos sentir muito alegres, porque agora temos a oportunidade de estudar estes preciosos ensinamentos. Quanto mais compreendermos e apreciarmos a boa fortuna de termos encontrado estes ensinamentos e quanto mais rezarmos para sermos capazes de colocá-los em prática no futuro para o benefício dos outros, mais rapidamente alcançaremos resultados através destes métodos.

EVITAR CONFUNDIR A INTRODUÇÃO À NATUREZA CONVENCIONAL DA MENTE COM UMA INTRODUÇÃO À NATUREZA ÚLTIMA DA MENTE

Alguns professores e praticantes do Mahamudra asseveram que, quando um meditador percebe diretamente *clareza* e *cognição* sem o véu das conceitualizações, ele, ou ela, realizou a vacuidade que é a natureza última da mente. A razão disso é porque eles acreditam que *clareza* e *cognição* são a natureza última da mente. Os estudantes que ouvem essas instruções também caem nessa visão equivocada. Esse equívoco surge de uma falha em compreender a visão correta, tal como explicada pelo Protetor Nagarjuna. Eles não compreendem totalmente o que o termo "natureza última" significa e, se perguntados sobre o que a natureza última da mente é, não conseguem estabelecê-la como sendo [um fenômeno] negativo não-afirmativo. Eles pensam que a natureza última da mente é *clareza* e *cognição* livre de conceitualização; eles não compreendem que a natureza última da mente é [um fenômeno] negativo não-afirmativo que é a mera ausência de existência inerente da mente. Essa mera ausência de existência inerente é muito sutil e,

INTRODUÇÃO À NATUREZA DA MENTE

portanto, bastante difícil de compreender. No entanto, *clareza* e *cognição* não são tão sutis e, por isso, são relativamente fáceis de compreender. Essa é uma razão pela qual meditadores podem manter crenças errôneas no que diz respeito à natureza última da mente.

De acordo com os *Sutras Perfeição de Sabedoria* e a visão de Nagarjuna, a vacuidade verdadeira, efetiva, é a mera ausência de existência inerente e, por essa razão, ela é [um fenômeno] negativo não-afirmativo. Aqueles que não compreendem a sutileza dessa visão são incapazes de perceber qualquer diferença entre um [fenômeno] negativo não-afirmativo e a total não-existência. Por essa razão, cometem equívocos quando tentam compreender a natureza última da mente. Eles asseveram que [fenômenos] negativos não-afirmativos não existem de modo algum e, assim, rejeitam os *Sutras Perfeição de Sabedoria* e a visão de Nagarjuna. No lugar disso, quando meditam meramente em *clareza* e *cognição* e as experienciam muito vividamente, pensam que estão realizando a vacuidade que é a natureza última da mente. No entanto, a vacuidade que experienciam é meramente a ausência de forma física e estar livre de conceitualização – não é a ausência de existência inerente.

O primeiro Panchen Lama, Losang Chokyi Gyaltsen, refutou categoricamente esse equívoco. Em seu texto-raiz sobre o Mahamudra, escreveu:

A mente que está livre de conceitualização
É meramente um nível da mente convencional;
Não é a natureza última da mente.
Portanto, busca instruções de mestres qualificados.

Desse modo, o Panchen Lama afirmou claramente que o que alguns meditadores tomam como sendo a natureza última da mente – *clareza* e *cognição* – é meramente a natureza convencional da mente.

Se acreditarmos equivocadamente que essa natureza convencional da mente é a sua natureza última, poderemos facilmente desenvolver orgulho deludido e muitas outras falhas relacionadas. Por exemplo, quando, através de meditação, obtivermos uma percepção vívida de *clareza* e *cognição*, poderemos achar que alcançamos uma realização direta da vacuidade e, como é possível desenvolver uma sensação levemente extasiante com base nessa meditação, poderemos concluir: "Agora desenvolvi o grande êxtase espontâneo do Mantra Secreto". Posteriormente, poderemos inclusive vir a pensar: "Agora desenvolvi o *Mahamudra que é a união de grande êxtase espontâneo e vacuidade*". É possível que, por força de meditações adicionais, possamos nos libertar, por um breve período, do pensamento conceitual, e, neste caso, poderemos desenvolver o orgulho deludido que pensa: "Agora estou livre das duas obstruções; tornei-me um Buda!". Na verdade, não chegamos a alcançar esse estado sublime e, cedo ou tarde, teremos de nos confrontar com as circunstâncias, tais como objetos de raiva ou de apego, que dão origem aos vários estados mentais deludidos. Tornar-se-á, então, evidente que a "iluminação" que experienciamos não foi sequer uma realização da vacuidade, quanto mais iluminação. Todos esses equívocos vêm de uma má compreensão da natureza última da mente, como resultado de não seguir as instruções de professores qualificados ou de não estudar bem tais instruções.

O primeiro Panchen Lama foi um praticante altamente realizado que sempre se comportou de uma maneira muito humilde, mas que, quando escreveu sobre a necessidade de refutar ensinamentos equivocados e enganosos, foi bastante direto:

> Já que não conseguimos perceber o *continuum* mental
> dos outros,
> Devemos nos esforçar para apreciar os ensinamentos
> de todos;
> Mas eu não posso aceitar aqueles que espalham visões
> errôneas
> E que, através dessas visões errôneas, levam muitos a
> se desviarem do caminho.

O que o Panchen Lama escreveu vários séculos atrás é particularmente aplicável hoje. Se o Dharma puro está a florescer nos países ocidentais, é essencial que examinemos cuidadosamente as nossas crenças para nos assegurarmos de que estão plenamente de acordo com os ensinamentos puros de Buda Shakyamuni. O resultado desagradável e desafortunado de não compreender o Dharma puro e de seguir ensinamentos enganosos que fingem ser o Dharma puro é sectarismo. Esse é um dos maiores obstáculos ao florescimento do Dharma, especialmente no Ocidente. Qualquer coisa que suscite essa mente má e destrutiva deve ser eliminada tão rápida e completamente quanto possível.

Nos dias de hoje, há uma forte tendência para se acreditar, sem a mais leve hesitação, em cada palavra proferida por alguém com reputação elevada, ao passo que um praticante humilde, que dá ensinamentos perfeitos e exatos, frequentemente não é apreciado nem acreditado. Buda Shakyamuni advertiu os seus discípulos para que não adotassem tal atitude equivocada:

Não aceitem os meus ensinamentos simplesmente porque me chamam Buda.

Repetidamente, ele relembrava os seus discípulos para que não aceitassem os seus ensinamentos com uma fé cega, mas que os verificassem tão cuidadosamente como se examinassem ouro. É somente sobre a base de razões válidas e experiência pessoal que devemos aceitar os ensinamentos de alguém, incluindo os ensinamentos do próprio Buda.

Nos ensinamentos sobre as quatro confianças, Buda deu orientações adicionais para se chegar a uma compreensão inequívoca dos ensinamentos. Ele diz:

Não confies na pessoa, mas no Dharma.
Não confies nas palavras, mas no significado.
Não confies no significado interpretativo, mas no significado definitivo.
Não confies na consciência, mas na sabedoria.

O significado desses versos é o seguinte:

(1) Quando decidimos em qual doutrina confiar, não devemos ficar satisfeitos com a fama ou a reputação de um professor específico, mas, em vez disso, examinar o que ele, ou ela, ensina. Se, após investigação, acharmos que os ensinamentos são razoáveis e livres de falhas, devemos aceitá-los; mas, se carecerem dessas qualidades, devemos rejeitá-los, não importa quão famoso ou carismático o seu expositor possa ser.

(2) Não devemos nos deixar influenciar meramente pelo estilo poético ou retórico de um ensinamento específico, mas aceitá-lo somente se o significado efetivo das palavras for razoável.

(3) Não devemos ficar satisfeitos meramente com o significado interpretativo da verdade convencional, mas aceitar e confiar no significado definitivo da verdade última da vacuidade. Em outras palavras, visto que os ensinamentos do método sobre a bodhichitta e os ensinamentos da sabedoria sobre a vacuidade e assim por diante são interligados e complementares, não devemos ficar satisfeitos apenas com um ou com o outro, mas praticar ambos conjuntamente.

(4) Não devemos ficar satisfeitos com estados de consciência enganosos, impuros, mas depositar a nossa confiança na sabedoria do equilíbrio meditativo dos seres superiores.

Se compreendermos essas quatro confianças e as usarmos para avaliar a verdade dos ensinamentos que recebemos, estaremos seguindo um caminho inequívoco. Não haverá perigo de adotarmos visões falsas ou de cairmos sob a influência de professores enganosos. Seremos capazes de discriminar corretamente entre o que é para ser aceito e o que deve ser rejeitado e, desse modo, estaremos protegidos contra falhas, tais como o sectarismo.

Tranquilo-Permanecer

A EXPLICAÇÃO PROPRIAMENTE DITA
SOBRE COMO TREINAR

Este tópico tem três partes:

1. Como treinar por meio de contínua-lembrança geral;
2. Como treinar por meio de contínuas-lembranças específicas;
3. Como treinar por meio dos seis métodos para assentar a mente.

COMO TREINAR POR MEIO DE
CONTÍNUA-LEMBRANÇA GERAL

Quando treinamos o tranquilo-permanecer, temos de superar vários obstáculos por meio de aplicarmos oponentes específicos. O primeiro obstáculo para alcançar o tranquilo-permanecer são os três tipos de preguiça: a preguiça que surge do apego por prazeres mundanos, a preguiça que surge do apego por atividades distrativas e a preguiça que surge do desânimo, ou desencorajamento. O primeiro tipo de preguiça é uma atitude complacente, na qual permanecemos contentes com o samsara e não nos sentimos inclinados a nos empenhar em ações virtuosas. Sob a influência dessa preguiça, carecemos da energia para acordarmos dessa letargia. Com a preguiça que surge do apego por atividades distrativas,

Kachen Yeshe Gyaltsen

ficamos felizes por nos entregarmos a atividades mundanas, mas não temos disposição para nos empenharmos em atividades virtuosas, que nos conduzem à cessação do sofrimento. O terceiro tipo de preguiça surge de acreditar que carecemos da habilidade de nos empenharmos em uma ação virtuosa específica. Por exemplo, se pensarmos que a aquisição do tranquilo-permanecer está totalmente além da nossa capacidade, ficaremos facilmente desanimados, ou desencorajados, e não tentaremos alcançá-la. Todas essas formas de preguiça bloqueiam o caminho ao tranquilo-permanecer.

Há quatro oponentes à preguiça: fé, aspiração, esforço e maleabilidade mental. Os dois primeiros, fé e aspiração, combatem indiretamente a preguiça, ao passo que os dois últimos, esforço e maleabilidade mental, são os seus oponentes diretos. A fé no tranquilo-permanecer é obtida através de contemplar os seus muitos benefícios. Com base nessa fé, desenvolvemos a aspiração de alcançar o tranquilo-permanecer. Esta aspiração faz surgir naturalmente esforço, que nos capacita a nos empenharmos entusiasticamente nesse treino. Por fim, pelo poder do nosso esforço, alcançaremos a maleabilidade mental, que corta a raiz da preguiça, de modo que ela nunca mais surja novamente.

Pensar sobre os benefícios do tranquilo-permanecer é um método muito efetivo para gerar fé e superar a preguiça que nos impede de nos empenharmos nesse treino. Uma das vantagens do tranquilo-permanecer é que ele induz clarividência, que aprimora grandemente a nossa habilidade para ajudar os outros. Por exemplo, podemos ter um desejo compassivo de ajudar alguém, mas, porque carecemos de clarividência, somos incapazes de ver claramente todos os fatores envolvidos na sua situação e, como resultado, damos conselhos equivocados. Acontece frequentemente que, apesar das nossas intenções compassivas, prejudicamos inadvertidamente os outros. Com clarividência, no entanto, tais problemas não surgem.

Um exemplo dos benefícios de desenvolver clarividência vem da biografia do grande meditador Asanga. Certa ocasião, ele estava dando um ensinamento público e, na audiência, encontrava-se um rei muito poderoso. O rei decidiu testar Asanga e, assim, formulou em sua mente três questões difíceis relativas aos *Sutras Perfeição de Sabedoria*. Através dos poderes que havia obtido a partir da meditação no tranquilo-permanecer, Asanga foi capaz de ler as questões na mente do rei e respondeu-as perfeitamente durante o seu ensinamento. Essa demonstração de poder e *insight* impressionaram tanto o rei que ele desenvolveu grande fé em Asanga e nos seus ensinamentos e, como resultado, o Dharma floresceu por todo o seu reino.

Como foi indicado, a preguiça é um obstáculo geral a uma prática de Dharma bem-sucedida. Precisamos também superar três obstáculos específicos ao tranquilo-permanecer: a divagação mental, o excitamento mental e o afundamento mental. Uma vez que esses três são os piores obstáculos para alcançar o tranquilo--permanecer, é essencial que os reconheçamos claramente e aprendamos a aplicar os oponentes apropriados. Assim como é necessário conhecer quem o nosso inimigo é antes de podermos impedi-lo de nos prejudicar, precisamos ser capazes de reconhecer esses três obstáculos antes de podermos impedi-los de interferir com a nossa meditação. Além disso, não é suficiente meramente ter um conhecimento intelectual desses obstáculos – precisamos reconhecê-los a partir da nossa própria experiência pessoal. Somente assim será possível superá-los completamente. Visto que é difícil distinguir um estado de concentração plenamente qualificado de um que não o seja, devemos confiar em ensinamentos precisos e detalhados sobre este ponto, tais como os que são encontrados nas obras de Je Tsongkhapa e de seus seguidores. Em particular, devemos estudar as explicações dadas nos livros *Caminho Alegre da Boa Fortuna* e *Contemplações Significativas*.

A divagação mental ocorre quando a nossa mente está focada em um objeto virtuoso de meditação do tranquilo-permanecer e, então, ela se dirige para qualquer outro objeto que não um objeto de apego. Por exemplo, se estivermos meditando na forma de Buda Shakyamuni e a nossa mente se dirigir para a forma de Avalokiteshvara ou Tara, embora ainda estejamos meditando em um objeto virtuoso, isso significa que sucumbimos à divagação mental. A divagação mental tem dois tipos: a divagação mental sutil e a divagação mental densa. A divagação mental sutil ocorre quando a nossa mente se dirige apenas levemente para outro objeto, sem perder o objeto original de meditação, e a divagação mental densa ocorre quando a mente se dirige tão intensamente para outro objeto que o objeto original de meditação é completamente perdido.

O excitamento mental ocorre quando a nossa mente está focada em um objeto virtuoso de meditação no tranquilo-permanecer e, depois, desvia-se para um objeto de apego. Por exemplo, se estivermos tentando desenvolver o tranquilo-permanecer por meio de meditar na forma de um Buda e a nossa mente se dirigir para um objeto de apego – por exemplo, o nosso namorado ou namorada –, teremos sucumbido ao excitamento mental. Uma vez mais, há dois tipos de excitamento mental: o excitamento mental sutil e o excitamento mental denso. O excitamento mental sutil ocorre quando a nossa mente se dirige apenas levemente para um objeto de apego, sem perder efetivamente o objeto original de meditação. O excitamento mental sutil não quebra a sequência da nossa meditação, mas é como um pequeno peixe que consegue nadar em todas as direções sem perturbar a água. O excitamento mental denso ocorre quando a nossa mente se torna tão absorta no objeto de apego que o objeto original de meditação é completamente perdido.

A divagação mental e o excitamento mental são relativamente fáceis de reconhecer, mas o afundamento mental, especialmente na sua forma sutil, não é fácil de identificar. O afundamento mental ocorre quando a nossa mente está focada em um objeto virtuoso de meditação do tranquilo-permanecer e, então, a clareza do objeto ou a intensidade com a qual a nossa mente mantém esse objeto diminui. Por exemplo, se estivermos meditando na letra AH-breve do fogo interior e a clareza dessa letra ou a intensidade com a qual a mantemos diminuir, significa que a nossa concentração cedeu ao afundamento mental. Assim como no caso da divagação mental e do excitamento mental, o afundamento mental também tem dois tipos: o afundamento mental sutil e o afundamento mental denso. O afundamento mental sutil ocorre quando a intensidade com a qual mantemos o nosso objeto de meditação diminui levemente, e o afundamento mental denso, quando ambos – a intensidade e a clareza – diminuem.

Esses obstáculos – a divagação mental, o excitamento mental e o afundamento mental – precisam todos ser superados se quisermos alcançar o tranquilo-permanecer efetivo. O tranquilo-permanecer é assim denominado porque supera todas as distrações conceituais e permanece estritamente focado no seu objeto. Assim, "tranquilo" refere-se à pacificação das mentes distrativas, e "permanecer" refere-se à habilidade da mente para permanecer estritamente focada no objeto de meditação escolhido.

A maneira adequada para começar a meditação no tranquilo-permanecer é sentar-se na postura correta de meditação, assegurarmo-nos de que não temos uma mente obtusa ou sonolenta e, então, tentar superar as mentes conceituais perturbadoras que estão sendo atraídas para objetos externos. É muito importante ser capaz de distinguir uma mente turva, ou maculada, de uma mente clara. Por exemplo, se quisermos beber água do riacho de uma montanha, não devemos fazê-lo da parte que é turbulenta, pois a água ali estará misturada com sujeira e sedimentos; em vez disso, devemos beber de uma parte calma do riacho, onde a água é limpa e clara. De modo semelhante, se quisermos alcançar uma mente clara e calma, precisamos pacificar a turbulência mental das distrações conceituais.

O método recomendado para pacificar essa turbulência mental é começar a nossa sessão de meditação expelindo os ventos impuros, como foi explicado anteriormente na seção sobre a meditação no fogo interior. Uma vez que a nossa mente tenha alcançado um nível aceitável de serenidade, devemos tentar relembrar as instruções exatas relativas ao objeto de meditação – neste caso, a mente, ela própria – que nos foram dadas pelo nosso Guia Espiritual. Essa atividade, que é denominada "procurar o objeto de meditação", irá nos conduzir, por fim, a uma imagem genérica correta do objeto. Isso é conhecido como "encontrar o objeto de meditação". Uma vez que tenhamos encontrado a imagem genérica correta, devemos nos esforçar para mantê-la, sem esquecê--la. Isso é denominado "manter o objeto de meditação". Por fim, devemos permanecer firmemente na imagem genérica, com forte concentração estritamente focada. Isso é denominado "permanecer no objeto de meditação". Essas quatro atividades – procurar, encontrar, manter e permanecer – são de suprema importância no desenvolvimento de uma concentração autêntica, verdadeira. Elas serão novamente abordadas adiante.

Será lamentável se não soubermos o que a concentração realmente é. Uma concentração plenamente qualificada precisa ter duas características: (1) manter o objeto por força de forte contínua--lembrança (*mindfulness*), e (2) permanecer estritamente focada no objeto. Quando estamos meditando, devemos examinar a nossa mente para ver se está dotada com essas duas qualidades. Será muito melhor empregar um breve tempo em concentração autêntica do que empregar um longo tempo em uma prática falha.

Com relação aos obstáculos a uma meditação adequada, é relativamente simples identificar a divagação mental e o excitamento mental e ver como eles são obstáculos para a nossa aquisição do tranquilo-permanecer, mas é necessário ser um meditador experiente para reconhecer o afundamento mental sutil e distingui-lo da verdadeira concentração estritamente focada. Se formos incapazes de distinguir esses dois, haverá o perigo de a nossa concentração se misturar com o afundamento mental sutil. Se isso acontecer, a nossa meditação produzirá resultados negativos. Para nos protegermos contra essa falha, precisamos usar o fator mental vigilância de tempos em tempos. Assim, enquanto a parte principal da nossa mente está focada no objeto de meditação, uma pequena parte da mente deve verificar se a divagação mental, o excitamento mental, o afundamento mental ou qualquer outra falha está surgindo. Essa vigilância é uma forma de sabedoria analítica.

A contínua-lembrança é de importância central para uma concentração estritamente focada. Ela é a verdadeira vida da meditação, porque desempenha três funções essenciais: (1) não esquece o objeto de meditação, (2) mantém o objeto, e (3) supera as distrações. Em particular, a contínua-lembrança é essencial para impedir a divagação mental, o excitamento mental e o afundamento mental. Para desenvolver e manter forte contínua-lembrança do objeto de meditação, precisamos fazer duas coisas: (1) no início da sessão de meditação, desenvolver uma forte determinação de manter contínua-lembrança ininterrupta durante toda a sessão, e (2) durante a sessão de meditação, tomar providências para fortalecer a nossa contínua-lembrança sempre que identificarmos que ela está prestes a degenerar.

Em resumo, seremos capazes de alcançar o tranquilo-permanecer se conseguirmos superar o afundamento mental, o excitamento mental e a divagação mental por força de contínua-lembrança e vigilância. Se permitirmos que essas falhas permaneçam em nossa mente sem que tentemos superá-las, isso é conhecido como "não-aplicação". A não-aplicação também é um obstáculo para desenvolver o tranquilo-permanecer, e ela deve ser superada por uma aplicação conscienciosa dos oponentes apropriados sempre que falhas surjam na mente durante a nossa sessão de meditação. Se mantivermos o tempo todo uma forte intenção de alcançar os objetivos da nossa prática, naturalmente aplicaremos oponentes sempre que obstáculos surjam. Portanto, devemos manter esses objetivos em primeiro lugar na nossa mente, recordando como o tranquilo-permanecer nos permite alcançá-los, e precisamos estar determinados a não permitir que a preguiça ou qualquer outra delusão nos impeça de realizar a nossa meta.

Para alcançar um estado perfeito de tranquilo-permanecer, precisamos progredir através de nove etapas de desenvolvimento, conhecidas como "as nove permanências mentais". Essas nove etapas – bem como os oito oponentes aos cinco obstáculos, as quatro atenções, as seis forças, e assim por diante – estão explicadas com grandes detalhes em outros livros, tais como *Caminho*

Alegre da Boa Fortuna e *Contemplações Significativas*, e se estivermos interessados em desenvolver concentração profunda, devemos nos familiarizar com essas explicações. Aqui, as nove permanências mentais são descritas apenas brevemente, para mostrar como o tranquilo-permanecer é alcançado na dependência das contínuas-lembranças geral e específicas.

As duas primeiras permanências mentais, denominadas "posicionamento da mente" e "contínuo-posicionamento", são alcançadas por meio de contínua-lembrança geral da seguinte maneira. No início da nossa sessão de meditação, após termos assumido uma postura confortável na nossa almofada de meditação, passamos pelos quatro passos de procurar, encontrar, manter e permanecer no objeto – a mente, ela própria. Nesta etapa, precisamos usar a contínua-lembrança geral para relembrar as instruções exatas que nos permitem manter uma imagem genérica correta sem esquecê-la.

No começo, acharemos difícil permanecer em concentração estritamente focada no objeto por um longo tempo. Precisaremos aplicar grande esforço meramente para procurar e encontrar o objeto e, quando o encontrarmos, teremos dificuldade em mantê-lo. Por essa razão, é útil dividir a nossa sessão de meditação em breves subseções. Começamos passando pelos quatro passos, até perdermos a nossa capacidade de manter o objeto. Essa é a primeira subseção. Então, começamos imediatamente a procurar de novo o objeto e avançamos pelos outros três passos, até perdermos novamente o objeto. Essa é a segunda subseção. Continuamos dessa maneira até o fim da sessão de meditação, de modo que, toda vez que perdermos o objeto, abandonamos imediatamente aquela subseção e avançamos para a seguinte.

É dito que, no começo, é recomendável ter dezoito subseções durante cada sessão de meditação, mas isso é apenas uma orientação aproximada; podemos fazer menos ou mais subseções, conforme desejarmos. Não precisamos interromper as nossas tentativas de concentração a fim de manter a quantidade exata de subseções; um número aproximado é suficiente. A questão é permanecer tão vigilante e atento quanto possível o tempo todo, verificando a qualidade da nossa concentração, notando sempre que perdermos o objeto e, então, começando imediatamente a subseção seguinte.

Na primeira etapa – posicionamento da mente – mal seremos capazes de manter o objeto de meditação antes de perdê-lo. Muitas e muitas vezes, teremos de procurar e encontrar o objeto e, depois, tentar mantê-lo. Por fim, seremos capazes de permanecer focados no objeto por até cinco minutos, sem esquecê-lo. Quando formos capazes de fazer isso, teremos alcançado a segunda etapa – contínuo--posicionamento.

Quando começamos a praticar a meditação no tranquilo--permanecer, podemos dedicar apenas uma hora ou menos para tais práticas, mas, por fim, devemos fazer de quatro a seis sessões por dia. Desenvolver a nossa prática de maneira gradual é a melhor maneira de avançar. Como foi afirmado anteriormente, é melhor fazer uma meditação breve com concentração qualificada do que uma sessão longa com concentração falha.

Isto conclui a discussão sobre a contínua-lembrança geral. As sete permanências mentais restantes, que são desenvolvidas na dependência de contínuas-lembranças específicas, serão explicadas na próxima seção.

COMO TREINAR POR MEIO
DE CONTÍNUAS-LEMBRANÇAS ESPECÍFICAS

Este tópico tem cinco partes:

1. Como treinar por meio de contínua-lembrança nova;
2. Como treinar por meio de contínua-lembrança antiga;
3. Como treinar por meio de métodos apropriados;
4. Como treinar por meio de categorias conhecidas por outros;
5. Como treinar por meio da cessação natural dos pensamentos conceituais.

COMO TREINAR POR MEIO
DE CONTÍNUA-LEMBRANÇA NOVA

Durante as duas primeiras permanências mentais, toda vez que perdemos o objeto de meditação temos de novamente procurá-lo, encontrá-lo, mantê-lo e, então, permanecer estritamente focados nele. Embora estejamos constantemente renovando nossa contínua-lembrança, essa contínua-lembrança renovada não consegue se apropriar imediatamente do seu objeto. No entanto, na terceira etapa, a nossa familiaridade com o objeto já se desenvolveu a ponto de conseguirmos voltar a mantê-lo imediatamente após o termos perdido; não há mais necessidade alguma de procurá-lo. Nesta etapa, a contínua-lembrança que empregamos para trazer a nossa mente de volta ao seu objeto é denominada contínua-lembrança "nova", e essa terceira etapa é apropriadamente denominada "reposicionamento".

Na terceira etapa, ainda somos perturbados pelas distrações que, como um ladrão, roubam a nossa atenção depositada no objeto. Temos de, repetidamente, perceber e prender esse ladrão, removê-lo e, então, fazer com que a nossa mente retorne uma vez mais para o objeto de meditação. No entanto, comparada com as duas primeiras etapas, a nossa mente pode agora retornar para o seu objeto muito rapidamente, por meio de contínua-lembrança nova.

COMO TREINAR POR MEIO
DE CONTÍNUA-LEMBRANÇA ANTIGA

Na terceira etapa de desenvolvimento mental, temos de empregar muitas e muitas vezes a contínua-lembrança nova porque a mente perde continuamente o seu objeto de meditação. No entanto, por fim, alcançaremos o ponto no qual seremos capazes de manter o objeto sem nunca precisarmos empregá-la. Em outras palavras, desde o início da sessão até o seu fim, seremos capazes de manter o objeto de meditação sem interromper a continuidade da nossa concentração. Quando formos capazes de fazer isso,

Phurchog Ngawang Jampa

teremos alcançado a quarta permanência mental, denominada "estreito-posicionamento". Visto que, nessa etapa, a nossa contínua--lembrança não se degenera uma vez que tenha sido estabelecida, é dito que agora estamos mantendo a nossa meditação por meio de contínua-lembrança "antiga". Por força do poder da contínua--lembrança antiga, somos capazes de eliminar as concepções distrativas, sem nunca nos esquecermos do objeto de meditação.

Nos *Sutras Vinaya*, Buda ensina uma analogia para mostrar a importância de manter concentração ininterrupta por meio de contínua-lembrança antiga. Certa vez, um duelo estava sendo travado entre dois inimigos – um era arqueiro, e o outro lutava com uma roda de espadas giratória. Por um longo tempo, o arqueiro foi incapaz de ferir o espadachim porque, toda vez que disparava uma flecha, ela era interceptada e destruída pelas lâminas giratórias. Parecia que o duelo continuaria para sempre quando, desesperada, a esposa do arqueiro formulou um plano engenhoso para distrair o espadachim e fazer com que perdesse a concentração. Vestida com roupas sedutoras, ela se posicionou no campo de visão do espadachim. Assim que a avistou, a atenção do espadachim foi momentaneamente distraída, mas este breve momento era tudo o que o arqueiro precisava para disparar a flecha fatal! Enquanto agonizava, o espadachim lamentou: "Não foi o arqueiro que me matou, mas a minha própria falta de contínua-lembrança".

Se quisermos impedir que as flechas da distração destruam a nossa concentração, precisamos manter constantemente contínua--lembrança antiga, sem permitir que ela decaia por um momento sequer, tal como uma roda de espadas a girar ininterruptamente. Quando, na quarta etapa, formos capazes de fazer isso, teremos completado a força da contínua-lembrança. No entanto, deve-se notar que, nesta etapa, um praticante hábil não terá sessões de meditação muito longas, uma vez que o afundamento mental e o excitamento mental ainda ocorrerão, e não é recomendável estimular esses obstáculos por meio de sessões prolongadas.

CLARA-LUZ DE ÊXTASE

COMO TREINAR POR MEIO
DE MÉTODOS APROPRIADOS

Na quarta etapa de desenvolvimento, a força da contínua-lembrança foi completada e passamos então a ter a habilidade de permanecer no objeto de meditação ininterruptamente durante toda a sessão. No entanto, o esforço excessivo requerido para manter esse nível ininterrupto de concentração faz com que a mente se torne muito recolhida e, como resultado, ocorre o afundamento mental sutil. Assim, na quinta etapa, denominada "controle", é necessário aplicar a força da vigilância para "erguer", ou "elevar", a mente, por meio de manter, ou "segurar", o objeto mais firmemente. Precisamos relaxar levemente o esforço de manter a nossa concentração e, ainda assim, sermos capazes de permanecer estritamente focados no objeto.

A instrução para relaxar o nosso esforço não significa que, após manter e permanecer no objeto de meditação, devemos afrouxar a intensidade com que "seguramos" o objeto. Isso seria um erro grave nesta etapa. É verdade que o grande mahasiddha Saraha disse que, se alguém relaxar completamente, o tranquilo--permanecer será com certeza alcançado, mas a sua observação foi dirigida para aqueles que estão na oitava e nona permanências mentais, e não para aqueles que ainda estão na quinta permanência mental. Nesta etapa, não é a nossa concentração que devemos relaxar, mas o esforço usado para superar falhas como o afundamento mental e o excitamento mental. Se esse esforço não for levemente relaxado, desenvolveremos afundamento mental sutil, o qual interferirá com a nossa concentração.

Se formos capazes de manter o objeto de meditação e, ainda assim, relaxar o esforço requerido para manter a concentração estritamente focada nele, estaremos mantendo a meditação no tranquilo--permanecer por meio de métodos apropriados. Em outras palavras, estaremos aplicando esforço apropriadamente e na medida necessária. Fazer isso adequadamente, no entanto, requer muita prática. Até mesmo o grande meditador indiano Chandragomin declarou:

Quando eu dependo de esforço, o excitamento mental ocorre, mas quando reduzo o esforço, o afundamento mental se estabelece.

É importante para o meditador interessado no desenvolvimento do tranquilo-permanecer obter uma compreensão profunda de pontos como este. Tal compreensão não se desenvolve a partir de uma mera familiaridade intelectual com os ensinamentos; pelo contrário, precisamos obter experiência pessoal de cada uma das nove etapas de desenvolvimento mental por meio de colocar efetivamente estas e outras instruções em prática. Esta é a única maneira para podermos fazer progressos.

Quando alcançamos a quinta permanência mental, a nossa concentração torna-se forte e estável, e é certo que alcançaremos o tranquilo-permanecer se continuarmos a aplicar esforço na meditação. No nosso caminho para este objetivo, passaremos pelas quatro etapas restantes de desenvolvimento, que podem ser brevemente explicadas como segue.

Na sexta etapa, conhecida como "pacificação", completamos a força da vigilância. Embora nesta etapa não haja mais o perigo do afundamento mental sutil, há ainda o perigo do excitamento mental sutil, que resulta de termos "segurado" o objeto com força demasiada e "erguido" excessivamente a mente na etapa anterior. Esse excitamento mental sutil é superado pela força da vigilância.

Na sétima etapa, o equilíbrio da nossa concentração não pode ser perturbado pelo afundamento mental sutil nem pelo excitamento mental sutil, porque as forças da contínua-lembrança e da vigilância estão agora completas. Embora ainda seja possível que ambos os obstáculos surjam, podemos superá-los imediatamente através da força do esforço. Esta etapa é conhecida como "completa pacificação".

Na oitava etapa, conhecida como "estritamente focado", é totalmente impossível que o afundamento mental e o excitamento mental se desenvolvam. Agora, é necessário apenas um pequeno esforço para permanecer focado no objeto de meditação durante a sessão inteira, sem experienciar sequer a mais leve interrupção da concentração.

Finalmente, na nona etapa, conhecida como "posicionamento em equilíbrio", somos capazes de manter uma concentração impecável, sem nenhum esforço. Tornamo-nos tão familiarizados com o objeto de meditação que nenhum esforço mais é requerido para permanecermos estritamente focados nele. A nossa concentração é, agora, sustentada pela força de completa familiaridade.

COMO TREINAR POR MEIO
DE CATEGORIAS CONHECIDAS POR OUTROS

Nos textos de Mahamudra, três termos, ou categorias, são utilizados para descrever como a meditação no tranquilo-permanecer é mantida: "permanência", "movimentação" e "fusão". Diferentes meditadores usaram esses termos de maneiras ligeiramente diferentes. Por exemplo, alguns dos primeiros meditadores do Mahamudra disseram que "permanência" se refere a permanecer estritamente focado no objeto de meditação que está sendo mantido; "movimentação", aos pensamentos conceituais que surgem enquanto permanecemos no objeto; e "fusão", à dissolução desses pensamentos conceituais de volta na mente-raiz, o objeto da meditação Mahamudra. De acordo com esses meditadores, é muito importante e, no entanto, muito difícil reconhecer esses três estados claramente.

Alguns meditadores do Mahamudra posteriores mencionam as mesmas três categorias com respeito aos mesmos três estados de meditação, mas asseveram que não é muito difícil reconhecê-los. Utilizando a analogia de um lago, eles dizem que "permanência" corresponde às águas estarem tranquilas e claras; "movimentação", à formação de bolhas no fundo do lago e ao seu surgimento na superfície; e "fusão", ao estouro dessas bolhas e a sua dissolução de volta à água.

Tanto os primeiros meditadores quanto os posteriores concordam que, enquanto a mente permanecer no seu objeto, devemos nos esforçar para impedir o movimento de pensamentos conceituais, e que, se distrações conceituais surgirem, devemos permitir que se dissolvam de volta na mente-raiz por meio da prática de fusão. Quanto à questão se esses três estados de *permanência, movimentação* e *fusão* são difíceis ou fáceis de reconhecer, não há contradição entre as visões dos primeiros meditadores e as dos posteriores. Os primeiros meditadores ressaltaram que é difícil reconhecer esses três estados através de experiência, o que certamente é verdadeiro para os iniciantes, ao passo que os meditadores posteriores enfatizaram que não é difícil distinguir intelectualmente esses três estados.

Outros meditadores do Mahamudra posteriores dão outra interpretação sobre essas três categorias. De acordo com eles, "permanência" se refere à *meditação no tranquilo-permanecer* imutável; "movimentação" se refere à sabedoria da visão superior; e "fusão" se refere à união desses dois. Para ilustrar os seus significados, eles utilizam a analogia de um pequeno peixe nadando em um lago perfeitamente tranquilo e claro, sem causar nenhuma ondulação nas suas águas. O lago tranquilo e claro é como a mente do tranquilo-permanecer; o pequeno peixe é como a visão superior; e o seu nado, sem perturbar a água, é como a sabedoria da visão superior investigando o seu objeto sem perturbar a concentração. O tranquilo-permanecer, a visão superior e a união desses dois são a "permanência", a "movimentação" e a "fusão" principais da meditação Mahamudra.

COMO TREINAR POR MEIO DA CESSAÇÃO NATURAL DOS PENSAMENTOS CONCEITUAIS

Mahasiddha Saraha utilizou a seguinte analogia para ilustrar como alcançar uma cessação dos pensamentos conceituais. No passado, quando os mercadores navegavam para uma terra distante a fim de conduzir os seus negócios, eles levavam um corvo para ajudá-los a avaliar quão longe estavam do seu destino. Quando julgavam que poderia haver terra nas proximidades, soltavam o pássaro e esperavam para ver se ele retornava ou não ao navio. Se retornasse, saberiam que ainda não estavam próximos de nenhuma terra, uma vez que o pássaro não havia encontrado

Panchen Palden Yeshe

lugar algum para pousar. De modo semelhante, se pensamentos conceituais surgirem enquanto estivermos treinando o tranquilo-permanecer por meio de meditar na mente, devemos simplesmente permanecer quietos e observá-los com um canto da nossa mente, assim como os mercadores permaneciam no navio e observavam os movimentos do corvo. Após algum tempo, o pensamento distrativo irá se reunir ao objeto de meditação – a mente, ela própria – da mesma maneira que o corvo, afastado no mar, precisa, por fim, retornar ao navio. Todos os pensamentos conceituais surgem da mente e, portanto, precisam, por fim, dissolver-se de volta na mente. Por essa razão, meditar dessa maneira é um meio muito efetivo para superar as distrações conceituais.

COMO TREINAR POR MEIO DOS SEIS MÉTODOS PARA ASSENTAR A MENTE

A explicação dada nas seções anteriores sobre os tipos geral e específicos de contínua-lembrança contém instruções detalhadas sobre os métodos para fixar a mente no objeto de meditação por meio de evitar as falhas e obstáculos que interferem com a nossa concentração. Esta seção explica agora seis analogias, extraídas das instruções do grande mahasiddha Saraha, que ilustram a melhor maneira para assentar a mente quando treinamos o tranquilo-permanecer. Elas foram incluídas aqui por se considerar que podem ser especialmente úteis para os meditadores contemporâneos.

ASSENTAR A MENTE COMO O SOL NÃO ENCOBERTO PELAS NUVENS

Do mesmo modo que o Sol quando se encontra livre de obstruções causadas pelas nuvens, a nossa meditação não deve, para uma concentração perfeita, estar encoberta nem misturada com obstruções, tais como pensamentos conceituais distrativos e afundamento mental.

ASSENTAR A MENTE COMO UM GARUDA
DESCREVENDO CÍRCULOS NO CÉU

Quando esse pássaro muito poderoso, o garuda, descreve círculos no ar, ele se mantém planando de forma suave simplesmente mudando ocasionalmente o ângulo das suas asas. Ele nunca ajusta o seu voo de uma maneira violenta ou abrupta, mas aplica somente a quantidade de esforço necessária. De modo semelhante, quando treinamos o tranquilo-permanecer, com a nossa mente fixa de modo estritamente focado no objeto de meditação, devemos empregar apenas a quantidade certa de esforço para manter a nossa concentração equilibrada. Se utilizarmos esforço excessivo, experienciaremos distrações, mas, se utilizarmos esforço insuficiente, sucumbiremos ao afundamento mental.

ASSENTAR A MENTE COMO
UM OCEANO TRANQUILO

Quando não há ondas e nenhum vento soprando, o oceano permanece perfeitamente tranquilo. Do mesmo modo, quando a nossa mente se encontra liberta das ondas das distrações, devemos permanecer estritamente focados no objeto de meditação, sem qualquer movimento mental.

ASSENTAR A MENTE COMO UMA CRIANÇA
CONTEMPLANDO FIXAMENTE UM TEMPLO

Se uma criança olhar para os diversos trabalhos de arte que adornam as paredes de um templo, ela não os examinará em detalhes, mas ficará satisfeita com um exame superficial deles. Do mesmo modo, no começo do nosso treino no tranquilo-permanecer, devemos ficar satisfeitos com uma percepção aproximada do objeto de meditação. Esforçar-se, desde o princípio, para obter uma percepção muito detalhada ou muito clara fará com que muitas distrações surjam e, por fim, o objeto será completamente perdido.

TRANQUILO-PERMANECER

Posteriormente, no entanto, quando estivermos mais familiarizados com o objeto, poderemos tentar obter uma imagem mais precisa dele, do mesmo modo que um adulto, ao observar os murais de um templo, estudará os seus finos e delicados detalhes.

ASSENTAR A MENTE COMO O RASTRO
DE UM PÁSSARO VOANDO NO CÉU

Quando um pássaro voa pelo céu, ele não deixa nenhum vestígio dos seus movimentos e, portanto, não há nenhum rastro para seguir. Do mesmo modo, se pensamentos distrativos surgirem durante a nossa meditação, não devemos segui-los, mas, mantendo a nossa mente estritamente focada no objeto de meditação, permitir que passem, sem deixar nenhum vestígio.

ASSENTAR A MENTE COMO UM FIO
DE EXCELENTE ALGODÃO

Um fio de algodão de altíssima qualidade possui dois atributos: ele é leve e macio e muito forte. De modo semelhante, quando treinamos o tranquilo-permanecer, a nossa mente deve estar confortável e relaxada e, apesar disso, fortemente atada ao objeto de meditação por meio de contínua-lembrança.

Se treinarmos o tranquilo-permanecer seguindo as instruções dadas acima, progrediremos naturalmente pelas nove permanências mentais. Uma vez que tenhamos alcançado as três primeiras, seremos capazes de passar pelas demais sem dificuldade. A aquisição de cada etapa depende de dominarmos a etapa anterior e, por essa razão, devemos praticar contínua e gradualmente.

Após termos alcançado a nona permanência mental e conseguirmos permanecer focados, sem esforço e inabaláveis, no objeto de meditação, precisaremos então passar pelos vários estados de maleabilidade física e mental antes de alcançarmos o estado efetivo de tranquilo-permanecer. Na nona etapa, experienciaremos um vento muito benéfico e especial fluindo por toda a nossa roda-canal da coroa. O movimento desse vento induzirá uma grande maleabilidade mental, e a nossa mente irá se tornar completamente livre de desconforto, extremamente flexível e deleitada para se empenhar em qualquer atividade virtuosa. Por fim, esse vento fluirá por todo o nosso corpo, induzindo assim uma grande maleabilidade física. Como resultado, o nosso corpo ficará muito ágil e confortável e acharemos muito fácil nos empenharmos em ações virtuosas. Ele parecerá muito leve e sentiremos como se fôssemos quase capazes de voar. Essa experiência de leveza e liberdade induz uma sensação intensa de êxtase da maleabilidade física. Como resultado de experienciarmos isso, a mente alcança então um *êxtase da maleabilidade mental* imutável. Uma vez que tenhamos alcançado esse êxtase da maleabilidade mental, chegamos ao estado efetivo de tranquilo-permanecer. Esse estado possui uma clareza mental tão extraordinária que sentimos como se pudéssemos contar todos os átomos do mundo!

A mente de tranquilo-permanecer não é uma mente do reino do desejo, mas uma concentração do reino da forma. A nossa concentração torna-se tão poderosa que, durante a meditação, todas as aparências que não a do objeto de meditação desaparecem por completo. Uma vez que, neste caso, a mente ela própria é o objeto de meditação, quando entramos em concentração não percebemos nada a não ser a mente. Sentimos como se o nosso corpo físico desaparecesse e que permanecemos na natureza extasiante da nossa mente, livres de qualquer aparência exterior ou de qualquer pensamento conceitual interior.

Tendo alcançado um controle inabalável sobre a nossa mente, teremos também obtido controle sobre as nossas delusões por força da nossa concentração. Portanto, ainda que emerjamos da meditação e, uma vez mais, percebamos as aparências comuns do mundo sensorial, acharemos muito difícil ficarmos atraídos por objetos atrativos ou sentirmos aversão por objetos não-atrativos, ou aversivos. Mesmo que fôssemos atacados, acharíamos difícil desenvolver raiva. Do mesmo modo, as outras delusões, tais como a inveja e assim por diante, também perderão o seu poder de poluir a nossa mente. No entanto, ao passo que é verdade que teremos o poder de impedir que as delusões surjam em nossa mente, ainda não as teremos erradicado por completo. Conseguiremos concretizar isso somente alcançando uma realização direta da vacuidade, a natureza última da realidade. Com a concentração estritamente focada do tranquilo-permanecer, teremos a habilidade para obter uma experiência profunda de qualquer objeto, visto que a nossa mente estará livre de todas as distrações do pensamento conceitual. Assim, se agora posicionarmos a nossa mente em concentração estritamente focada na vacuidade, seremos capazes de perceber a vacuidade com grande clareza e penetração. Por força dessa realização da vacuidade, por fim seremos capazes de cortar a raiz de todas as delusões e alcançar a libertação completa do sofrimento.

Há dois caminhos que podemos tomar após termos alcançado o tranquilo-permanecer: o caminho mundano e o caminho supramundano. Por seguir o primeiro, podemos alcançar poderes miraculosos, tais como clarividência, e renascer nos reinos dos deuses. Embora essas aquisições sejam notáveis, não têm muito significado quando comparadas com os resultados de seguirmos o caminho supramundano de meditar na vacuidade. Esse caminho conduz à completa libertação pessoal e à plena iluminação da Budeidade. Se, por exemplo, tivermos desenvolvido renúncia – o pensamento de escapar definitivamente do samsara – e a nossa mente de tranquilo-permanecer meditar continuamente na vacuidade – a ausência de existência inerente –, alcançaremos, por fim, o estado de um Destruidor de Inimigos, ou nirvana. Se gerarmos a motivação de bodhichitta e seguirmos os treinos mahayana, seremos capazes de remover até mesmo as obstruções mentais mais sutis e, desse modo, alcançar a Budeidade.

Visto que aqui estamos treinando o tranquilo-permanecer como parte da prática do Mahamudra, e que o Mahamudra é uma prática mahayana, uma vez que tenhamos alcançado o tranquilo- -permanecer devemos usá-lo para desenvolver e completar as realizações de renúncia, bodhichitta e da visão correta da vacuidade.

Khedrub Ngawang Dorje

Meditação na Vacuidade

COMO BUSCAR A VISÃO DA VACUIDADE ATRAVÉS DE MEDITAÇÃO

ESTE TÓPICO TEM três partes:

1. Como meditar na ausência do em-si de pessoas;
2. Como meditar na ausência do em-si dos fenômenos;
3. Aconselhar aqueles que desejam uma compreensão inequívoca da visão última, de acordo tanto com os Sutras como com o Tantra, sobre a necessidade de ouvir, contemplar e meditar no texto-raiz de Nagarjuna sobre o Caminho do Meio, bem como nos seus comentários.

Como meditar na ausência do em-si de pessoas tem três partes:

1. Identificar o objeto negado;
2. A maneira de refutar o objeto negado;
3. Como treinar a vacuidade durante o equilíbrio meditativo e a aquisição subsequente.

IDENTIFICAR O OBJETO NEGADO

Como foi mencionado anteriormente, a vacuidade é um [fenômeno] negativo não-afirmativo que é uma mera ausência de existência inerente. Um fenômeno negativo é aquele que pode ser compreendido, ou realizado, apenas por meio de a mente negar um objeto a ser negado. No caso da vacuidade, o objeto a ser negado é a existência inerente. Assim, a vacuidade é simplesmente a ausência, ou a não-existência, de existência inerente. Para compreender e realizar a vacuidade corretamente, precisamos, primeiro, identificar claramente o seu objeto negado – a existência inerente – e, depois, negá-lo com a nossa mente por meio de compreender e de realizar a sua não-existência. A maioria das incompreensões e equívocos sobre a vacuidade surgem de uma falha para identificar claramente o seu objeto negado. Outros termos usados para denotar o objeto negado pela vacuidade incluem "existência verdadeira", "existência natural", "existência do seu próprio lado" e "existência por meio de suas próprias características".

Geralmente, há dois tipos de vacuidade, ou ausência do em-si: a ausência do em-si de pessoas e a ausência do em-si dos fenômenos que não são pessoas. Quando estamos meditando no primeiro, o objeto negado é o *eu* inerentemente existente. Assim, para realizar a ausência do em-si de pessoas, precisamos, primeiro, identificar claramente o *eu* inerentemente existente e, então, precisamos refutá-lo por meio de estabelecer a sua não-existência através de raciocínios lógicos. É importante lembrar que, ao refutar o *eu* inerentemente existente, não estamos fazendo com que ele deixe de existir, porque esse *eu* nunca existiu; em vez disso, estamos simplesmente ganhando convicção de que algo que aparece como que existindo não existe, em verdade, de modo algum.

Neste ponto, uma dúvida pode surgir: "Se o *self*, ou *eu*, que é o objeto negado, não existe verdadeiramente, como pode ele aparecer à mente?". Para solucionar esta dúvida, precisamos compreender que apenas porque algo aparece à nossa mente não significa que exista verdadeiramente. Por exemplo, algumas pessoas sofrem de uma deficiência visual que faz com que vejam filamentos flutuando no espaço à frente delas, mas não diríamos que tais filamentos flutuantes existem efetivamente simplesmente porque aparecem às mentes dessas pessoas. Por pensar sobre exemplos como esse, podemos compreender como um *eu* inerentemente existente pode aparecer à mente, embora ele seja totalmente não-existente.

MEDITAÇÃO NA VACUIDADE

Para refutar o objeto negado, precisamos, primeiro, obter uma imagem genérica clara e vívida do *eu* inerentemente existente que normalmente aparece à nossa mente. Nesta etapa, ao nos esforçarmos para obter essa imagem genérica, não devemos nos preocupar se o *eu* inerentemente existente que está aparecendo à nossa mente existe verdadeiramente ou não; em vez disso, devemos simplesmente nos concentrar em obter uma imagem dele, a mais clara possível.

É importante distinguir o *eu* efetivo (que é meramente designado, ou imputado, por concepção e que existe) do *eu* inerentemente existente concebido pela mente de agarramento ao em-si (o qual não existe de modo algum). O *eu* inerentemente existente concebido pela mente de agarramento ao em-si é o objeto negado pela vacuidade de pessoas. Qualquer *eu* que não seja meramente designado por concepção é um *eu* inerentemente existente, e é a imagem genérica desse *eu* – que aparece como que existindo por si próprio – que estamos buscando obter.

Damos início à nossa sessão de meditação gerando uma forte determinação de identificar claramente o *eu* inerentemente existente. Tentamos então trazer à mente uma imagem do *eu* inerentemente existente. Para fazer isso, é útil imaginar ou lembrar situações nas quais estamos, ou estávamos, em grande perigo, tais como quando estamos próximos da beira de um penhasco, ou de situações nas quais estamos envergonhados ou quando sofremos provocações ou insultos; examinamos, então, como o *eu* aparece à nossa mente nesses momentos. Descobriremos que, de um lado, há a nossa mente, e do outro lado, aparecendo de maneira vívida a essa mente, aparece um "*eu*" que parece existir inteiramente do seu próprio lado, independentemente da mente. O *eu* que aparece dessa maneira é o *eu* inerentemente existente, o objeto a ser negado. Devemos tentar percebê-lo tão claramente quanto possível.

Uma vez que tenhamos identificado o objeto a ser negado, não devemos refutá-lo imediatamente por meio de estabelecer a sua não-existência, mas devemos dar uma pausa para pensar como segue:

Este é o eu que sempre pensei que existisse, o eu que tenho apreciado e protegido desde tempos sem início. Quando alguém me elogia ou lisonjeia, é esse eu que aprecio, pensando "sim, isso é verdade", e quando outros falam de modo agressivo ou áspero comigo ou me insultam, é esse eu que protejo, pensando "como ousam falar isso para mim?".

Normalmente, quando somos lisonjeados e o orgulho surge, ou quando somos insultados e a raiva surge, não percebemos o *eu* que é meramente designado por concepção, mas esse *eu* vividamente aparecedor, que aparece como que existindo do seu próprio lado. Na verdade, até que tenhamos alcançado alguma experiência da vacuidade, sempre que pensarmos sobre nós mesmos ou nos referimos a nós mesmos, iremos nos aferrar a esse *eu* inerentemente existente, o verdadeiro objeto a ser negado.

Tendo trazido dessa maneira o *eu* inerentemente existente à mente, devemos pensar:

Até agora, acreditei que esse eu realmente existisse, e o tenho apreciado e protegido de acordo com essa crença; mas eu nunca verifiquei precisamente para ver se ele realmente existe ou não.

Não é suficiente meramente ouvir ensinamentos ou ler livros sobre a vacuidade; precisamos descobrir a verdade por nós mesmos através de conduzir uma investigação precisa para ver se o *eu* inerentemente existente, que temos apreciado e protegido por tanto tempo, realmente existe ou não. Para fazer isso, precisamos confiar no método a seguir.

A MANEIRA DE REFUTAR O OBJETO NEGADO

O método para determinar a não-existência do *eu* inerentemente existente é uma análise lógica que consiste em três etapas:

MEDITAÇÃO NA VACUIDADE

1. O ponto essencial em averiguar a permeação;
2. O ponto essencial em averiguar a ausência de unicidade;
3. O ponto essencial em averiguar a ausência de diferença.

Por conduzir essa tripla investigação, seremos capazes de refutar conclusivamente o objeto negado por meio de realizar que o *eu* inerentemente existente não existe de modo algum.

O PONTO ESSENCIAL EM AVERIGUAR A PERMEAÇÃO

Em geral, o que quer que exista é singular, como uma árvore, ou diferente, como uma faca e um garfo o são entre si. Visto que nada pode ser ambos e nada pode ser nenhum, não há uma terceira possibilidade. Se aplicarmos isso ao assunto em questão veremos que, se o *eu* inerentemente existente que aparece vividamente à nossa mente existe, ele precisa ser *um* com os agregados ou diferente dos agregados; não há uma terceira possibilidade. Se compreendermos isso claramente, seremos capazes de conduzir a nossa busca pelo *eu* inerentemente existente com confiança e chegar à conclusão definitiva de que ele não existe de modo algum. Por exemplo, se estivermos procurando por um peixe em nosso quarto, podemos determinar, antes de começarmos a nossa busca, que ele deverá estar ou no aquário ou fora do aquário; não há uma terceira possibilidade. Se, então, procurarmos em ambos os locais e falharmos em encontrar um peixe, podemos ter certeza de que não há nenhum peixe no nosso quarto.

O PONTO ESSENCIAL EM AVERIGUAR A AUSÊNCIA DE UNICIDADE

Se o *eu* fosse *um* com os agregados, então, assim como há cinco agregados, haveria cinco "*eus*"; ou, assim como o *eu* é apenas um, os agregados também seriam um. Uma vez que nenhum desses argumentos é o caso, podemos seguramente concluir que o *eu* não é *um* com os agregados.

O PONTO ESSENCIAL EM AVERIGUAR
A AUSÊNCIA DE DIFERENÇA

Se o *eu* fosse diferente dos agregados, então o *eu* permaneceria mesmo se todos os agregados desaparecessem, o que é claramente impossível. Além disso, se o *eu* fosse diferente dos agregados, então, quando ficássemos doentes, seria absurdamente inapropriado pensar "eu estou doente", porque seria apenas um dos agregados, o nosso corpo, que estaria doente. Seria muito mais apropriado dizer: "o meu corpo está doente". De modo semelhante, se estivéssemos morrendo, não haveria razão alguma para pensar "eu estou morrendo", mas, em vez disso, deveríamos pensar "o meu corpo está morrendo". Por exemplo, se uma vaca estivesse morrendo, não pensaríamos que um cavalo estaria morrendo, porque uma vaca e um cavalo são entidades totalmente diferentes. Pela mesma razão, se o *eu* e os agregados fossem diferentes, por que deveríamos pensar "eu estou morrendo" quando, na verdade, são apenas os agregados que estão falecendo? Para usar outro exemplo, se alguém tem um corpo bonito, seria um grande erro que pensasse "eu sou bonito", porque, na verdade, é apenas o seu corpo que é bonito. Por contemplar esses pontos, chegaremos à firme conclusão de que o *eu* não é diferente dos agregados.

Uma vez que tenhamos compreendido claramente que o *eu* inerentemente existente não é *um* com os agregados nem diferente dos agregados e que não há uma terceira possibilidade, seremos capazes de concluir, com toda a certeza, que um *eu* inerentemente existente que não depende dos agregados não existe de modo algum. Em outras palavras, teremos refutado completamente o objeto a ser negado, o *eu* inerentemente existente. Onde, anteriormente, aparecia à nossa mente um *eu* vividamente aparecedor que parecia existir do seu próprio lado, aparece agora uma vacuidade, que é a não-existência desse *eu*. Essa vacuidade, ou ausência de existência inerente, é o nosso objeto de meditação, e concentramo-nos estritamente focados nele.

MEDITAÇÃO NA VACUIDADE

No início, devemos meditar nessa vacuidade apenas por breves períodos e, à medida que a nossa familiaridade aumente, estender gradualmente a duração da nossa meditação. Por força dessa prática, sentiremos que o *eu* que aparecia tão vividamente no início da meditação – o *eu* que temos apreciado e protegido durante tanto tempo – foi perdido e não existe de modo algum. Quando isso acontecer, teremos alcançado alguma experiência efetiva da vacuidade.

Para nos ajudar a compreender essa meditação mais detalhadamente, podemos considerar a seguinte analogia. Um homem, andando por um campo ao anoitecer, encontra repentinamente um rolo de corda manchada sobre a relva e, confundindo-o com uma cobra, retrocede, com medo. Embora uma cobra apareça vividamente à mente desse homem, ela não existe do seu próprio lado e não pode ser encontrada sob investigação, pois nem o rolo de corda como um todo nem qualquer parte dele é uma cobra. A cobra é, meramente, uma projeção da mente, designada por pensamento na dependência do rolo de corda. Todos os fenômenos são meramente designados, ou imputados, pelo pensamento, do mesmo modo que a cobra nessa analogia. Por exemplo, o *eu* é meramente designado pelo pensamento na dependência dos agregados. Se procurarmos pelo *eu*, nunca o encontraremos, porque nem o conjunto dos agregados tampouco nenhum agregado individual é o *eu*. O *eu* não existe, minimamente, do seu próprio lado. Os fenômenos existentes, tais como o *eu*, diferem da cobra no sentido de que são designações válidas, mas não há diferença do ponto de vista de serem meramente designados pelo pensamento.

Na analogia, porque um rolo de corda é visto à luz do crepúsculo, a mente que apreende uma cobra é gerada e isso induz o sentimento de medo. Para remover esse medo, faz-se necessário remover a apreensão de uma cobra por meio de compreender que não há uma cobra ali. De modo semelhante, os seres sencientes, ao observarem os seus agregados na escuridão da sua ignorância, geram uma mente de agarramento ao em-si que apreende um *eu* inerentemente existente. Essa mente de agarramento ao em-si é a raiz do samsara e a

CLARA-LUZ DE ÊXTASE

fonte de todo o medo. A única maneira de remover os medos do samsara é remover essa mente de agarramento ao em-si por meio de realizar que não há um *eu* inerentemente existente.

Há muitas outras analogias que podemos utilizar, tais como ver uma aranha em uma parede onde há apenas uma mancha, ver uma pessoa à distância onde há apenas uma pilha de pedras, ou gerar medo durante um filme. Por contemplar analogias como essas, podemos compreender como o *eu* e todos os demais fenômenos são meramente designados pelo pensamento.

Em geral, o que quer que apareça à mente de um ser comum aparece como existindo do seu próprio lado, e não como sendo meramente designado pelo pensamento. É por essa razão que a escola budista mais elevada, a escola Madhyamika-Prasangika, diz que todas as mentes dos seres comuns são equivocadas. É esse equívoco persistente que é o responsável por todo o sofrimento samsárico. Apenas através de meditação regular na vacuidade é que podemos superar essas mentes equivocadas e os sofrimentos que elas fazem surgir.

Durante a meditação na vacuidade do *eu*, acontece algumas vezes de sentirmos que estamos perdendo completamente o nosso *eu* e, como resultado, podemos experienciar medo. Isso não é um mau sinal, mas uma indicação de que a nossa meditação está indo bem. Por exemplo, certa vez, enquanto Je Tsongkhapa dava um ensinamento sobre a vacuidade para mil discípulos, um deles, um meditador muito realizado chamado Je Sherab Senge, desenvolveu uma forte realização de que o seu *eu* não existia do seu próprio lado. Sentindo que havia perdido o seu *eu*, Je Sherab Senge ficou apreensivo e começou a puxar fortemente a sua veste superior para assegurar-se da existência do *eu* convencional, o *eu* que é meramente designado por pensamento. Com a sua clarividência, Je Tsongkhapa viu que o seu discípulo havia realizado a vacuidade e elogiou-o. Portanto, não é necessariamente um mau sinal se, durante a meditação na vacuidade, surgir medo. Em geral, no entanto, uma vez que tenhamos realizado que não há um *eu* inerentemente existente, não haverá mais razão alguma para

MEDITAÇÃO NA VACUIDADE

gerar medo. Como Shantideva diz, no *Guia do Estilo de Vida do Bodhisattva*:

Se houvesse um *eu* verdadeiramente existente,
Faria sentido ficar com medo de determinadas coisas;
Mas, visto que não há um *eu* inerentemente existente,
Quem está ali para sentir medo?

Algumas pessoas podem achar que a explicação dada aqui difere de outras explicações sobre o objeto negado, e pode mesmo parecer que é contraditória com elas. Se tais dúvidas surgirem, elas podem ser removidas apenas através de debatê-las com pessoas que são experientes na meditação sobre a vacuidade. É difícil erradicar tais dúvidas meramente através da palavra escrita.

COMO TREINAR A VACUIDADE DURANTE O EQUILÍBRIO MEDITATIVO E A AQUISIÇÃO SUBSEQUENTE

1. O ioga do equilíbrio meditativo semelhante-ao-espaço;
2. O ioga da aquisição subsequente semelhante-a-uma-ilusão.

O IOGA DO EQUILÍBRIO MEDITATIVO SEMELHANTE-AO-ESPAÇO

Por força de conduzir a análise desses três pontos essenciais, seremos capazes de refutar o objeto negado – o *eu* inerentemente existente; e onde, anteriormente, esse *eu* havia aparecido vividamente à nossa mente, parecendo existir do seu próprio lado, aparecerá uma vacuidade, semelhante ao espaço vazio, que é a não-existência desse *eu* inerentemente existente. Neste ponto, devemos pensar:

Ngulchu Dharmabhadra

Até agora, acreditei que esse eu existisse, mas agora, por me apoiar em raciocínios lógicos claros, descobri que ele não existe de modo algum.

Depois, devemos concentrar a nossa atenção de modo estritamente focado nessa vacuidade semelhante-ao-espaço, sem esquecer que ela é a mera ausência do *eu* inerentemente existente.

Se formos capazes de meditar na vacuidade com o tranquilo-permanecer, a nossa realização da vacuidade irá se tornar cada vez mais clara e, por fim, alcançaremos uma realização não-conceitual, direta, da vacuidade. Neste ponto, passaremos para além do estado de um ser comum e iremos nos tornar um ser superior do Caminho da Visão.

O IOGA DA AQUISIÇÃO SUBSEQUENTE SEMELHANTE-A-UMA-ILUSÃO

Se, durante o equilíbrio meditativo, meditarmos estritamente focados na vacuidade semelhante-ao-espaço que é a mera ausência do *eu* inerentemente existente, então, quando emergirmos da meditação e nos envolvermos nas atividades do intervalo entre as meditações, acharemos fácil praticar o ioga da aquisição subsequente semelhante-a-uma-ilusão.

Durante o equilíbrio meditativo semelhante-ao-espaço, tentamos impedir todo e qualquer surgimento do *eu* inerentemente existente, mas tão logo emerjamos da meditação, ele aparecerá novamente. Isso acontece porque a nossa mente tem estado fortemente condicionada por um agarramento à existência inerente [desde tempos] sem início. No entanto, por força da forte concentração na ausência de existência inerente alcançada durante o equilíbrio meditativo, seremos capazes de realizar que esse *eu* inerentemente existente que surge durante a aquisição subsequente não existe. Embora apareça vividamente à nossa mente, devemos manter uma forte convicção de que ele não existe de modo algum. Por exemplo, se um mágico criar a aparência ilusória de um cavalo, embora o cavalo lhe apareça, ele não acreditará que há um cavalo real, verdadeiro – o mágico simplesmente reconhecerá que o cavalo é uma ilusão. Do mesmo modo, embora o *eu* inerentemente existente nos apareça durante a aquisição subsequente, não devemos acreditar que ele existe verdadeiramente, mas considerá-lo simplesmente como uma ilusão. Devemos tentar manter esse pensamento o tempo todo.

Se, durante a nossa sessão do equilíbrio meditativo, tivermos abandonado fortemente o *eu* inerentemente existente, então, durante a aquisição subsequente, teremos uma experiência muito especial. Por exemplo, normalmente, se alguém nos insulta, o seguinte pensamento surge na nossa mente: "Esta pessoa está me insultando!". Como foi explicado anteriormente, o *eu* que aparece à mente nessas ocasiões é um *eu* inerentemente existente que aparece como que existindo do seu próprio lado. No entanto, se a nossa meditação semelhante-ao-espaço tiver sido bem-sucedida, não cairemos na armadilha de nos identificarmos com esse *eu*. Em vez disso, seremos capazes de pensar: "Por que eu deveria estar perturbado? Esse *eu* inerentemente existente não existe".

Ficar aborrecido, perturbado, quando somos insultados e assim por diante é um sinal de que estamos nos identificando com o *eu* inerentemente existente. Nessas ocasiões, percebemos um *eu* independente, que não depende do nosso corpo e da nossa mente, e aferramo-nos a ele intensamente. No entanto, se esse *eu* tiver sido refutado fortemente durante o equilíbrio meditativo semelhante-ao-espaço, não nos aferraremos firmemente a ele quando reaparecer durante a aquisição subsequente. Por soltar o nosso agarramento a esse *eu*, seremos automaticamente capazes de dissipar o medo, a ansiedade, a frustração e todos os demais estados mentais de infelicidade.

Neste ponto, uma dúvida pode surgir na nossa mente e podemos pensar:

Dizer que não estamos sendo insultados em tais situações não contradiz, com certeza, o senso comum?

Embora não haja contradição, é um bom sinal se, à primeira vista, parecer haver uma, pois isso indica que estamos contemplando o assunto profundamente. A única razão para vermos uma contradição é que falhamos em compreender claramente a natureza do *eu* convencional. Precisamos compreender que o *eu* convencional não é o mesmo que o *eu* inerentemente existente, que é o objeto a ser negado. Se seguirmos as instruções de um Guia Espiritual qualificado e pensarmos profundamente e por um longo tempo sobre o *eu* convencionalmente existente, por fim veremos que ele é meramente designado, ou imputado, pela mente – ou seja, que ele é um mero nome. Se ficarmos satisfeitos com o mero nome "*eu*", o *eu* existe e funciona; mas, se olharmos para qualquer outra coisa que não o mero nome, não encontraremos um *eu*. Com essa compreensão, seremos capazes de tomar uma firme decisão: "Eu preciso me envolver em todas as atividades estando simplesmente satisfeito com o mero nome '*eu*'". Quando alcançarmos uma compreensão profunda de que o *eu* existe meramente por ser designado pela mente, teremos realizado o *eu* convencional sutil. Veremos que o pensamento "o *eu* carece de existência inerente" não contradiz o pensamento "o *eu* meramente existe convencionalmente"; e então tais dúvidas, como a mencionada acima, não mais surgirão. Nesse momento, teremos compreendido a união das duas verdades – a verdade convencional e a verdade última.

COMO MEDITAR NA AUSÊNCIA
DO EM-SI DOS FENÔMENOS

Como foi mencionado anteriormente, há dois tipos de ausência do em-si: a ausência do em-si de pessoas e a ausência do em-si dos fenômenos que não são pessoas. Assim como o *eu* é vazio de existência inerente, todos os demais fenômenos também o são; e assim como temos uma mente de agarramento ao em-si inata que se aferra a um *eu* inerentemente existente, também temos uma mente de agarramento ao em-si inata que se aferra aos fenômenos – que não o *eu* – como sendo inerentemente existentes. Tomando o nosso corpo como exemplo, quando ele é elogiado ou insultado, aferramo-nos a um corpo vividamente aparecedor que é independente das suas partes – tais como a cabeça, o tronco e os membros – e sentimos que é esse corpo que está sendo elogiado ou insultado. Se o nosso corpo for fraco, pensamos "o meu corpo é fraco"; não pensamos "a minha cabeça é fraca", "o meu tronco é fraco" ou "os meus membros são fracos". Percebemos um corpo vividamente aparecedor que é independente da cabeça, do tronco e dos membros. Se tal corpo existisse verdadeiramente da maneira como aparece, seria um corpo inerentemente existente. Esse é o objeto a ser negado.

Por recordarmos ou imaginarmos situações nas quais o nosso corpo é elogiado ou insultado, adoece ou está em perigo, devemos tentar obter uma imagem, tão clara quanto possível, desse corpo vividamente aparecedor. Veremos que esse é o corpo que normalmente apreciamos e protegemos. Devemos, então, pensar:

> Até agora, tenho acreditado que este corpo existe e, consequentemente, o tenho apreciado, mas agora não estou mais satisfeito em simplesmente acreditar na sua existência; eu preciso investigar cuidadosamente para ver se este corpo existe verdadeiramente ou não.

Uma vez que tenhamos uma imagem clara do corpo inerentemente existente, averiguamos então a permeação por meio de decidirmos firmemente que, se este corpo existe verdadeiramente, ele precisa ser *um* com a cabeça, *um* com o tronco e *um* com os membros ou precisa ser diferente deles; não há uma terceira possibilidade.

Procuramos então na cabeça, no tronco e nos membros, examinando cada parte para ver se ela é o corpo. Se investigarmos habilidosamente, descobriremos não apenas que nenhuma das partes individuais é o corpo – por exemplo, que o nosso braço não é o nosso corpo – como também que o conjunto de todas essas partes não é o corpo. Este último ponto não é fácil de compreender no início. Na verdade, o conjunto formado pela cabeça, tronco e membros é a base sobre a qual o nosso corpo é designado.

O nosso corpo é um fenômeno designado, e o seu conjunto é a base para designá-lo; portanto, o conjunto, ele próprio, não pode ser o corpo. Se o fosse, então, visto que o corpo depende do seu conjunto, o corpo deveria ser dependente do corpo; e se este for o caso, um corpo deveria ser duas coisas, o que é claramente um absurdo. Uma vez que, obviamente, não temos dois corpos, o mero conjunto de cabeça, tronco e membros não pode ser o corpo pelo qual estamos procurando.

Tendo chegado a uma decisão definitiva de que o corpo não pode ser encontrado em nenhuma parte do conjunto formado pela cabeça, tronco e membros, devemos agora considerar se ele é diferente dessas partes. Este, claramente, não é o caso porque, se não houver cabeça, tronco ou membros, não haverá corpo.

Uma vez que não há outra possibilidade, podemos agora concluir, com absoluta certeza, que o corpo inerentemente existente não pode ser encontrado. Onde anteriormente esse corpo aparecia de maneira vívida à nossa mente, parecendo existir do seu próprio lado, independente das suas partes, aparece agora uma vacuidade, que é a mera ausência de um corpo inerentemente existente. Como anteriormente, devemos nos concentrar estritamente focados nessa vacuidade semelhante-ao-espaço, sem nos esquecermos do seu significado.

Quando, durante a aquisição subsequente, o corpo inerentemente existente reaparecer, devemos praticar o ioga da aquisição subsequente semelhante-a-uma-ilusão. Devemos também tentar compreender o corpo convencionalmente existente do mesmo modo que compreendemos o *eu* convencionalmente existente explicado acima.

Quando, por nos apoiarmos em razões e analogias corretas, tivermos realizado a vacuidade do nosso *eu* e do nosso corpo, poderemos dirigir a nossa atenção aos demais fenômenos, tais como as outras pessoas, a nossa mente, e assim por diante. Desse modo, realizaremos que todos os fenômenos, sem exceção, são vazios de existência inerente e são meramente designados por concepção.

Isto foi apenas uma breve discussão sobre a vacuidade. Para explicações mais detalhadas, devemos consultar os livros *Oceano de Néctar*, que é um comentário ao *Guia ao Caminho do Meio*, de Chandrakirti, e *Contemplações Significativas*, que é um comentário ao *Guia do Estilo de Vida do Bodhisattva*, de Shantideva. Não é suficiente meramente estudar esses textos; precisamos, também, confiar sinceramente em um Guia Espiritual qualificado e praticar exatamente de acordo com as suas instruções. Somente desse modo seremos capazes de superar as nossas dúvidas e obter um profundo *insight* sobre a vacuidade, a natureza última de todos os fenômenos.

ACONSELHAR AQUELES QUE DESEJAM UMA COMPREENSÃO INEQUÍVOCA DA VISÃO ÚLTIMA, DE ACORDO TANTO COM OS SUTRAS COMO COM O TANTRA, SOBRE A NECESSIDADE DE OUVIR, CONTEMPLAR E MEDITAR NO TEXTO-RAIZ DE NAGARJUNA SOBRE O CAMINHO DO MEIO, BEM COMO NOS SEUS COMENTÁRIOS

A ausência de existência inerente de todos os fenômenos, sem exceção, explicada pelos incomparáveis madhyamika-prasangikas, é a intenção última de Buda, como ele próprio revelou nos *Sutras Perfeição de Sabedoria*. Além disso, de acordo tanto com os Sutras como com o Mantra Secreto, a sabedoria da vacuidade é a visão última e, assim, é essencial a todos os caminhos que conduzem à libertação e à plena iluminação.

A vacuidade é um tópico sutil e é plenamente compreendida apenas por aqueles com grande sabedoria. Em particular, os seres com mentes fracas acharão difícil até mesmo identificar o objeto correto a ser negado, a existência inerente. Portanto, é essencial que nos apoiemos em comentários autênticos que revelam o significado da vacuidade tal como explicada por Buda nos *Sutras Perfeição de Sabedoria*. Todos os grandes eruditos e meditadores

MEDITAÇÃO NA VACUIDADE

budistas concordam que esses comentários autênticos podem ser encontrados nas obras do Protetor Nagarjuna, tais como o seu texto-raiz *Sabedoria Fundamental do Caminho do Meio* e os seus autocomentários, como *Sessenta Raciocínios, Setenta Vacuidades, Finamente Entrelaçado* e *Refutação das Objeções*.

É essencial nos apoiarmos nessas explicações porque os *Sutras Perfeição de Sabedoria*, eles próprios, são facilmente mal interpretados. Por exemplo, esses Sutras dizem que *forma é vazia de forma, som é vazio de som*, e assim por diante, e essas afirmações são com frequência compreendidas equivocadamente, como se significassem que "forma não é forma", "forma não existe", e assim por diante. No entanto, Nagarjuna explica claramente que o significado real pretendido é que *forma é vazia de forma inerentemente existente*. Assim, a partir da explicação de Nagarjuna, podemos compreender que a vacuidade não é uma total não-existência como alguns afirmam, mas, em vez disso, a ausência de existência inerente, o modo completamente falso de existência ao qual a mente de agarramento ao em-si se aferra. É somente a sabedoria da vacuidade que erradica essa ignorância e nos conduz à completa libertação dos medos e sofrimentos do samsara.

Há quatro grandes tradições do Budismo Tibetano – as tradições Nyingma, Sakya, Kagyu e Gelug – e, desde o princípio, os mestres realizados de cada uma dessas escolas têm confiado na visão de Nagarjuna. Por exemplo, o grande lama nyingma Longchen Rabjampa diz, em seu *Comentário ao Tesouro de Instrução*, que a intenção última de Buda foi explicada pelo glorioso Nagarjuna. Ele também diz que, no *Sutra Grandioso Tambor*, Buda predisse que Nagarjuna viria a este mundo e exporia essa visão última. Dentre os muitos seguidores de Nagarjuna, estava Chandrakirti – o principal propagador do sistema Madhyamika-Prasangika e que interpretou impecavelmente Nagarjuna –, e o próprio Longchenpa seguiu a visão de Chandrakirti. Portanto, se alguém for um praticante puro da Tradição Nyingma, ele, ou ela, precisa confiar na visão de Nagarjuna do mesmo modo como Longchenpa – e também o grande Padmasambhava – o fizeram.

Os notáveis mestres sakya do passado também confiaram na visão de Nagarjuna. Por exemplo, quando perguntaram ao grande Ngorchen Kunga Zangpo sobre as diferentes visões filosóficas, ele respondeu: "Eu não sei nada sobre as diferentes visões, eu estudei apenas a visão do Caminho do Meio de Nagarjuna. Esta é a minha própria visão, porque é a essência do Dharma". Muitos outros mestres sakya, tais como o Venerável Rendapa, também sustentaram a mesma visão. Portanto, se alguém for um praticante puro da Tradição Sakya, ele, ou ela, precisa confiar na visão de Nagarjuna.

Como pode ser visto nas canções de Milarepa e em *Joia-Ornamento de Libertação*, de Gampopa, os grandes mestres kagyu também seguiram a visão Madhyamika-Prasangika. Je Tsongkhapa, o fundador da Tradição Gelug, também expôs essa visão e escreveu muitos comentários às obras de Nagarjuna. Portanto, se alguém for um praticante puro da Tradição Kagyu ou da Tradição Gelug, ele, ou ela, precisa confiar na visão de Nagarjuna.

Os grandes eruditos e meditadores da Tradição Kadampa, na linhagem do mestre indiano Atisha, também confiaram nessa visão. Atisha afirmou que a visão de Nagarjuna foi impecavelmente explicada por Chandrakirti e que essa é a única visão que nos conduzirá à Budeidade. Na verdade, se alguém sustentar uma visão que seja contrária à visão de Nagarjuna, não haverá chance de alcançar a libertação ou a iluminação, não importando o quanto medite. Quando Dromtonpa, o discípulo tibetano de Atisha, ofereceu-lhe a sua experiência da vacuidade, Atisha respondeu: "Tu me fizeste muito feliz; tu encontraste a visão de Nagarjuna".

Algumas pessoas pensam equivocadamente que há uma visão especial da vacuidade apresentada no Mantra Secreto, mas esse não é o caso. Como Sakya Pândita disse:

Não há diferença entre a visão da vacuidade apresentada nos Sutras e a apresentada no Mantra Secreto.

MEDITAÇÃO NA VACUIDADE

Portanto, se estivermos sinceramente interessados em viajar pelo caminho à iluminação, precisamos fazer um esforço forte e determinado para compreender a visão de Nagarjuna e treinar a sabedoria que realiza a ausência de existência inerente.

Com esta discussão sobre o objeto vacuidade, a primeira grande divisão do Mahamudra – o *Mahamudra que é a união de êxtase e vacuidade* – está concluída.

Corpo-Ilusório

COMO PRATICAR O MAHAMUDRA
QUE É A UNIÃO DAS DUAS VERDADES

HÁ CINCO ETAPAS do estágio de conclusão, todas as quais estão contidas na prática do Mahamudra Vajrayana. São elas: fala-isolada, mente-isolada, corpo-ilusório, clara-luz e união. A última etapa é também denominada "a união-que-precisa-aprender" e precede a União-do-Não-Mais-Aprender, que é a própria Budeidade. Uma vez que cada uma dessas etapas depende da anterior, precisamos praticar todas as cinco se quisermos alcançar a plena iluminação.

Deve-se notar que, de acordo com outra listagem, há seis etapas da prática do estágio de conclusão, começando com o corpo-isolado e continuando como descrito acima. Assim como há uma prática do corpo-isolado do estágio de geração, que é o ioga que supera a aparência do corpo comum, também há uma prática similar, mas muito mais avançada – a prática do corpo-isolado do estágio de conclusão. O êxito nessa última prática depende de termos praticado o ioga do estágio de geração que a antecede.

De acordo com o sistema do Mahamudra apresentado aqui, qualquer meditação no ioga do fogo interior que é executada após termos alcançado o corpo-isolado do estágio de conclusão está incluída no ioga da fala-isolada. O propósito principal da meditação na fala-isolada é afrouxar os nós do canal do coração. Como foi explicado anteriormente, quando esses nós são afrouxados e os ventos entram, permanecem e se dissolvem no canal central na altura do coração, o meditador experiencia os quatro vazios. Uma mente que experiencie qualquer um desses vazios por força de tal meditação é denominada "mente-isolada", porque ela está isolada das aparências duais comuns e dos pensamentos conceituais densos.

As três etapas restantes do estágio de conclusão serão agora explicadas a partir dos seguintes três tópicos:

1. Explicação das etapas para alcançar o corpo-ilusório com respeito à verdade convencional;
2. Explicação das etapas para alcançar a clara-luz--significativa com respeito à verdade última;
3. A explicação efetiva do *Mahamudra que é a união das duas verdades.*

A explicação das etapas para alcançar o corpo-ilusório com respeito à verdade convencional tem quatro partes:

1. De que modo os discípulos que possuem os quatro atributos solicitam, a um Guia Espiritual qualificado, o significado do corpo-ilusório;
2. Como uma compreensão correta do corpo-ilusório depende das instruções do Guia Espiritual;
3. Reconhecer a base para alcançar o corpo-ilusório;
4. O caminho efetivo para alcançar o corpo-ilusório sobre essa base.

DE QUE MODO OS DISCÍPULOS QUE POSSUEM OS QUATRO ATRIBUTOS SOLICITAM, A UM GUIA ESPIRITUAL QUALIFICADO, O SIGNIFICADO DO CORPO-ILUSÓRIO

O corpo-ilusório é da maior importância na prática do Mantra Secreto e deve ser explicado apenas para discípulos qualificados. Na obra *Cinco Etapas do Estágio de Conclusão*, Nagarjuna lista quatro

CORPO-ILUSÓRIO

atributos que um discípulo deve possuir. Ele, ou ela, deve: (1) ter recebido uma iniciação do Tantra Ioga Supremo e ter alguma experiência do estágio de geração; (2) estar treinando e praticando o verdadeiro significado do Mantra Secreto e possuir uma sabedoria que discerne e compreende claramente o seu significado; (3) estar empenhado nas práticas do corpo-isolado, fala-isolada e mente-isolada do estágio de conclusão e ter alguma experiência dessas práticas; e (4) ter forte apreço, bem como fé, pelo corpo-ilusório convencional, pela clara-luz última e pelo *Mahamudra que é a união dessas duas verdades*. Uma vez que esse discípulo qualificado tenha alcançado a realização da mente-isolada e estiver na condição de alcançar rapidamente a mente-isolada de clara-luz-exemplo última – imediatamente após a qual o corpo-ilusório impuro será alcançado –, ele, ou ela, deve solicitar, a um Guia Espiritual qualificado, instruções sobre o corpo-ilusório. Isto é importante porque a maneira de alcançar esse corpo é muito sutil e, por essa razão, o discípulo precisa depender de um professor plenamente qualificado.

Se o corpo-ilusório pudesse ser explicado apenas para discípulos com os atributos acima mencionados, haveria pouquíssimas pessoas qualificadas para receber essas instruções. Por essa razão, é dito que um Guia Espiritual pode explicar o corpo-ilusório também para discípulos que tenham os seguintes quatro atributos, os quais são aproximações daqueles listados acima. Ele, ou ela, deve: (1) ter recebido uma iniciação de Tantra Ioga Supremo e estar treinando e praticando o estágio de geração; (2) ter a sabedoria que compreende o verdadeiro significado dos textos do Mantra Secreto; (3) estar treinando e praticando os três isolamentos do estágio de conclusão; e especialmente (4) ter forte apreço, bem como fé, pelo corpo-ilusório, pela clara-luz e pela união dessas duas verdades.

Lâmpada Que Clarifica as Cinco Etapas, de Chandrakirti, e *Cinco Etapas do Estágio de Conclusão*, de Nagarjuna, explicam que um discípulo deve, primeiro, fazer prostrações ao Guia Espiritual, oferecer um mandala e outras oferendas e, então, fazer a solicitação efetiva da explicação do corpo-ilusório. É muito importante, tanto nesse contexto como em geral, ser hábil na maneira como formulamos perguntas ao nosso Guia Espiritual. Se as nossas perguntas forem claras e precisas, as nossas dúvidas poderão ser removidas instantaneamente. Uma vez que o corpo-ilusório é um assunto sutil, é frequentemente difícil para um discípulo comum fazer perguntas claras sobre esse tema. Por essa razão, Aryadeva explica, em *Lâmpada de Feitos Condensados*, como essas questões devem ser formuladas. No exemplo que se segue, devemos notar como o discípulo começa – por meio de afirmar o que ele, ou ela, já sabe sobre o assunto – e, somente então, apresenta as perguntas efetivas. O discípulo aproxima-se do Guia Espiritual e diz:

A prática do Mantra Secreto começa com o estágio de geração, por meio do qual eu impeço a aparência comum de mim mesmo e de todos os demais fenômenos. Isso é feito por meio de gerar a mim mesmo sob a forma da Deidade e de visualizar o universo inteiro como sendo o mandala da Deidade. No entanto, essa prática do ioga da Deidade é meramente visualizada, ou imaginada, e eu não alcanço efetivamente o corpo da Deidade. Além disso, eu também não alcanço o corpo efetivo da Deidade quando gero a mim mesmo como a Deidade durante o corpo-isolado, a fala-isolada e a mente-isolada do estágio de conclusão, mas, nesses momentos, alcanço apenas um corpo-Deidade imaginado. O corpo efetivo da Deidade é alcançado somente quando eu alcanço o corpo-ilusório. O corpo-ilusório é um corpo-sabedoria, adornado com os 32 sinais maiores e as oitenta indicações menores de um ser plenamente iluminado. Portanto, por favor, diga-me: quando o corpo-efetivo da Deidade, o corpo-ilusório, é alcançado? Qual é a natureza desse corpo? Qual é a base para alcançá-lo? Como ele é alcançado? Quais são as suas boas qualidades?

COMO UMA COMPREENSÃO CORRETA
DO CORPO-ILUSÓRIO DEPENDE
DAS INSTRUÇÕES DO GUIA ESPIRITUAL

Em *Lâmpada Que Clarifica as Cinco Etapas*, que é um comentário à obra de Nagarjuna *Cinco Etapas do Estágio de Conclusão*, Chandrakirti diz que o corpo-ilusório alcançado na dependência das instruções de um mestre qualificado do Mantra Secreto possui quatro atributos: (1) é livre de qualquer tipo de aparência comum, (2) é percebido somente pelo meditador e por aqueles que também alcançaram o corpo-ilusório, (3) não é um objeto realizado por aqueles versados em lógica que não praticam [estas instruções], e (4) é o corpo-efetivo da Deidade, adornado com os 32 sinais maiores e as oitenta indicações menores. Tal como as instruções de um mestre qualificado, esses quatro atributos referem-se às explicações contidas nas *Cinco Etapas*, de Nagarjuna, nos *Feitos Condensados*, de Aryadeva, e em *Lâmpada Que Clarifica*, de Chandrakirti. Sem seguir as instruções apresentadas nesses três textos, não há maneira pela qual possamos conhecer o corpo-ilusório através da nossa própria experiência.

O método para alcançar o corpo-ilusório foi inicialmente explicado por Conquistador Vajradhara no *Tantra-Raiz de Guhyasamaja*. Visto que as palavras desse Tantra são palavras-vajra, elas são muito difíceis de compreender e requerem um comentário preciso de um professor qualificado, tal como Nagarjuna, Aryadeva ou Chandrakirti. Tudo o que for difícil de compreender no texto de Nagarjuna é clarificado por Aryadeva e Chandrakirti nos seus comentários. Além disso, as explicações desses três mestres foram sintetizadas em um único conjunto de instruções por Je Tsongkhapa em sua obra *Lâmpada que Ilumina Completamente as Cinco Etapas*. Uma vantagem adicional da síntese de Je Tsongkhapa é que ela dissipa as compreensões errôneas sobre as práticas do estágio de conclusão que surgiram quando diversos eruditos interpretaram mal os pânditas indianos.

Nagarjuna disse que, se não realizarmos o corpo-ilusório, não há propósito em estudar ou praticar nem os Sutras nem o Mantra

CLARA-LUZ DE ÊXTASE

Secreto, porque a Budeidade – a meta última de todo o estudo e prática – não pode ser alcançada a não ser que alcancemos o corpo-ilusório. Para nos tornarmos um Buda, precisamos alcançar o Corpo-Forma de um Buda, e a causa substancial do Corpo-Forma é o corpo-ilusório. Por exemplo, sem uma semente, que é a causa substancial de um broto, não importa a quantidade de terra, umidade, luz do sol ou fertilizante – isso não produzirá um broto. Do mesmo modo, não importa o quanto possamos estudar e meditar nos ensinamentos de Sutra e do Mantra Secreto; se não alcançarmos o corpo-ilusório, será impossível alcançar a Budeidade. Por outro lado, uma vez que alcancemos efetivamente o corpo-ilusório, é absolutamente certo que alcançaremos a perfeita Budeidade nessa mesma vida.

Por que é necessário confiar nas instruções de um Guia Espiritual qualificado para alcançar o corpo-ilusório? De acordo com o Veículo Perfeição, ou Sutras mahayana, um Bodhisattva do décimo e último solo é um ser altamente realizado que está muito próximo de alcançar a perfeita Budeidade, mas, de acordo com o Mantra Secreto, esse Bodhisattva – embora seja altamente realizado – está longe da aquisição da Budeidade quando comparado com o meditador do Mantra Secreto que já alcançou o corpo-ilusório. A razão disso é que ele, ou ela, carece dos pré-requisitos para alcançar a iluminação, nomeadamente o corpo-ilusório, o qual pode ser alcançado somente através da prática de Tantra Ioga Supremo na dependência das instruções de um Guia Espiritual Vajrayana. Se isso é verdadeiro para um Bodhisattva do décimo solo, quão mais verdadeiro deve ser para o Ouvinte e Conquistador Solitário Destruidores de Inimigos! Além disso, não importa o quão avançado um praticante possa ser, ele, ou ela, não pode alcançar o corpo-ilusório através de depender das três classes inferiores de Tantra, porque é somente no sistema do Tantra Ioga Supremo que o corpo-ilusório é explicado.

Simplesmente estudar os ensinamentos de Tantra Ioga Supremo não é suficiente; precisamos também confiar em um Mestre Tântrico qualificado. Há duas divisões do Tantra Ioga Supremo, o

Tantra-Mãe e o Tantra-Pai, e é neste último – particularmente, no *Tantra-Raiz de Guhyasamaja* – que o corpo-ilusório é principalmente explicado. O *Tantra de Guhyasamaja* é como uma arca repleta de joias preciosas, tais como a explicação do corpo-ilusório e a explicação da recitação vajra; mas, se desejarmos usar essas joias, precisamos, primeiro, obter a chave dessa arca, por meio de confiar nas obras de Nagarjuna, Aryadeva e Chandrakirti. No entanto, isso ainda não é suficiente para nos permitir ter acesso à prática do corpo-ilusório porque, mesmo se fôssemos capazes de ler esses textos, ainda teríamos grande dificuldade para compreender o seu significado. Portanto, para sermos capazes de compreendê-los e praticá-los, precisamos também da orientação e interpretação de um Guia Espiritual Vajrayana qualificado.

Considere o seguinte exemplo. Em *Cinco Etapas do Estágio de Conclusão*, Nagarjuna diz:

> O corpo-ilusório reside no nosso corpo, mas, porque carecemos de boa fortuna, não compreendemos isso.

Se essa afirmação for tomada literalmente, sem uma explicação posterior, haverá um grande perigo de compreendermos mal o seu significado e, como resultado, empenharmo-nos em uma prática errônea. Se o corpo-ilusório já existisse efetivamente no nosso corpo – como as palavras dessa citação parecem sugerir –, não seria de modo algum necessário seguir o caminho do Dharma. Portanto, esse não pode ser o significado pretendido por Nagarjuna. Como Je Tsongkhapa explicou, Nagarjuna quis dizer que a semente do corpo-ilusório existe em todos os seres vivos, mas, porque carecem de mérito, estão momentaneamente impedidos de cultivar esse potencial.

Esse é só um exemplo menor, mas mostra quão necessário é confiar em um Guia Espiritual Vajrayana qualificado. Não é suficiente obter uma compreensão intelectual do Tantra Ioga Supremo; a nossa mente precisa se absorver e se fundir com o seu significado pretendido efetivo. Assim, as instruções que recebemos

Yangchen Drubpay Dorje

precisam ter sido transmitidas através de uma sucessão ininterrupta de Guias Espirituais Tântricos qualificados que possa ser rastreada, retroativamente, desde o nosso Guia Espiritual até o próprio Conquistador Vajradhara. É absolutamente essencial recebermos a iniciação apropriada, bem como as instruções verbais, de um Guia Espiritual Vajrayana qualificado.

Assim como a união de grande êxtase espontâneo e vacuidade é um dos caminhos mais rápidos e importantes à Budeidade, o corpo-ilusório também o é. No entanto, é muito mais difícil saber por que isso é verdadeiro para o corpo-ilusório do que saber por que é verdadeiro para aquela união, o que é uma razão adicional de por que é essencial confiar nas instruções de um Guia Espiritual Vajrayana.

A função da união de grande êxtase espontâneo e vacuidade é destruir as obstruções à onisciência muito rapidamente. A capacidade para fazer isso depende do corpo-ilusório porque, se a união de grande êxtase espontâneo e vacuidade é capaz de destruir essas obstruções rapidamente, isso se deve a que uma grande quantidade de mérito precisa ser acumulada. Essa coleção de mérito é acumulada por força de se alcançar o corpo-ilusório. De acordo com os Sutras, o mérito tem de ser acumulado através de seguir uma conduta bodhisattva pura durante três incontáveis grandes éons antes que a iluminação possa ser alcançada, mas, no Mantra Secreto, esses éons de mérito podem ser acumulados em uma única vida por meio de meditar no corpo-ilusório. No *Guia ao Caminho do Meio*, Chandrakirti diz que qualquer coisa que auxilie a alcançar principalmente o Corpo-Forma de um Buda é uma coleção de mérito, e qualquer coisa que auxilie a alcançar principalmente o Corpo-Verdade de um Buda é uma coleção de sabedoria. No Mantra Secreto, o método mais rápido para acumular a maior quantidade de mérito é meditar no corpo-ilusório, e o método mais rápido para acumular sabedoria é a união de grande êxtase espontâneo e vacuidade.

Tanto os Sutras quanto o Mantra Secreto concordam que a aquisição da Budeidade depende de completar essas duas coleções – a coleção de mérito e a coleção de sabedoria. A diferença é que, nos Sutras, é impossível acumular essas duas coleções em uma mesma meditação. Assim, de acordo com os Sutras, enquanto estamos empenhados na prática de acumular mérito, não conseguimos, ao mesmo tempo, acumular sabedoria com a mesma mente; e, quando estamos acumulando sabedoria por meio de meditarmos estritamente focados na vacuidade, não conseguimos, simultaneamente, acumular mérito. Portanto, nos Sutras não há uma prática da união de método e sabedoria em uma mesma meditação. No entanto, no Mantra Secreto, quando a mente de grande êxtase espontâneo se fixa estritamente focada na vacuidade, acumulamos ambos, mérito e sabedoria, ao mesmo tempo. Essa meditação abrange tanto o método quanto a sabedoria, e a inseparabilidade desses dois em uma mesma meditação é o que torna o Mantra Secreto o caminho rápido à iluminação.

RECONHECER A BASE PARA
ALCANÇAR O CORPO-ILUSÓRIO

O corpo-ilusório é definido como o corpo da Deidade efetivo, adornado com os 32 sinais maiores e as oitenta indicações menores, que se desenvolve do vento sutil sobre o qual está montada a mente-isolada de clara-luz-exemplo última ou a mente de clara-luz-significativa. O corpo-ilusório que se desenvolve do vento montado pela mente-isolada de clara-luz-exemplo última é o corpo-ilusório impuro, e o corpo-ilusório que se desenvolve do vento montado pela clara-luz-significativa é o corpo-ilusório puro.

Aqui, a diferença entre puro e impuro é determinada pelo fato de a mente de clara-luz montada [sobre o vento sutil] ter realizado diretamente a ausência de existência inerente ou não. O corpo-ilusório que alcançamos antes de realizar a vacuidade diretamente com a mente de grande êxtase espontâneo é o corpo-ilusório impuro, e aquele que alcançamos após termos realizado a vacuidade diretamente com a mente de grande êxtase espontâneo é o corpo-ilusório puro. Assim, ao passo que o praticante que alcançou o corpo-ilusório impuro não é ainda um ser superior do Mantra Secreto, o praticante que alcançou o corpo-ilusório puro o é. Consequentemente, o corpo-ilusório puro é muito superior ao corpo-ilusório impuro.

No momento que um meditador alcança o corpo-ilusório impuro, ele, ou ela, ingressa na terceira das cinco etapas do estágio de conclusão. Por essa razão, o corpo-ilusório impuro é também conhecido como "o corpo-ilusório da terceira etapa". Ele é alcançado imediatamente após o equilíbrio meditativo da clara-luz-exemplo última cessar e a primeira mente da ordem reversa – a mente negra da aquisição-próxima – surgir.

Há muitas razões pelas quais o meditador alcança o corpo-ilusório impuro nesse momento. Primeiro, enquanto treinava o estágio de geração, esse meditador obteve muita experiência em trazer o estado intermediário para o caminho que conduz ao Corpo-de-Deleite. Além disso, ele, ou ela, praticou extensamente as meditações do estágio de conclusão de fundir o Corpo-de-Deleite durante os estados de vigília e do sono e já alcançou a mente-isolada de clara-luz-exemplo última por força dos iogas da fala-isolada, tais como a meditação no fogo interior e a recitação vajra. É através da experiência acumulada de todas essas práticas que o corpo-ilusório impuro é alcançado quando a mente-isolada de clara-luz-exemplo última cessa.

Em geral, meramente compreender o corpo-ilusório intelectualmente é uma fonte para acumular muito mérito. Os meditadores do Mantra Secreto consideram o corpo-ilusório tanto como um manancial constante de encorajamento para praticar quanto um objeto verdadeiramente valioso de se alcançar. Através da infinita bondade de Je Tsongkhapa, os métodos perfeitos por meio dos quais os meditadores podem alcançar uma realização impecável do corpo-ilusório têm sido preservados. Esses métodos estão livres até da mais ínfima degeneração e são apresentados com clareza cristalina. O tradutor Taktsang e o oitavo karmapa Mikyo Dorje louvaram grandemente a explicação de Je Tsongkhapa sobre o corpo-ilusório.

As excelentes qualidades do corpo-ilusório não podem ser suficientemente ressaltadas. Nos dias atuais, algumas pessoas ficam eufóricas por ouvirem histórias de poderes miraculosos, mas, na verdade, poderes como a levitação e a clarividência são relativamente fáceis de alcançar. Na Índia, por exemplo, há muitos mágicos com tais poderes, mas eles não são muito respeitados pela sociedade. Pessoas vão vê-los da mesma maneira que um ocidental assiste à televisão – por diversão. Embora o público possa pagar alguma quantia para ver um mágico executar os seus truques, eles não pensam: "Que eu me torne como esse mágico!". Em vez de serem objetos de respeito e admiração, esses ilusionistas são, com frequência, tratados rudemente pela polícia e pelas pessoas em geral. O corpo-ilusório, no entanto, é um fenômeno completamente transcendente. Uma vez que o tenhamos alcançado, a mais elevada e pura forma de poderes miraculosos surgirá para nós naturalmente e sem esforço. Assim, somos extremamente afortunados por ainda termos acesso a ensinamentos não-corrompidos sobre o corpo-ilusório durante estes tempos degenerados.

Em *Cinco Etapas do Estágio de Conclusão*, de Nagarjuna, há três estrofes que explicam a base para alcançar o corpo-ilusório. Primeiro, Nagarjuna diz que os seres sencientes nascem no samsara não por escolha, mas devido a causas e condições, e que, dentre estas, a causa principal é a mente de clara-luz – que é o quarto vazio, ou a *clara-luz totalmente vazia*. Segundo, embora a clara-luz totalmente vazia seja a causa da prisão dos seres comuns no samsara, para iogues realizados ela é a causa do corpo-ilusório e, como resultado, da perfeita iluminação. Terceiro, não há outro experienciador dos sofrimentos do samsara que não o *eu* que é meramente designado, ou imputado, por pensamento na dependência da mente muito sutil e do seu vento associado. Um exame dessas três afirmações evidenciará como elas demonstram claramente a base para alcançar o corpo-ilusório.

Diz-se que a clara-luz totalmente vazia é a causa de renascimento no samsara e, consequentemente, de todo o sofrimento porque o renascimento depende da existência antecedente do

CORPO-ILUSÓRIO

estado intermediário, e este, por sua vez, depende da *clara-luz totalmente vazia* de uma morte anterior. Isso não contradiz de modo algum a afirmação nos Sutras de que o samsara é causado pelo agarramento ao em-si. A característica distintiva do Mantra Secreto é o seu ensinamento de que a mente deludida do agarramento ao em-si depende do seu vento montado denso. Esse vento denso se desenvolve de um vento sutil, que, por sua vez, desenvolve-se do vento muito sutil montado pela mente de clara-luz totalmente vazia. Esta é a razão por detrás da primeira afirmação de que a clara-luz totalmente vazia é a causa de renascimento para os seres comuns.

Ao passo que a clara-luz totalmente vazia faz com que os seres comuns renasçam no samsara com um corpo contaminado, ela faz com que iogues realizados alcancem o corpo de uma Deidade – o corpo-ilusório – dentro do mandala dessa Deidade. Sem usar essa mente de clara-luz e o seu vento montado, não haveria maneira de esses iogues alcançarem o corpo-ilusório. Portanto, a prática deles é perceber a *clara-luz totalmente vazia* por força do ioga da fala-isolada, isto é, através da meditação no fogo interior. Por fim, essa mente de clara-luz transforma-se na mente do corpo-ilusório, e o seu vento montado transforma-se no próprio corpo-ilusório. Assim, a segunda afirmação de Nagarjuna é uma indicação clara de que o vento muito sutil sobre o qual a mente de clara-luz totalmente vazia está montada é a base para alcançar o corpo-ilusório.

Quanto à terceira afirmação, que diz respeito ao experienciador do sofrimento, ela indica que, uma vez que o corpo e a mente densos são bases temporárias sobre as quais o *eu* é designado, as bases residente-contínuas principais de designação são a mente muito sutil e o seu vento montado. Isso não nega um *self designado* que é designado sobre o corpo físico e a mente densos. Na verdade, há dois tipos de corpo: o corpo denso e o corpo sutil. O corpo denso é um corpo temporário, e o vento muito sutil é o corpo do *continuum* residente-contínuo.

O corpo humano denso é temporário porque é produzido a partir da união do esperma e do óvulo dos nossos pais e precisa ser deixado para trás no momento da morte. Por outro lado, o corpo sutil do *continuum* residente-contínuo nunca morre. Para usar uma analogia, o calor da água aquecida é temporário, mas a umidade da água nunca se separa da própria água – onde quer que haja água, haverá sempre umidade. Do mesmo modo, o corpo residente-contínuo – o vento muito sutil – nunca se separa do *self* residente-contínuo. Nunca estivemos separados dele no passado nem seremos separados dele no futuro. Visto que esse corpo é o vento muito sutil, ele é da natureza da leveza e do movimento. O corpo denso temporário é como a casa na qual esse corpo residente-contínuo habita temporariamente. No momento da morte, esse corpo sutil deixa a sua habitação temporária e dirige-se para outra vida, do mesmo modo como os viajantes deixam um hotel e dirigem-se para o próximo.

O CAMINHO EFETIVO PARA ALCANÇAR O CORPO-ILUSÓRIO SOBRE ESSA BASE

Para alcançar o corpo-ilusório, precisamos ser capazes de separar os corpos denso e sutil por força de meditação. Existem momentos específicos nos quais esses dois corpos se separam naturalmente – tais como a morte e, temporariamente, durante o sono –, mas, porque isso não acontece por força de meditação, essa separação não conduz à aquisição do corpo-ilusório. No entanto, iogues realizados conseguem separá-los durante o estado de vigília por força da meditação no estágio de conclusão. Até que sejamos capazes de fazer isso, não conseguiremos transformar o nosso corpo sutil no corpo-ilusório, o corpo efetivo da Deidade.

Há duas maneiras principais de separar os corpos denso e sutil por força de meditação. A primeira é a transferência de consciência (*powa*, em tibetano), como explicada nos Seis Iogas de Naropa. Aqui, o praticante isola o vento muito sutil e a mente montada sobre ele e, então, ejeta-os pela coroa da cabeça. Esse método apoia-se em práticas de visualização específicas e em segurar a respiração-vaso e é repetido muitas e muitas vezes, até que ocorram sinais de que essa aquisição foi obtida. Não é uma prática muito difícil, mas ela não será explicada aqui porque, embora conduza à separação dos dois corpos, não é útil para alcançar o corpo-ilusório.

Separar os corpos denso e sutil de modo que promova a aquisição do corpo-ilusório depende de utilizarmos os oitos sinais da ordem serial – desde a aparência miragem até a clara-luz. Esses sinais devem ser experienciados nos seus níveis mais profundos e intensos, de modo que apareçam para nós tão vividamente como o fazem quando estamos morrendo. Às vezes, acontece que meditadores experienciem esses oito sinais apenas superficialmente e, por desconhecerem os diferentes níveis dessa experiência, pensam equivocadamente que alcançaram a *mente-isolada de clara-luz-exemplo última* efetiva. Quando tais meditadores emergem do equilíbrio meditativo, acreditam equivocadamente que alcançaram o corpo da Deidade efetivo e, quando entram novamente no equilíbrio meditativo da clara-luz, sentem que alcançaram a união efetiva das duas verdades. Mais tarde, meramente porque as suas mentes se tornaram mais claras, eles acreditam que alcançaram a Budeidade. Na realidade, no entanto, nada disso aconteceu.

Assim como diferentes qualidades de ouro têm valores diferentes devido à variação de sua pureza, diferentes níveis de experiência de clara-luz têm valores diferentes. Para sermos capazes de alcançar o corpo-ilusório efetivo, precisamos, primeiro, alcançar a mente-isolada de clara-luz-exemplo última, e, para sermos bem-sucedidos nisso, precisamos nos familiarizar com os diferentes níveis, ou graus, de experiência de clara-luz por meio de nos empenharmos na meditação apropriada muitas e muitas vezes.

Uma vez que tenhamos alcançado a mente-isolada de clara-luz-exemplo última por força de meditação, o ioga dessa mente-isolada causará diretamente a separação dos corpos denso e sutil. Visto que é a clara-luz da morte totalmente vazia que, normalmente, faz com que esses dois corpos se separem, se quisermos que essa separação ocorra antes da morte, precisamos ser capazes de alcançar a mente-isolada de clara-luz-exemplo última através de praticar o estágio de conclusão. Isso depende de alcançarmos a fala-isolada

Khedrub Tendzin Tsondru

por meio do ioga do fogo interior ou do ioga da recitação vajra. Esses dois iogas são indiretamente responsáveis por fazer com que os dois corpos se separem. No entanto, os iogas do fogo interior e da recitação vajra são, por si mesmos, incapazes de fazer com que o vento que-permeia se dissolva por inteiro na gota indestrutível, no coração, tal como o faz na morte, e, por essa razão, eles apenas podem nos levar a alcançar a mente-isolada de clara-luz-exemplo não-última. Se quisermos alcançar a clara-luz-exemplo última antes da morte, precisamos depender de um mudra-ação.

Quando praticantes realizados emergem da mente-isolada de clara-luz-exemplo última, eles o fazem com a mesma motivação com a qual surgem do Corpo-Verdade durante a prática das fusões com o Corpo-de-Deleite Completo: alcançar o corpo-ilusório para o benefício de todos os seres.

A natureza do corpo-ilusório pode ser compreendida por meio de contemplar os seguintes doze símiles dados por Aryadeva em *Compêndio de Sabedoria Vajra*. Nesse texto, é dito que o corpo-ilusório é como: (1) uma ilusão, (2) o reflexo da Lua na água, (3) a sombra do corpo, (4) uma miragem, (5) um sonho, (6) um eco, (7) uma cidade dos seres do estado intermediário (literalmente, *comedores-de-cheiro*), (8) uma manifestação, (9) um arco-íris, (10) um raio, (11) uma bolha d'água, e (12) um reflexo em um espelho. Eles serão explicadas como segue:

(1) Uma ilusão

Uma pessoa ilusória criada por um mágico aparece como uma pessoa real, com membros e assim por diante, mas, na verdade, ela é meramente uma aparência à mente, conjurada por força de encantamentos e coisas semelhantes. Do mesmo modo, o corpo-ilusório, embora dotado de membros e assim por diante, é, na verdade, meramente da natureza do vento sutil e da mente montada sobre ele. Quando alcançarmos a Budeidade, não será o nosso corpo denso que se transformará no Corpo-Forma de um Buda. Quando alcançarmos o corpo-ilusório, obteremos um novo corpo que será diferente deste nosso corpo denso, e é esse novo corpo que se transformará no Corpo-Forma de um Buda. Assim, é dito que o corpo-ilusório é como uma ilusão.

(2) O reflexo da Lua na água

Neste mundo, há incontáveis lagoas, reservatórios de água, lagos e assim por diante, e, numa noite clara, cada um deles terá o reflexo da Lua; mas, embora haja muitos reflexos, há apenas uma Lua que está sendo refletida. De modo semelhante, um iogue que alcançou o corpo-ilusório pode emanar milhares de formas diferentes de acordo com as necessidades dos seres sencientes. Embora haja apenas um iogue, ou ioguine, as suas emanações alcançam incontáveis seres. Além disso, do mesmo modo que o reflexo da Lua aparece simultaneamente em muitas superfícies de água, o iogue pode se manifestar simultaneamente sob muitas formas. Assim, é dito que o corpo-ilusório é como o reflexo da Lua.

(3) A sombra do corpo

Do mesmo modo que a sombra do corpo tem cabeça, braços, pernas e um tronco, o corpo-ilusório também tem cabeça, braços, e assim por diante; e tal como a sombra é vazia de substancialidade e não contém órgãos internos, o mesmo também é verdadeiro para o corpo-ilusório. Dentro de uma sombra não há espaços ocos, e tampouco os há no corpo-ilusório. Por fim, uma sombra não é produzida pela união do esperma e do óvulo dos pais, e tampouco o corpo-ilusório o é. Assim, é dito que o corpo-ilusório é como a sombra do corpo.

(4) Uma miragem

É dito que o corpo-ilusório é como um vajra indestrutível porque ele é livre da morte. No entanto, isso não significa que o corpo-ilusório é um fenômeno permanente. Ele é impermanente porque muda momento a momento. Essa qualidade de ser impermanente é demonstrada pelo exemplo de uma miragem tremeluzente, que também muda momento a momento. Assim, é dito que o corpo-ilusório é como uma miragem.

(5) Um sonho

O corpo-sonho é a melhor analogia para compreender o corpo-ilusório porque a natureza, a substância e as causas do corpo-sonho são muito semelhantes às do corpo-ilusório. Além disso, o corpo-sonho pode efetivamente fundir-se com o corpo-ilusório enquanto praticamos a fusão com o Corpo-de-Deleite durante o sono. O corpo-sonho é o único corpo que pode ser fundido dessa maneira com o corpo-ilusório e, por essa razão, fornece a melhor ilustração da existência do corpo-ilusório. A diferença principal entre esses dois corpos é que o corpo-ilusório tem muitas qualidades excelentes que não são possuídas pelo corpo-sonho. Exceto isso, são muito semelhantes.

Se compreendermos como o corpo-sonho é formado, o modo como difere do corpo físico denso, a maneira como se dissolve no corpo físico quando acordamos do estado onírico e como permanece conosco em um estado não-manifesto enquanto estamos acordados, compreenderemos como todas essas coisas também são verdadeiras para o corpo-ilusório. Tanto o corpo-sonho como o corpo-ilusório surgem instantaneamente da *clara-luz totalmente vazia* com o surgimento da mente negra da aquisição-próxima da ordem reversa. Eles também são formados da mesma substância – nomeadamente, o vento muito sutil. Portanto, ter um conhecimento do corpo-sonho dá-nos um *insight* da natureza, substância e meios pelos quais alcançamos o corpo-ilusório. Assim, é dito que o corpo-ilusório é como um sonho.

CLARA-LUZ DE ÊXTASE

(6) Um eco

Um iogue que alcançou o corpo-ilusório pode, por exemplo, manifestar-se como um tigre e como um cão simultaneamente. As formas desses animais aparecem ao iogue como entidades diferentes uma da outra e, também, da sua própria forma. Na verdade, no entanto, ambas surgem do próprio iogue. Embora sejam manifestações, parecem existir como coisas externas ao iogue. Isso é semelhante a alguém que experiencia o eco da sua própria voz. É como se o som viesse de fora, ao passo que, na verdade, ele se originou da própria pessoa. Assim, é dito que o corpo-ilusório é como um eco.

(7) Uma cidade dos seres do estado intermediário

Para os seres do estado intermediário – chamados "comedores-de-cheiro" porque são sustentados por odores –, as cidades em que habitam parecem surgir instantaneamente e de uma só vez e, quando cessam, parecem desaparecer repentinamente. De modo semelhante, um iogue, ou ioguine, que alcançou o corpo-ilusório sente que o seu mandala – com as suas Deidades associadas – surge instantaneamente e que, quando cessa, o mandala também parece desaparecer repentinamente. Assim, é dito que o corpo-ilusório é como uma cidade dos seres do estado intermediário.

(8) Uma manifestação

Uma pessoa pode ter o poder miraculoso de, por exemplo, manifestar um grande número de tigres, mas, na verdade, todos esses tigres não são nada mais do que ela própria. De modo semelhante, quando um iogue que alcançou o corpo-ilusório manifesta emanações, todos esses seres aparentemente numerosos são, na verdade, apenas o próprio iogue, ou ioguine. Assim, é dito que o corpo-ilusório é como uma manifestação.

(9) Um arco-íris

Do mesmo modo que as cores de um arco-íris não se misturam e o próprio arco-íris não possui nenhuma característica ou propriedade de contato obstrutivo, o mesmo também é verdadeiro para o corpo-ilusório. Assim, é dito que o corpo-ilusório é como um arco-íris.

(10) Um raio

Do mesmo modo que um raio nasce do meio das nuvens, o corpo-ilusório surge do antigo corpo denso. Assim, é dito que o corpo-ilusório é como um raio.

(11) Uma bolha d'água

Do mesmo modo que uma bolha d'água surge instantaneamente da própria água e é da natureza da água, o corpo-ilusório surge instantaneamente do estado de vacuidade e é da natureza da vacuidade. Assim, é dito que o corpo-ilusório é como uma bolha d'água.

(12) Um reflexo em um espelho

Quando uma pessoa fica à frente de um espelho, todas as partes do reflexo – o corpo, os membros, e assim por diante – surgem instantaneamente e são muito claros e lúcidos. Do mesmo modo, o corpo-ilusório e todas as suas partes surgem instantaneamente e são de uma natureza clara e transparente. Assim, é dito que o corpo-ilusório é como um reflexo.

Nos ensinamentos de Sutra, esses doze símiles são utilizados para demonstrar a maneira pela qual todos os fenômenos carecem de existência inerente, mas, no Mantra Secreto, eles são utilizados para explicar o corpo-ilusório.

O *Tantra de Guhyasamaja* fornece muitos outros sinônimos para o corpo-ilusório, e uma breve explicação de alguns deles irá nos ajudar a compreender as suas excelentes qualidades.

O corpo-ilusório é, algumas vezes, referido como "a bênção do *self*". Neste contexto, o termo *self* deve ser compreendido como aquilo que é designado no vento e mente muito sutis, e o termo *bênção*, como a transformação dessas bases de designação no corpo-ilusório e na mente do corpo-ilusório. Quanto ao próprio termo "corpo-ilusório", este indica que é um corpo que é semelhante a uma ilusão, como foi explicado na lista dos doze símiles. O corpo-ilusório também é conhecido como "verdade convencional" porque ele é convencional, não-último.

Três outros termos para o corpo-ilusório são: "o Corpo-de-Deleite Completo", "Vajrasattva" e "Vajradhara". Isso não significa que o próprio corpo-ilusório seja o Corpo-de-Deleite resultante efetivo, Vajrasattva efetivo ou Vajradhara efetivo, mas, simplesmente, que ele é o *corpo-de-deleite caminho* e assim por diante. Por fim, o corpo-ilusório também é chamado "o corpo-vajra" porque o corpo-ilusório impuro é semelhante ao corpo-vajra, ao passo que o corpo-ilusório puro é o corpo-vajra efetivo.

Quanto aos benefícios de alcançar o corpo-ilusório, eles também são enumerados no *Tantra de Guhyasamaja*, assim como nas obras *Cinco Etapas do Estágio de Conclusão* e *Feitos Condensados*. Nesses textos, é dito que o corpo-ilusório é adornado com os 32 sinais maiores e as oitenta indicações menores; é um objeto de oferenda para todos os seres humanos e deuses; pode obter riqueza e posses sem esforço; é livre de pobreza, doença, velhice, morte, renascimento e de todos os sofrimentos do samsara; e pode manifestar diversas formas para beneficiar os outros. O maior benefício é o de uma pessoa que, tendo alcançado o corpo-ilusório, alcançará então, definitivamente, a Budeidade nessa mesma vida.

Clara-Luz e União

EXPLICAÇÃO DAS ETAPAS PARA ALCANÇAR A CLARA-LUZ-SIGNIFICATIVA COM RESPEITO À VERDADE ÚLTIMA

ESTE TÓPICO TEM três divisões:

1. Explicação do método para cultivá-la;
2. A maneira de cultivá-la por meio de confiar neste método;
3. A razão pela qual essa clara-luz sozinha atua como o antídoto direto tanto para as delusões intelectualmente formadas quanto para as inatas.

EXPLICAÇÃO DO MÉTODO PARA CULTIVÁ-LA

É dito que as realizações do estágio de geração de um meditador do Mantra Secreto são quase idênticas às de um meditador de Sutra que alcançou o oitavo solo de um Bodhisattva superior, ao passo que as realizações de um meditador do Mantra Secreto que alcançou o corpo-ilusório impuro são quase idênticas às de um Bodhisattva do décimo solo [do Caminho] do Sutra. No sistema do Sutra, tornamo-nos um ser superior quando realizamos a vacuidade diretamente com a consciência densa, mas, de acordo com o sistema do Mantra Secreto, não nos tornamos um ser superior até que tenhamos realizado a vacuidade diretamente com

Je Phabongkhapa Trinlay Gyatso

CLARA-LUZ E UNIÃO

a mente de grande êxtase espontâneo. Assim, uma vez que tenhamos alcançado o corpo-ilusório impuro, devemos nos esforçar para alcançar a realização da clara-luz-significativa, por meio da qual a vacuidade é conhecida diretamente – isto é, sem depender de uma imagem genérica – através da mais sutil das mentes. Esse é o significado de "manifestar a clara-luz última".

A prática de penetrar os pontos exatos do próprio corpo por meio de meditar nos canais, ventos e gotas – tal como nos iogas do fogo interior e da recitação vajra – não é suficientemente poderosa para induzir a aquisição da clara-luz-significativa. Assim, é dito que essas meditações são concluídas quando alcançamos o corpo-ilusório impuro. Neste ponto, é necessário seguir o método interno ou o método externo para alcançar a clara-luz-significativa. O método interno consiste em duas práticas, conhecidas como "destruição subsequente" e "manter o corpo inteiramente". O método externo é o ioga de depender de um mudra-ação. Essas três práticas serão agora explicadas brevemente.

Para alcançar a concentração da destruição subsequente, visualizamos, primeiro, que o universo inteiro e todos os seus habitantes se convertem em luz e, então, imaginamos que essa luz se dissolve em nós. Nós, por nossa vez, dissolvemo-nos a partir de baixo e de cima simultaneamente, como uma vela queimando a partir de ambas as extremidades. Gradualmente, o nosso corpo inteiro se dissolve na gota indestrutível, no nosso coração. Com essa dissolução, a mente muito sutil de clara-luz surgirá e, então, mantemos isso com concentração estritamente focada.

Começamos esse método visualizando o corpo-ilusório impuro como um ser-de-sabedoria (no aspecto da nossa Deidade pessoal, mas de cor branca) residindo no coração do nosso antigo agregado forma. Se, por exemplo, a nossa Deidade pessoal for Heruka, visualizamos o corpo-ilusório como um Heruka branco no coração do nosso antigo agregado forma, o qual é visualizado como o ser-de-compromisso Heruka azul.

Sob o aspecto do ser-de-compromisso Heruka, temos agora o corpo-ilusório Heruka branco no nosso coração. Do coração desse corpo-ilusório, infinitos raios de luz azul brilhante se irradiam e permeiam o universo inteiro e todos os seus habitantes. Essa luz purifica todas as negatividades, não importando o quão sutis elas sejam, e faz com que todos os lugares e seres se convertam em luz. Essa luz retorna e se dissolve no coração do corpo-ilusório Heruka. O ser-de-compromisso Heruka azul se dissolve, então, simultaneamente a partir dos pés e da coroa e, depois, o ser-de--sabedoria branco faz o mesmo. Por fim, nada resta, a não ser a gota indestrutível.

Uma vez que tenhamos alcançado o corpo-ilusório impuro, acharemos muito fácil dissolver todos os ventos na gota indestrutível por força dessa meditação, uma vez que já teremos completado os iogas da fala-isolada e os nossos ventos serão muito sutis e facilmente controláveis. Como resultado dessa dissolução, experienciaremos todos os oito sinais – desde a aparência miragem até a clara-luz – tão vividamente como os experienciamos quando estamos morrendo. Além disso, experienciaremos cada um desses oito sinais em associação com a vacuidade. Por fim, quando a clara-luz totalmente vazia surgir, meditamos estritamente focados na vacuidade por um longo tempo. Por praticarmos essa meditação muitas e muitas vezes, a nossa mente de clara-luz totalmente vazia realizará, enfim, a vacuidade diretamente e, desse modo, alcançaremos a clara-luz-significativa.

O outro método interno é a concentração de *manter o corpo inteiramente*. De acordo com esse método, o corpo inteiro se converte em luz e se dissolve na vacuidade, e essa vacuidade é mantida por meio de concentração. Nesta prática, o ser-de-compromisso simplesmente se dissolve simultaneamente, a partir dos pés e da coroa, na gota indestrutível, sem primeiro ter irradiado luz do corpo-ilusório e dissolvido o universo e os seus habitantes. À medida que a luz do corpo que está se dissolvendo se funde com a gota indestrutível, a clara-luz totalmente vazia surge e, como antes, usamos essa mente muito sutil para meditar estritamente focados na vacuidade. Novamente, após repetidas práticas, isso conduzirá à aquisição da clara-luz-significativa. Essas duas concentrações internas – a da *destruição subsequente* e a de *manter o corpo intei-ramente* – também são executadas durante o estágio de geração, mas são menos poderosas naquele momento.

No método externo, é o ioga do mudra-ação que faz com que todos os ventos se dissolvam na gota indestrutível, fazendo com que os oito sinais apareçam tão vividamente como na morte. Como anteriormente, esses sinais devem ser experienciados em associação com a meditação na vacuidade, de modo que, quando a clara-luz totalmente vazia surgir, possamos nos concentrar es-tritamente focados na vacuidade por um longo período com essa mente muito sutil. Um iogue que consiga manifestar a clara-luz na dependência de um mudra-ação experienciará grande êxtase espontâneo inesgotável e outras realizações interiores. É por essa razão que Longdol Lama disse que, para um meditador realizado, o mudra-ação é como uma vaca-que-satisfaz-os-desejos, da qual recebemos um inesgotável suprimento de leite.

A MANEIRA DE CULTIVÁ-LA
POR MEIO DE CONFIAR NESTE MÉTODO

Nos textos tântricos, é dito que o meditador alcançará a clara-luz--significativa ao amanhecer, que é também o momento no qual a iluminação é alcançada. Por exemplo, Buda Shakyamuni, após sentar--se sob a Árvore Bodhi, em Bodh Gaya, demonstrou a maneira de vencer todos os maras ao anoitecer, entrando em equilíbrio medi-tativo à meia-noite e alcançando a plena iluminação ao amanhecer.

Quando um praticante que alcançou o corpo-ilusório impuro meditar muitas e muitas vezes de acordo com os métodos expli-cados acima, ele, ou ela, por fim receberá sonhos e visões que indicam que a aquisição da clara-luz-significativa está próxima. Quando esses sinais especiais aparecerem, o meditador fará ofe-rendas elaboradas para o seu Guia Espiritual e irá se esforçar para agradá-lo(a). Então, à meia-noite, o discípulo receberá a tercei-ra iniciação – a iniciação mudra-sabedoria – diretamente do seu Guia Espiritual. O meditador, na verdade, recebeu essa iniciação anteriormente, mas, porque carecia de uma compreensão pura naquela altura, o mudra-ação que então lhe foi dado era apenas um mudra-ação visualizado. No entanto, agora que o meditador está prestes a alcançar a clara-luz-significativa, ele, ou ela, está qualificado para receber um mudra-ação efetivo e a iniciação mudra-sabedoria efetiva.

Quando o iogue se unir-em-abraço com o mudra-ação, ele, ou ela, experienciará os oito sinais tão vividamente como na morte. Como foi explicado anteriormente, esses sinais são experienciados em associação com a vacuidade e, quando a clara-luz totalmente vazia realizar a vacuidade diretamente, o meditador alcançará, simultaneamente, a clara-luz-significativa.

Uma vez que a mente-isolada de clara-luz-exemplo última ainda tem uma aparência dual muito sutil, ela não é capaz de realizar a vacuidade diretamente, mas, com a aquisição da clara--luz-significativa ao amanhecer, todas as concepções sutis se dissolvem, e o iogue alcança uma realização direta da vacuidade. O meditador alcança, desse modo, o Caminho da Visão do Mantra Secreto e torna-se um ser superior do Mantra Secreto. Com a aquisição da clara-luz-significativa, o corpo-ilusório impuro desaparece, tal como um arco-íris no céu. É por cessar dessa maneira que é dito que o corpo-ilusório impuro é semelhante ao corpo--vajra, mas ele não é o corpo-vajra efetivo. Quando o meditador emergir do equilíbrio meditativo no qual a clara-luz-significativa é primeiro alcançada, ele, ou ela, surgirá sob a nova forma do corpo-ilusório puro.

A RAZÃO PELA QUAL ESSA CLARA-LUZ SOZINHA ATUA COMO O ANTÍDOTO DIRETO TANTO PARA AS DELUSÕES INTELECTUALMENTE FORMADAS QUANTO PARA AS INATAS

De acordo com o Veículo Perfeição, quando tivermos alcançado o Caminho da Visão por meio de obtermos uma realização direta da vacuidade, teremos nos tornado um Bodhisattva superior do primeiro solo. Também de acordo com os Sutras, enquanto permanecemos no Caminho da Visão, abandonamos apenas as delusões intelectualmente formadas. Não começaremos a abandonar as delusões inatas até que ingressemos no Caminho da Meditação, e não as abandonaremos plenamente até que tenhamos alcançado o oitavo solo. No entanto, de acordo com o Mantra Secreto, um iogue que tenha realizado a clara-luz-significativa é capaz de abandonar ambos os tipos de delusão simultaneamente por meio de um único caminho. Como isso é possível?

Qualquer pessoa que tenha realizado a clara-luz-significativa meditou, prévia e extensamente, na mente-isolada de clara-luz-exemplo última e no corpo-ilusório impuro e, assim, acumulou vastas coleções de mérito e sabedoria. Como foi mencionado anteriormente, a sabedoria é acumulada por força da mente-isolada de clara-luz-exemplo última, e o mérito, por força do corpo-ilusório. Estando empoderada por meio dessas duas coleções, a clara-luz-significativa tem um poder imenso. É esse poder superior que permite que a mente de clara-luz-significativa destrua ambos os tipos de delusão simultaneamente em uma mesma meditação. Essa habilidade é exclusiva das práticas de Tantra Ioga Supremo.

Quando o iogue emerge do estado de clara-luz-significativa, a mente negra da aquisição-próxima da ordem reversa surge. Nesse momento, ele, ou ela, alcança o corpo-ilusório puro e o Caminho da Meditação do Mantra Secreto. Além disso, esse iogue abandonou, agora, as obstruções à libertação – tanto as intelectualmente formadas como as inatas –, tornando-se assim um Destruidor de Inimigos do Mantra Secreto.

A clara-luz-significativa é conhecida por vários nomes. Tanto ela como a clara-luz-exemplo são conhecidas como "Heruka definitivo", sendo *Heruka interpretativo* a Deidade que aparece com um corpo de cor azul. A clara-luz-significativa é também conhecida como "Terra Dakini interior". Dentre os dois tipos de Terra Dakini, a exterior e a interior, a primeira – que é a Terra Pura de Vajrayogini – é alcançada na dependência das práticas do estágio de geração, e a última, na dependência das práticas do estágio de conclusão. Os termos "clara-luz-significativa" e "Terra Dakini interior" são sinônimos.

Um iogue que tenha alcançado a Terra Dakini interior também alcançou a Terra Dakini exterior porque, por força de purificar interiormente a sua mente, o ambiente exterior também é purificado. Uma vez que a mente esteja livre de todas as impurezas, não há mais nenhuma aparência externa impura que tenha restado. Isto é verdadeiro tanto para o Sutra como para o Mantra Secreto. Assim, o iogue que alcançou a clara-luz-significativa foi para a Terra Pura de Vajrayogini. Essa Terra Pura não é um local geográfico que está a uma longa distância – ela pode ser alcançada simplesmente através de seguir as práticas do estágio de geração e do estágio de conclusão; mas, enquanto a nossa mente estiver maculada por impurezas, não seremos capazes de percebê-la. Por essa razão, para alcançar essa Terra Pura, é muito importante praticar o corpo-isolado e, assim, impedir que aparências comuns surjam.

A EXPLICAÇÃO EFETIVA DO MAHAMUDRA QUE É A UNIÃO DAS DUAS VERDADES

Este tópico tem duas partes:

1. Introdução à união;
2. Mostrar as etapas por meio das quais ela é gradualmente realizada.

INTRODUÇÃO À UNIÃO

O *Mahamudra que é a união das duas verdades* é também conhecido como "a união-que-precisa-aprender". A União-do-Não-Mais-Aprender é alcançada no primeiro momento do Caminho do Não-Mais-Aprender, que é o primeiro momento da Budeidade.

Como foi mencionado anteriormente, a união-que-precisa-aprender é a quinta das cinco etapas do estágio de conclusão. Ela depende da quarta etapa, que é alcançada no momento que a clara-luz-significativa é alcançada. Esta, por sua vez, depende da terceira etapa, que é alcançada imediatamente após o corpo--ilusório impuro ser alcançado. Este depende da segunda etapa, o ioga da mente-isolada, e este depende da primeira etapa, o ioga da fala-isolada, que, por sua vez, depende de se ter praticado o ioga do corpo-isolado. Assim, todas as cinco etapas estão relacionadas umas com as outras, numa cadeia de causa e efeito. É importante compreender o significado preciso de cada uma dessas cinco etapas e não se confundir com suas denominações.

O termo "união" pode se referir a muitas coisas diferentes: à união das duas verdades, à união de grande êxtase espontâneo e vacuidade, à união de corpo e mente, e assim por diante. Neste contexto, ele se refere à união das duas verdades. Embora tenham os mesmos nomes, tal como as duas verdades [mencionadas] nos Sutras, estas duas verdades não devem ser compreendidas da mesma maneira. De acordo com o Mahamudra Vajrayana, o corpo--ilusório puro é *verdade convencional*, e a clara-luz-significativa é *verdade última*. Em geral, de acordo com os Sutras, qualquer fenômeno que não a própria vacuidade é uma verdade convencional. No Tantra, visto que a meditação no corpo-ilusório enfatiza as verdades convencionais, o corpo-ilusório, ele próprio, é conhecido pelo mesmo nome. De modo semelhante, visto que a meditação na clara-luz-significativa enfatiza a vacuidade, ela é denominada "verdade última", mas a clara-luz-significativa não é efetivamente uma verdade última porque é uma mente, e todas as mentes são verdades convencionais. É o objeto dessa mente que é a verdade última.

A palavra sânscrita para *união* é "yogananda", na qual *yoga* significa "dois", e *nanda* significa "simultaneamente reunidos" ou "não-duais". Neste contexto, o termo "união" refere-se à união do corpo-ilusório puro e da clara-luz-significativa e ao fato de que estes dois estão reunidos simultaneamente no *continuum* de uma mesma pessoa. Um ser comum possui simultaneamente um corpo e uma mente e, juntos, formam a base sobre a qual a pessoa é designada, ou imputada. No caso de um iogue, ou ioguine, que alcançou a quinta etapa, o seu corpo é o corpo-ilusório puro e a sua mente é a clara-luz-significativa. Estes dois, unidos, são a base sobre a qual a pessoa desse iogue é designada.

MOSTRAR AS ETAPAS
POR MEIO DAS QUAIS ELA É
GRADUALMENTE REALIZADA

Alguns textos afirmam que essa união é alcançada quando a mente de aparência branca da ordem reversa cessa, mas isso é incorreto. O corpo-ilusório puro se desenvolve do vento muito sutil sobre o qual a mente de clara-luz-significativa está montada, e ele é alcançado automaticamente e sem esforço no instante em que essa mente cessa. Assim, o corpo-ilusório puro é alcançado no primeiro instante da mente negra da aquisição-próxima da ordem reversa.

O corpo-ilusório é um corpo novo, e quando o iogue inicialmente o obtém, ele, ou ela, não possui mais a mente de clara--luz-significativa. Como foi explicado acima, essa mente cessa no instante em que a mente negra da aquisição-próxima da ordem reversa surge. Nessa mesma sessão de meditação, o iogue percebe os demais sinais da ordem reversa até a aparência miragem, inclusive. Então, ele, ou ela, se empenha nas atividades de aquisição subsequente enquanto ainda possui o corpo-ilusório puro, que é contínuo – ou seja, que não cessa.

Posteriormente, na dependência de um dos métodos interno ou externo mencionados anteriormente, o iogue experienciará todos os sinais da ordem serial, desde a aparência miragem até a clara-luz totalmente vazia, inclusive. Ele, ou ela, experiencia esses sinais em associação com a meditação na vacuidade e, quando o sinal *totalmente vazio* é percebido, a clara-luz-significativa se manifesta mais uma vez. Neste ponto, o iogue alcança o *Mahamudra que é a união das duas verdades*, porque ele, ou ela, uniu o corpo-ilusório puro e a clara-luz-significativa simultaneamente. No entanto, embora o iogue tenha agora alcançado a união-que--precisa-aprender, ele, ou ela, emergirá novamente da clara-luz-

CLARA-LUZ E UNIÃO

-significativa. Antes de a Budeidade ser alcançada, há mais práticas a serem executadas.

O corpo-ilusório de um meditador que manifestou a clara-luz--significativa é conhecido como "o corpo-de-união". Quando tivermos alcançado o corpo-ilusório puro, poderemos nos manifestar de duas maneiras. Uma maneira é emanar diversos aspectos para servir às necessidades específicas dos seres sencientes, e a outra é fazer com que o nosso corpo-ilusório puro, sob a forma de um ser-de-sabedoria, entre no nosso antigo agregado forma para que possamos continuar a mostrar este corpo denso aos outros e, com ele, empenharmo-nos em atividades benéficas, tais como a de expor o Dharma. Neste último caso, o corpo denso é como uma casa, e o corpo-ilusório puro é como uma pessoa que vive nessa casa. Para usar outra analogia, o corpo-ilusório puro é como uma joia preciosa, e o antigo agregado forma é como uma arca do tesouro, na qual essa joia está guardada. Embora qualquer pessoa possa ver o recipiente – o corpo denso –, pouquíssimas sabem que há um tesouro precioso no seu interior. Quando Nagarjuna alcançou o corpo-de-união, ele ia de lugar em lugar para ensinar o Dharma aos seus muitos discípulos. Quando seres comuns o viam, enxergavam apenas um monge humilde; eles não compreendiam que, no coração dele, o seu corpo-ilusório puro residia sob a forma de um ser-de-sabedoria. Muitos outros mestres espirituais, tais como Gyalwa Ensapa e o grande iogue Dharmavajra, também alcançaram o corpo-de-união. Um dos mais famosos foi Milarepa, que, embora sua aquisição do corpo-de-união o tivesse libertado de toda a pobreza, ainda assim andava de aldeia em aldeia procurando comida. O seu corpo físico era tão macilento que as pessoas tinham pena dele, pensando que fosse um pobre mendigo. No entanto, quando Milarepa morreu e o seu corpo foi cremado, muitos sinais miraculosos apareceram, atestando o seu grande desenvolvimento espiritual. No entanto, esses sinais não foram percebidos da mesma maneira por todos; pessoas diferentes viram coisas diferentes, de acordo com o seu próprio nível de desenvolvimento espiritual. Se Milarepa fosse julgado meramente a partir do ponto

Vajradhara Trijang Rinpoche Losang Yeshe

de vista exterior, seria muito difícil compreender que ele era um ser plenamente iluminado.

O antigo agregado forma de alguém que alcançou o corpo-ilusório não aparece aos outros com nenhuma forma diferente além daquela que aparecia antes de o corpo-ilusório ser alcançado. Por exemplo, se alguém que já conhecemos há muitos anos alcançasse o corpo-de-união, não seríamos capazes de perceber nenhuma diferença na aparência desse nosso amigo, a não ser que nós próprios também tivéssemos alcançado o corpo-ilusório. Na verdade, no entanto, o corpo efetivo do nosso amigo é, agora, o corpo-ilusório puro, e a sua mente efetiva é a clara-luz-significativa. É apenas para ajudar aqueles que são incapazes de perceber a sua forma efetiva que o meditador mantém e mostra a antiga forma densa.

Em *Oferenda ao Guia Espiritual*, o Guia Espiritual é visualizado na forma exterior de um monge, com Conquistador Vajradhara no seu coração e a letra HUM no coração deste. Essa visualização representa os três seres do Mantra Secreto: a forma exterior é o ser-de-compromisso, Vajradhara é o ser-de-sabedoria, e a letra HUM é o ser-de-concentração. Além disso, o ser-de-compromisso é o corpo físico do Guia Espiritual, o ser-de-sabedoria é o seu corpo-ilusório puro (o seu corpo efetivo) e o ser-de-concentração é a sua clara-luz-significativa (a sua mente efetiva). Uma vez que a existência desse corpo-de-união seja compreendida, não será difícil reconhecer o nosso Guia Espiritual como um Buda efetivo.

Mahamudra Resultante

COMO REALIZAR O MAHAMUDRA QUE É A UNIÃO-DO-NÃO-MAIS-APRENDER RESULTANTE, O ESTADO QUE POSSUI AS SETE PREEMINENTES QUALIDADES DE ABRAÇO

A EXPLICAÇÃO DAS meditações do Mahamudra causal foi agora concluída, incluindo as instruções sobre a união-que-precisa--aprender. O objetivo de todo o treinamento mahayana é a aquisição da plena iluminação: a União-do-Não-Mais-Aprender. Esse Mahamudra resultante será agora apresentado em cinco partes:

1. O local onde a Budeidade é alcançada;
2. A base sobre a qual a Budeidade é alcançada;
3. A maneira pela qual a Budeidade é alcançada;
4. As boas qualidades de um Buda;
5. Explicação das relações das ordens serial e reversa.

O LOCAL ONDE A BUDEIDADE É ALCANÇADA

De acordo com o Mantra Secreto, há três locais nos quais a Budeidade pode ser alcançada: (1) a Terra Pura de Akanishta, (2) o reino do desejo, e (3) um local que não é nem Akanishta nem o reino do desejo. Nos Sutras mahayana, no entanto, é asseverado que podemos alcançar a perfeita Budeidade somente em Akanishta. Considerando que foi Buda Shakyamuni quem fez ambas as afirmações, qual deve ser aceita como correta? Há uma contradição entre os Sutras e o Mantra Secreto? Não há contradição, porque a afirmação de Buda de que a plena iluminação pode ser alcançada somente em Akanishta foi feita levando em conta discípulos específicos – aqueles que possuem mentes fracas ou que carecem da habilidade de praticar a forma mais elevada de Mantra Secreto. No entanto, para aqueles que são capazes de praticar o Tantra Ioga Supremo, Buda ensinou que a iluminação pode ser alcançada enquanto ainda estão no reino do desejo. Assim, não há discrepância entre essas duas afirmações; elas parecem ser contraditórias apenas porque são destinadas para seres com capacidades diferentes.

Os ensinamentos de Buda sobre o Mantra Secreto transmitem a sua intenção última do mesmo modo que o sistema Madhyamika-Prasangika transmite a sua visão última. Buda ensinou quatro sistemas filosóficos diferentes de acordo com as diferentes capacidades dos seus discípulos, e cada sistema é apresentado como um método para realizar a vacuidade. Embora esses quatro sistemas pareçam ser contraditórios um com o outro, eles proporcionam efetivamente uma sequência gradual de treino, por meio da qual podemos, por fim, alcançar a visão correta da vacuidade. A única maneira de provar que o sistema Madhyamika-Prasangika é absolutamente correto é através de raciocínio lógico e experiência pessoal. De modo semelhante, pode-se provar que o Mantra Secreto é o método último pelo fato de aqueles que têm a habilidade de praticar o Tantra Ioga Supremo conseguirem alcançar a perfeita Budeidade durante uma única vida. Na verdade, é somente através da prática de Tantra Ioga Supremo que podemos alcançar a perfeita Budeidade.

De acordo com o Mantra Secreto, a Budeidade é alcançada em Akanishta por um Bodhisattva que chegou ao décimo solo por meio dos Caminhos de Sutra do Veículo Perfeição. Esse Bodhisattva não será capaz de prosseguir além do décimo solo [do Caminho de Sutra] sem se empenhar nas práticas de Tantra Ioga Supremo. Uma vez que esse Bodhisattva não será capaz de alcançar a Budeidade sem receber as iniciações do Mantra Secreto e sem ingressar nos caminhos efetivos do Tantra Ioga Supremo, ele, ou ela, receberá, neste ponto, essas iniciações e então prosseguirá para alcançar a iluminação em Akanishta.

Se o praticante for alguém que seguiu os dois estágios do Mantra Secreto desde o princípio e que prossegue avançando para alcançar a iluminação nessa mesma vida, é definitivo que ele, ou ela, alcançará a Budeidade no reino do desejo. Por exemplo, os três iogues mencionados anteriormente – Gyalwa Ensapa, Dharmavajra e Milarepa – alcançaram, todos eles, a Budeidade no Tibete.

Por fim, o terceiro local no qual a Budeidade pode ser alcançada não é nem em Akanishta nem no reino do desejo. Neste caso, a Budeidade é alcançada por um praticante do Mantra Secreto que alcance a mente-isolada de clara-luz-exemplo última no momento da morte. Quando a clara-luz da morte cessar, esse praticante alcançará o corpo-ilusório em vez de tomar um corpo do estado intermediário comum. É com esse corpo-ilusório – em um local que não é nem Akanishta nem o reino do desejo – que esse Bodhisattva alcança a Budeidade.

Além desses três tipos de ser, não há outros que possam alcançar a Budeidade nem outros locais nos quais a iluminação possa ser atingida.

A BASE SOBRE A QUAL
A BUDEIDADE É ALCANÇADA

Há três reinos no samsara: o reino do desejo, o reino da forma e o reino da sem-forma. De todos os seres no reino do desejo, somente os seres humanos podem alcançar a Budeidade em uma única vida, porque apenas eles estão dotados com os pré-requisitos físicos – os seis elementos listados anteriormente. Dentre os seres do reino da forma, somente os Bodhisattvas do décimo solo que residem em Akanishta podem alcançar a iluminação através do Caminho do Mantra Secreto. Os seres do reino da sem-forma não podem progredir em direção à iluminação, seja através dos caminhos de Sutra ou do Mantra Secreto.

CLARA-LUZ DE ÊXTASE

A MANEIRA PELA QUAL
A BUDEIDADE É ALCANÇADA

Esta explicação é dada em três partes, correspondendo aos três tipos de ser descritos acima:

(1) Como a Budeidade é alcançada em Akanishta;
(2) Como a Budeidade é alcançada no reino do desejo;
(3) Como a Budeidade é alcançada em um local que não é nenhum dos dois.

COMO A BUDEIDADE
É ALCANÇADA EM AKANISHTA

Foi afirmado anteriormente que, para praticar o Tantra Ioga Supremo, uma pessoa precisa ter os seis elementos encontrados no corpo humano. No entanto, o Bodhisattva do décimo solo em Akanishta é uma exceção a isso, no sentido em que, embora o seu corpo seja o de um deus do reino da forma, ainda assim contém gotas vermelhas e brancas e, por essa razão, esse Bodhisattva pode experienciar o grande êxtase espontâneo que surge na dependência desses elementos. Assim, ele, ou ela, não é um deus comum do reino da forma.

Quando esse Bodhisattva habita o décimo solo, os Budas das dez direções se reúnem ao seu redor e o encorajam a ingressar no Caminho do Mantra Secreto. Eles chamam a atenção para o fato de que a sua concentração meditativa presente não é poderosa o suficiente para abandonar as obstruções à onisciência e levá-lo à iluminação; somente a clara-luz-significativa tem esse poder. Eles, então, concedem-lhe a iniciação mudra-sabedoria e apresentam-lhe um mudra-ação. O Bodhisattva então entra em meditação com o seu (sua) consorte e desenvolve os oito sinais – desde a aparência miragem até a clara-luz totalmente vazia – em associação com a vacuidade. Quando a sua *clara-luz totalmente vazia* de grande êxtase espontâneo realiza diretamente a vacuidade, o Bodhisattva alcança a clara-luz-significativa. Desse modo, ele é uma exceção, no sentido em que não necessita praticar o estágio de geração – ou qualquer meditação até, e inclusive, o corpo-ilusório impuro do estágio de conclusão – para alcançar a clara-luz-significativa.

Com a aquisição da clara-luz-significativa, o Bodhisattva ingressa no Caminho da Visão do Mantra Secreto e se torna um ser superior do Mantra Secreto da quarta etapa do estágio de conclusão. Em seguida a isso, no primeiro momento da mente negra da aquisição-próxima da ordem reversa, ele, ou ela, alcança o corpo-ilusório puro e ingressa no Caminho da Meditação do Mantra Secreto. Então, na próxima vez que ingressar no equilíbrio meditativo da clara-luz-significativa, ele alcançará a quinta etapa do estágio de conclusão: a união-que-precisa-aprender. Por fim, ingressará no equilíbrio meditativo, no qual as últimas obstruções à onisciência serão removidas. Neste ponto, ele alcança o Caminho do Não-Mais-Aprender, ou plena iluminação, o Mahamudra-União resultante que é o estado que possui as sete preeminentes qualidades de abraço.

Essa maneira de alcançar a Budeidade é específica do Bodhisattva do décimo solo do Veículo Perfeição. Ele, ou ela, é capaz de alcançar a iluminação dessa maneira por força das vastas coleções de mérito e de sabedoria já acumuladas durante incontáveis éons no Caminho do Sutra.

COMO A BUDEIDADE É
ALCANÇADA NO REINO DO DESEJO

A maioria dos praticantes do Caminho do Mantra Secreto alcançarão a Budeidade no corpo de um ser humano do reino do desejo. Conforme explicado, um iogue que tenha chegado à quinta etapa – a união-que-precisa-aprender – concluiu quase todo o caminho. Ele não tem novos objetos de conhecimento a realizar; ele simplesmente tem de aprimorar a qualidade das suas realizações já existentes. Desse modo, ele, ou ela, removerá os obstáculos remanescentes à iluminação – as obstruções à onisciência – e alcançará a Budeidade.

CLARA-LUZ DE ÊXTASE

As obstruções à onisciência impedem a mente de realizar todos os objetos de conhecimento, direta e simultaneamente. Embora um iogue da quinta etapa seja muito avançado, ele, ou ela, ainda não abandonou essas obstruções. Quando esse iogue está em equilíbrio meditativo na vacuidade, ele não consegue, ao mesmo tempo, executar ações, tais como dar ensinamentos. Em outras palavras, o iogue não consegue ficar absorvido em equilíbrio meditativo e, simultaneamente, envolver-se nas atividades de aquisição subsequente. Por outro lado, um Buda plenamente realizado tem a habilidade de executar ações benéficas sem nunca precisar emergir da meditação profunda na natureza última da realidade – esta é uma das excelentes qualidades de um ser iluminado. Para alcançar esse estado excelso, o iogue precisa entrar repetidamente no equilíbrio meditativo da clara-luz-significativa para remover todas as obstruções remanescentes à onisciência. Essa é a razão pela qual a união da quinta etapa é conhecida como "a união-que-precisa-aprender".

As meditações principais para esse praticante são: o método externo do ioga do mudra-ação e as duas concentrações internas anteriormente descritas. O propósito dessas práticas é erradicar todas as obstruções por meio da clara-luz-significativa. O método de unir-se-em-abraço com o mudra-ação pode ser explicado tomando o exemplo de um homem cuja Deidade pessoal é Heruka. Ele visualiza a si próprio como Heruka unido-em-abraço com a sua consorte, Vajravarahi, e, por força dessa união-em-abraço, todos os seus ventos entram, permanecem e se dissolvem na gota indestrutível, no seu coração. Com essa dissolução, os oito sinais aparecem e são experienciados em associação com a vacuidade. Quando a clara-luz totalmente vazia surge, a sua mente se funde indistinguivelmente com a vacuidade, como água misturando-se com água. Nesta etapa, o experiente iogue pode permanecer no estado de *clara-luz totalmente vazia* pelo tempo que desejar. Essa prática precisa ser feita muitas e muitas vezes, até que a perfeita Budeidade seja alcançada.

Quando o iogue emergir do equilíbrio meditativo da clara-luz, ele experienciará as mentes negra da aquisição-próxima, de vermelho crescente, de aparência branca, e assim por diante. A cada sinal sucessivo, a natureza da sua mente irá se tornar mais e mais densa até que, por fim, ele se envolva novamente nas atividades diárias, como a de expor o Dharma. Durante esse período de aquisição subsequente, ele não terá mais a mente de clara-luz, porque ela já havia cessado quando a mente negra da aquisição-próxima surgiu. Sempre que desejar manifestar novamente essa mente muito sutil de clara-luz, ele precisará entrar em meditação com o mudra-ação ou executar as concentrações internas.

A clara-luz experienciada por alguém na etapa da união é a clara-luz-significativa. Por usar essa mente para meditar estritamente focado na vacuidade, todos os nove níveis de obstruções à onisciência serão gradualmente eliminados e, por fim, o iogue alcançará a iluminação. Tal como com a clara-luz-significativa, essa iluminação será alcançada ao amanhecer, o símbolo da clara-luz totalmente vazia.

Vamos supor que a nossa Deidade pessoal seja Heruka e que, após termos alcançado uma realização de todas as etapas até agora descritas, recebamos hoje sinais indicadores de que estamos prontos para alcançar a Budeidade. Dirigimo-nos agora ao nosso Guia Espiritual e fazemos elaboradas oferendas exteriores, interiores e secretas. À meia-noite, o nosso Guia Espiritual aparecerá a nós sob a forma de Heruka, assim como todos os Budas das dez direções. Ele então irá nos conceder a iniciação mudra-sabedoria e irá nos apresentar um mudra-ação sob a forma de Vajravarahi. Por força de nos unirmos-em-abraço com ela, experienciaremos os oitos sinais e, quando a clara-luz totalmente vazia surgir, a nossa mente irá se misturar indistinguivelmente com a vacuidade. Permaneceremos então nesse estado de equilíbrio meditativo até o amanhecer.

Durante esse período, a nossa mente de clara-luz-significativa irá se tornar o antídoto direto às obstruções remanescentes. Essa consciência, que é a nossa última mente como um ser senciente, é conhecida como "a concentração semelhante-a-um-vajra do Caminho da Meditação". Quando a concentração semelhante-a--um-vajra superar as últimas obstruções à onisciência ao amanhecer, iremos nos tornar um ser plenamente iluminado. Nesse

CLARA-LUZ DE ÊXTASE

momento, a nossa mente de clara-luz que realiza a vacuidade irá se tornar indestrutível e constante; nunca mais experienciaremos as mentes negra da aquisição-próxima, de vermelho crescente ou qualquer um dos demais estados de consciência densos. Desse momento em diante, experienciaremos, sem interrupção, a clara--luz totalmente vazia que realiza a vacuidade.

Com o total abandono das obstruções à onisciência ao amanhecer, a nossa mente de clara-luz-significativa torna-se o Corpo--Verdade resultante de um Buda, e o nosso corpo-ilusório puro, o Corpo-Forma resultante. Teremos, então, alcançado a União-do--Não-Mais-Aprender, o estado que possui as sete preeminentes qualidades de abraço. Para nós, não haverá mais nenhuma diferença entre o equilíbrio meditativo e a aquisição subsequente; todos os objetos de conhecimento serão realizados, ou compreendidos, simultaneamente com uma única mente em um único momento, uma vez que até mesmo a aparência dual mais sutil terá sido eliminada. A nossa mente de clara-luz perceberá simultaneamente todos os objetos de conhecimento, tão claramente como os seres comuns veem o seu próprio reflexo em um espelho.

COMO A BUDEIDADE É ALCANÇADA
EM UM LOCAL QUE NÃO É NENHUM DOS DOIS

Na discussão sobre as quatro alegrias, foi afirmado que há um momento em que o meditador do Mantra Secreto que já está pronto para experienciar a mente-isolada de clara-luz-exemplo última deve (1) aceitar um mudra-ação e executar as práticas que farão com que o vento-que-permeia se dissolva na gota indestrutível no coração, ou (2) decidir não aceitar tal mudra e esperar até a clara--luz da morte, quando então todos os ventos naturalmente se dissolvem na gota indestrutível. O que ocorre no primeiro caso já foi descrito; o segundo caso pode agora ser explicado, como segue.

Quando esse iogue experienciar a clara-luz da morte, ele, ou ela, alcançará a mente-isolada de clara-luz-exemplo última. Quando essa mente de clara-luz cessar, esse iogue, em vez de ingressar no

MAHAMUDRA RESULTANTE

estado intermediário, surgirá na forma do corpo-ilusório em um local que não é nem Akanishta nem o reino do desejo. Se a Deidade pessoal do meditador for Heruka, a Budeidade será alcançada na Terra Pura de Heruka; se for Guhyasamaja, então será alcançada na Terra Pura de Guhyasamaja, e assim por diante.

O corpo-ilusório inicialmente alcançado por esse iogue é o corpo-ilusório impuro, porque ele surge por força da mente-isolada de clara-luz-exemplo última. Com esse corpo-ilusório impuro, o iogue se empenha repetidamente no método externo e nas duas concentrações internas anteriormente descritas. Através desses métodos, o iogue, por fim, alcança a clara-luz-significativa, ponto este a partir do qual ele, ou ela, ingressa no Caminho da Visão do Mantra Secreto e se torna um ser superior do Mantra Secreto. Surgindo dessa clara-luz-significativa, ele, ou ela, alcança o corpo-ilusório puro e, logo em seguida, a união-que-precisa-aprender. Deste ponto até a aquisição da iluminação, o caminho é o mesmo, tal como foi descrito acima.

AS BOAS QUALIDADES DE UM BUDA

Um iogue que alcance a iluminação o faz sob a forma do Corpo-de-Deleite Completo. Esse corpo sagrado, que é também conhecido como "o Buda primordial", possui as sete preeminentes qualidades de abraço:

(1) O Corpo-de-Deleite Completo está adornado com os 32 sinais maiores e as oitenta indicações menores. Estes sinais e indicações são as características distintivas da forma de um Buda, indicando as muitas maneiras pelas quais um ser iluminado é superior aos seres sencientes. Tais características incluem a protuberância na coroa (*ushnisha*), o cabelo-de-sabedoria encaracolado, as orelhas alongadas, e outros sinais que simbolizam as qualidades incomparáveis de um Buda plenamente iluminado. Os sinais e indicações mostram não apenas que um Buda é livre de todos os medos e sofrimentos do samsara e que abandonou por completo as obstruções à

CLARA-LUZ DE ÊXTASE

libertação e à onisciência, como também que o seu corpo não está sujeito à degeneração, doença, envelhecimento ou morte.

(2) O Corpo-de-Deleite Completo está unido-em-abraço a um mudra-sabedoria. Essa característica do Pai e da Mãe, de estarem voltados um de frente para o outro, simboliza que a iluminação é alcançada através da conclusão das práticas de unir-se-em-abraço e, por meio disso, experienciar o grande êxtase espontâneo que medita na vacuidade.

(3) A mente de um ser iluminado permanece sempre em um estado de grande êxtase espontâneo. Essa é uma característica adicional da superioridade da mente de um Buda com relação às mentes dos seres scientes.

(4) O grande êxtase espontâneo de um Buda está sempre misturado com a vacuidade. Sem mover-se desse estado de total absorção, um ser iluminado vê todos os objetos de conhecimento tão claramente como uma conta de vidro na palma da mão. Isso mostra a excelsa qualidade da sabedoria de um Buda.

(5) A mente de grande compaixão de um Buda por todos os seres scientes nunca oscila. Essa característica mostra que a mente de um ser iluminado não está maculada nem mesmo pelo mais leve pensamento de autoapreço e que esse ser beneficia todos os outros seres sem exceção.

(6) O *continuum* do corpo de um ser iluminado nunca cessa. Isso indica que o corpo-vajra indestrutível foi alcançado.

(7) As emanações de Buda permeiam o universo inteiro, e as suas atividades para o benefício dos outros nunca cessam.

Isto foi apenas uma breve descrição do Buda primordial: o Corpo--de-Deleite Vajradhara. Se todas as excelentes qualidades desse ser fossem listadas em detalhes, a descrição se estenderia por muitas páginas. Explicações adicionais sobre as excelentes qualidades do corpo, fala e mente de um Buda são apresentadas no oitavo capítulo de *Ornamento para a Realização Clara*, de Maitreya, bem como nos seus muitos comentários, e no *Guia ao Caminho do Meio*, de Chandrakirti. Um comentário ao *Guia ao Caminho do Meio* pode ser encontrado no livro *Oceano de Néctar*.

EXPLICAÇÃO DAS RELAÇÕES
DAS ORDENS SERIAL E REVERSA

Por meio de confiar em nosso Guia Espiritual, temos uma oportunidade especial de progredir pelas etapas da prática mahayana e de alcançar as realizações de renúncia, bodhichitta e da visão correta da vacuidade. Com essa fundação firme, tornamo-nos devidamente qualificados para ingressar nas práticas da meditação do estágio de geração do Mantra Secreto. Na dependência da experiência do estágio de geração, temos a oportunidade de praticar o corpo-isolado e a fala-isolada do estágio de conclusão. Por força de alcançarmos uma realização desses dois, podemos concluir com êxito a prática da mente-isolada, e o êxito nessa prática nos permite alcançar o corpo-ilusório e a clara-luz-significativa. Por força da clara-luz-significativa, podemos alcançar o *Mahamudra que é a união das duas verdades*. Com base nesse Mahamudra, alcançaremos, por fim, a Budeidade: o Mahamudra-União resultante que possui as sete preeminentes qualidades de abraço. Esta progressão passo a passo – desde a nossa confiança inicial em nosso Guia Espiritual até a nossa aquisição da plena iluminação – é a relação da ordem serial das etapas do caminho.

Quanto à relação da ordem reversa, esta é como segue. A aquisição do Mahamudra-União que possui as sete preeminentes qualidades de abraço depende da nossa aquisição prévia do *Mahamudra que é a união das duas verdades*. Este, por sua vez, depende da nossa aquisição da clara-luz-significativa, que depende da aquisição do corpo-ilusório. O corpo-ilusório é alcançado na dependência de alcançarmos a mente-isolada, e esta, por sua vez, depende de alcançarmos a fala-isolada e o corpo-isolado do estágio de conclusão. A aquisição do corpo-isolado do estágio de conclusão depende de alcançarmos uma realização das meditações do estágio de geração, e isso depende das nossas realizações dos três caminhos principais: renúncia, bodhichitta e a visão correta da vacuidade. Todas essas realizações – desde a aquisição da Budeidade até, retroativamente, o desenvolvimento de renúncia – dependem de confiarmos sinceramente em nosso Guia Espiritual.

Essas duas maneiras de olhar para a relação interdependente entre as etapas do caminho ilustram que, se tivermos um desejo sincero de nos tornarmos um Buda, precisamos seguir o caminho completo de Sutra e do Mantra Secreto. Empregar a nossa vida em uma ou duas meditações não nos conduzirá à iluminação. Se quisermos desfrutar de uma xícara de chá, não é suficiente ter, meramente, apenas a água, ou apenas o chá, ou apenas o leite, ou apenas o açúcar – precisamos ter todos os ingredientes juntos. Se diversas coisas diferentes precisam ser reunidas para que possamos meramente desfrutar de uma xícara de chá, quão mais necessário isso deve ser se o nosso objetivo é experienciar a mais elevada iluminação? É irrealista pensar que podemos depender de apenas uma ou duas práticas isoladas.

Isto conclui as instruções sobre o Mahamudra-União resultante, em particular, e sobre o Mahamudra do Mantra Secreto, em geral. Para que estas instruções sejam benéficas, elas não devem ser objeto de mero interesse ou curiosidade intelectuais; precisamos, efetivamente, colocá-las em prática, sob a orientação de um Guia Espiritual plenamente qualificado.

AS ETAPAS FINAIS

Nos ensinamentos da Tradição Kadampa sobre o treino da mente, é afirmado que há determinadas atividades específicas a serem feitas no início e no fim de qualquer prática de Dharma. Não importa

MAHAMUDRA RESULTANTE

a ação com a qual possamos estar envolvidos – seja ela a ação de estudar, meditar, a prática de dar, ou qualquer outra –, é importante estabelecer, no início, uma motivação correta e, ao finalizá-la, fazer uma dedicatória correta. Estabelecer a motivação correta – bodhichitta – foi explicado no início deste livro. Quanto à dedicatória correta, a função dessa prática conclusiva é assegurar que qualquer riqueza de virtude que tenha sido acumulada através das nossas atividades de Dharma não seja desperdiçada ou exaurida, mas que possa aumentar abundantemente. Mesmo que a nossa acumulação de virtude seja pequena, os seus frutos podem ser abundantes se fizermos a dedicatória adequadamente.

Os resultados das ações meritórias dependem largamente da nossa maneira de dedicá-las. Se as nossas ações virtuosas acumuladas previamente forem dedicadas à iluminação, elas se tornarão, definitivamente, a causa para alcançarmos a perfeita Budeidade; se forem dedicadas à libertação pessoal do sofrimento, irão se tornar a causa para alcançarmos o nirvana; e se forem dedicadas em nome dos prazeres desta vida, os seus resultados irão se seguir de acordo com esse desejo. No entanto, esta última dedicatória não é uma dedicatória pura, e a penúltima não é uma dedicatória sublime. A primeira dedicatória é a mais pura e sublime de todas. Portanto, devemos dedicar quaisquer ações virtuosas que tenhamos feito e todo o mérito que acumulamos por meio delas à aquisição da iluminação para o benefício de todos os seres sencientes, sem exceção.

Aqui, então, devemos dedicar toda a virtude de dar e de ouvir os ensinamentos de Mahamudra, de ler os textos de Mahamudra, de contemplar o significado do Mahamudra e de meditar nas etapas da prática do Mahamudra para a aquisição do *Mahamudra que é a União-do-Não-Mais-Aprender* – a perfeita iluminação da Budeidade – com o objetivo de beneficiar todos os seres vivos. Essa dedicatória é extremamente importante. Se for feita correta e sinceramente do fundo do nosso coração, a prática tripla de ouvir, contemplar e meditar nestes ensinamentos do Mahamudra será muito significativa e a fonte de grande êxtase.

Dorjechang Kelsang Gyatso Rinpoche

Dedicatória

Devemos rezar:

Para concretizar todos os propósitos dos seres vivos,
Que eu alcance rapidamente, por meio dessa virtude,
As sete preeminentes qualidades de abraço:
Um Corpo-Forma dotado com os sinais maiores e as indicações
menores,
Continuamente unido-em-abraço com uma consorte
de sabedoria-conhecimento,
Uma mente que permanece sempre em um estado de grande
êxtase,
Mente de êxtase esta sempre misturada com a vacuidade,
a ausência de existência inerente de todos os fenômenos,
Dotada com grande compaixão que abandonou o extremo
do apego à paz solitária,
Manifestando ininterruptamente Corpos-Forma que permeiam
o mundo inteiro
E executando incessantemente feitos iluminados.

Que tudo seja auspicioso.

Este livro, *Clara-Luz de Êxtase*, são os ensinamentos
do Venerável Geshe Kelsang Gyatso Rinpoche.
Estes ensinamentos foram gravados e transcritos
e, então, editados principalmente por ele e por
alguns dos seus estudantes seniores.

Apêndice I

O Sentido Condensado do Texto

O MAHAMUDRA DA LINHAGEM ORAL
DA INIGUALÁVEL TRADIÇÃO VIRTUOSA

O Sentido Condensado do Texto

A explicação das etapas sobre como praticar o Caminho Rápido Vajrayana do Mahamudra da linhagem oral da inigualável Tradição Virtuosa é apresentada em três partes:

1. Introdução aos caminhos gerais;
2. A fonte da linhagem da qual provêm estas instruções;
3. A explicação propriamente dita das instruções desta linhagem.

A explicação propriamente dita das instruções desta linhagem tem três partes:

1. As práticas preliminares;
2. A prática propriamente dita;
3. As etapas finais.

As práticas preliminares tem duas partes:

1. As práticas preliminares comuns;
2. As práticas preliminares incomuns.

As práticas preliminares comuns tem quatro partes:

1. O guia de buscar refúgio e gerar bodhichitta, a porta para o Budadharma e o Mahayana;
2. O guia de oferendas de mandala, a porta para acumular uma coleção de mérito;

APÊNDICE I: O SENTIDO CONDENSADO DO TEXTO

3. O guia de meditação e recitação de Vajrasattva, a porta para purificar negatividades e quedas morais;
4. O guia de Guru-Ioga, a porta para receber bênçãos.

A prática propriamente dita tem três partes:

1. Como praticar o Mahamudra que é a união de êxtase e vacuidade;
2. Como praticar o Mahamudra que é a união das duas verdades;
3. Como realizar o Mahamudra que é a União-do-Não--Mais-Aprender resultante, o estado que possui as sete preeminentes qualidades de abraço.

Como praticar o Mahamudra que é a união de êxtase e vacuidade tem duas partes:

1. Explicação do método para gerar o possuidor-de--objeto, o grande êxtase espontâneo;
2. Explicação do método para realizar corretamente o objeto, a vacuidade.

Explicação do método para gerar o possuidor-de-objeto, o grande êxtase espontâneo, tem duas partes:

1. Penetrar os pontos exatos do nosso próprio corpo;
2. Penetrar os pontos exatos do corpo de outra pessoa.

Penetrar os pontos exatos do nosso próprio corpo tem quatro partes:

1. Identificar as dez portas através das quais os ventos podem entrar no canal central;
2. A razão pela qual os ventos podem entrar no canal central através dessas portas por meio de penetrar os pontos exatos;
3. Explicação das suas diferentes funções;
4. Explicação das etapas da meditação no fogo interior (*tummo*), em particular.

Explicação das etapas da meditação no fogo interior (tummo), em particular, tem duas partes:

1. Como meditar no fogo interior (*tummo*) em oito etapas;
2. Com base nisso, uma explicação da prática das quatro alegrias e das nove fusões.

Como meditar no fogo interior (tummo) em oito etapas tem oito partes:

1. Explicação sobre como eliminar ventos impuros e meditar num corpo vazio;
2. Visualizar e meditar nos canais;
3. Treinar os caminhos dos canais;
4. Visualizar e meditar nas letras;
5. Acender o fogo interior (*tummo*);
6. Fazer o fogo arder;
7. Mero arder e gotejar;
8. Explicação sobre o arder e o gotejar extraordinários.

Com base nisso, uma explicação da prática das quatro alegrias e das nove fusões tem duas partes:

1. Explicação das quatro alegrias;
2. Explicação das nove fusões.

Explicação das nove fusões tem três partes:

1. Explicação das fusões durante o estado de vigília;
2. Explicação das fusões durante o sono;
3. Explicação das fusões durante a morte.

Explicação das fusões durante o estado de vigília tem três partes:

1. A fusão com o Corpo-Verdade durante o estado de vigília;
2. A fusão com o Corpo-de-Deleite durante o estado de vigília;
3. A fusão com o Corpo-Emanação durante o estado de vigília.

APÊNDICE I: O SENTIDO CONDENSADO DO TEXTO

Explicação das fusões durante o sono tem três partes:

1. A fusão com o Corpo-Verdade durante o sono;
2. A fusão com o Corpo-de-Deleite durante o sono;
3. A fusão com o Corpo-Emanação durante o sono.

Explicação das fusões durante a morte tem três partes:

1. A fusão com o Corpo-Verdade durante a morte;
2. A fusão com o Corpo-de-Deleite durante a morte;
3. A fusão com o Corpo-Emanação durante a morte.

Penetrar os pontos exatos do corpo de outra pessoa tem duas partes:

1. Depender de um mudra-ação;
2. Depender de um mudra-sabedoria.

Explicação do método para realizar corretamente o objeto, a vacuidade, tem três partes:

1. Como a realização direta da vacuidade depende do tranquilo-permanecer;
2. A explicação incomum sobre como meditar no tranquilo-permanecer;
3. Como buscar a visão da vacuidade através de meditação.

A explicação incomum sobre como meditar no tranquilo-permanecer tem duas partes:

1. Introdução ao objeto de meditação – a mente, ela própria;
2. A explicação propriamente dita sobre como treinar.

Introdução ao objeto de meditação – a mente, ela própria, tem três partes:

1. Introdução à mente, em geral;
2. Introdução às mentes individuais;
3. Evitar confundir a introdução à natureza convencional da mente com uma introdução à natureza última da mente.

Introdução às mentes individuais tem três partes:

1. Introdução às mentes densas;
2. Introdução às mentes sutis;
3. Introdução à mente muito sutil.

A explicação propriamente dita sobre como treinar tem três partes:

1. Como treinar por meio de contínua-lembrança geral;
2. Como treinar por meio de contínuas-lembranças específicas;
3. Como treinar por meio dos seis métodos para assentar a mente.

Como treinar por meio de contínuas-lembranças específicas tem cinco partes:

1. Como treinar por meio de contínua-lembrança nova;
2. Como treinar por meio de contínua-lembrança antiga;
3. Como treinar por meio de métodos apropriados;
4. Como treinar por meio de categorias conhecidas por outros;
5. Como treinar por meio da cessação natural dos pensamentos conceituais.

Como treinar por meio dos seis métodos para assentar a mente tem seis partes:

1. Assentar a mente como o Sol não encoberto pelas nuvens;
2. Assentar a mente como um garuda descrevendo círculos no céu;
3. Assentar a mente como um oceano tranquilo;
4. Assentar a mente como uma criança contemplando fixamente um templo;
5. Assentar a mente como o rastro de um pássaro voando no céu;
6. Assentar a mente como um fio de excelente algodão.

APÊNDICE I: O SENTIDO CONDENSADO DO TEXTO

Como buscar a visão da vacuidade através de meditação tem três partes:

1. Como meditar na ausência do em-si de pessoas;
2. Como meditar na ausência do em-si dos fenômenos;
3. Aconselhar aqueles que desejam uma compreensão inequívoca da visão última, de acordo tanto com os Sutras como com o Tantra, sobre a necessidade de ouvir, contemplar e meditar no texto-raiz de Nagarjuna sobre o Caminho do Meio, bem como nos seus comentários.

Como meditar na ausência do em-si de pessoas tem três partes:

1. Identificar o objeto negado;
2. A maneira de refutar o objeto negado;
3. Como treinar a vacuidade durante o equilíbrio meditativo e a aquisição subsequente.

A maneira de refutar o objeto negado tem três partes:

1. O ponto essencial em averiguar a permeação;
2. O ponto essencial em averiguar a ausência de unicidade;
3. O ponto essencial em averiguar a ausência de diferença.

Como treinar a vacuidade durante o equilíbrio meditativo e a aquisição subsequente tem duas partes:

1. O ioga do equilíbrio meditativo semelhante-ao-espaço;
2. O ioga da aquisição subsequente semelhante-a-uma--ilusão.

Como meditar na ausência do em-si dos fenômenos tem três partes:

1. Meditação na ausência de existência inerente do corpo;
2. Meditação na ausência de existência inerente da mente;
3. Meditação na ausência de existência dos demais fenômenos.

Cada uma delas tem, por sua vez, três partes – identificar o objeto negado, e assim por diante.

Como praticar o Mahamudra que é a união das duas verdades tem três partes:

1. Explicação das etapas para alcançar o corpo-ilusório com respeito à verdade convencional;
2. Explicação das etapas para alcançar a clara-luz--significativa com respeito à verdade última;
3. A explicação efetiva do Mahamudra que é a união das duas verdades.

Explicação das etapas para alcançar o corpo-ilusório com respeito à verdade convencional tem quatro partes:

1. De que modo os discípulos que possuem os quatro atributos solicitam, a um Guia Espiritual qualificado, o significado do corpo-ilusório;
2. Como uma compreensão correta do corpo-ilusório depende das instruções do Guia Espiritual;
3. Reconhecer a base para alcançar o corpo-ilusório;
4. O caminho efetivo para alcançar o corpo-ilusório sobre essa base.

Explicação das etapas para alcançar a clara-luz-significativa com respeito à verdade última tem três partes:

1. Explicação do método para cultivá-la;
2. A maneira de cultivá-la por meio de confiar neste método;
3. A razão pela qual essa clara-luz sozinha atua como o antídoto direto tanto para as delusões intelectualmente formadas quanto para as inatas.

A explicação efetiva do Mahamudra que é a união das duas verdades tem duas partes:

1. Introdução à união;
2. Mostrar as etapas por meio das quais ela é gradualmente realizada.

Como realizar o Mahamudra que é a União-do-Não-Mais-Aprender resultante, o estado que possui as sete preeminentes qualidades de abraço, tem cinco partes:

1. O local onde a Budeidade é alcançada;
2. A base sobre a qual a Budeidade é alcançada;
3. A maneira pela qual a Budeidade é alcançada;
4. As boas qualidades de um Buda;
5. Explicação das relações das ordens serial e reversa.

Dedicatória

Para concretizar todos os propósitos dos seres vivos,
Que eu alcance rapidamente, por meio dessa virtude,
As sete preeminentes qualidades de abraço:
Um Corpo-Forma dotado com os sinais maiores e as
    indicações menores,
Continuamente unido-em-abraço com uma consorte
    de sabedoria-conhecimento,
Uma mente que permanece sempre em um estado de grande
    êxtase,
Mente de êxtase esta sempre misturada com a vacuidade,
    a ausência de existência inerente de todos os fenômenos,
Dotada com grande compaixão que abandonou o extremo
    do apego à paz solitária,
Manifestando ininterruptamente Corpos-Forma que
    permeiam o mundo inteiro
E executando incessantemente feitos iluminados.

Que tudo seja auspicioso.

Cólofon: Este sentido condensado, ou síntese,
de *Clara-Luz de Êxtase*, um comentário à prática
do Mahamudra no Budismo Vajrayana, foi escrito
pelo Venerável Geshe Kelsang Gyatso Rinpoche.

Apêndice II

Sadhanas

CONTEÚDO

Prece Libertadora
Louvor a Buda Shakyamuni 271

Preces de Pedidos aos Gurus da Linhagem
Mahamudra 273

O Ioga de Buda Heruka
A sadhana essencial de autogeração do mandala de corpo de
Heruka & O Ioga Condensado em Seis Sessões 283

Prece Libertadora

LOUVOR A BUDA SHAKYAMUNI

Ó Abençoado, Shakyamuni Buda,
Precioso tesouro de compaixão,
Concessor de suprema paz interior,

Tu, que amas todos os seres sem exceção,
És a fonte de bondade e felicidade,
E nos guias ao caminho libertador.

Teu corpo é uma joia-que-satisfaz-os-desejos,
Tua fala é um néctar purificador e supremo
E tua mente, refúgio para todos os seres vivos.

Com as mãos postas, me volto para ti,
Amigo supremo e imutável,
E peço do fundo do meu coração:

Por favor, concede-me a luz de tua sabedoria
Para dissipar a escuridão da minha mente
E curar o meu *continuum* mental.

Por favor, me nutre com tua bondade,
Para que eu possa, por minha vez, nutrir todos os seres
Com um incessante banquete de deleite.

Por meio de tua compassiva intenção,
De tuas bênçãos e feitos virtuosos
E por meu forte desejo de confiar em ti,

Que todo o sofrimento rapidamente cesse,
Que toda a felicidade e alegria aconteçam
E que o sagrado Dharma floresça para sempre.

Cólofon: Esta prece foi escrita por Venerável Geshe Kelsang Gyatso Rinpoche e é recitada regularmente no início de ensinamentos, meditações e preces nos Centros Budistas Kadampa em todo o mundo.

*Preces de Pedidos aos Gurus
da Linhagem Mahamudra*

Preces de Pedidos aos Gurus
da Linhagem Mahamudra

Homenagem ao Mahamudra

Ó Excelso Vajradhara, que permeas todas as naturezas;
Glorioso Primeiro Buda, Principal de todas as Famílias Búdicas,
No interior da mansão celestial dos três corpos espontâneos,
Peço a ti, por favor, concede-me tuas bênçãos
Para que eu corte a videira sinuosa, furtiva e serpeante do
    agarramento ao em-si em meu *continuum* mental,
Treine em amor, compaixão e bodhichitta
E realize, rapidamente, o Mahamudra do Caminho da União.

Ó Onisciente Superior Manjushri,
Pai de todos os Conquistadores dos três tempos
Nas Terras Búdicas em todos os mundos das dez direções,
Peço a ti, por favor, concede-me tuas bênçãos
Para que eu corte a videira sinuosa, furtiva e serpeante do
    agarramento ao em-si em meu *continuum* mental,
Treine em amor, compaixão e bodhichitta
E realize, rapidamente, o Mahamudra do Caminho da União.

Ó Venerável Losang Dragpa,
O Segundo Capaz da doutrina de Buda,
Aparecendo na setentrional Terra das Neves,
Peço a ti, por favor, concede-me tuas bênçãos
Para que eu corte a videira sinuosa, furtiva e serpeante do
    agarramento ao em-si em meu *continuum* mental,
Treine em amor, compaixão e bodhichitta
E realize, rapidamente, o Mahamudra do Caminho da União.

Ó Togden Jampel Gyatso,
Principal detentor da doutrina da linhagem de realização
De Je Tsongkhapa, o Filho de Manjushri,
Peço a ti, por favor, concede-me tuas bênçãos
Para que eu corte a videira sinuosa, furtiva e serpeante do
agarramento ao em-si em meu *continuum* mental,
Treine em amor, compaixão e bodhichitta
E realize, rapidamente, o Mahamudra do Caminho da União.

Ó Baso Chokyi Gyaltsen,
Que abriste o tesouro de instruções da Linhagem Sussurrada
E amadureceste discípulos afortunados,
Peço a ti, por favor, concede-me tuas bênçãos
Para que eu corte a videira sinuosa, furtiva e serpeante do
agarramento ao em-si em meu *continuum* mental,
Treine em amor, compaixão e bodhichitta
E realize, rapidamente, o Mahamudra do Caminho da União.

Ó Supremo Iogue Dharmavajra,
Que concluíste os iogas dos dois estágios
E alcançaste o corpo imortal de um Detentor do Saber,
Peço a ti, por favor, concede-me tuas bênçãos
Para que eu corte a videira sinuosa, furtiva e serpeante do
agarramento ao em-si em meu *continuum* mental,
Treine em amor, compaixão e bodhichitta
E realize, rapidamente, o Mahamudra do Caminho da União.

Ó Losang Donyo Drubpa (Gyalwa Ensapa),
Que sustentaste o estandarte da vitória da doutrina definitiva,
Liberto dos grilhões dos oito dharmas mundanos,
Peço a ti, por favor, concede-me tuas bênçãos
Para que eu corte a videira sinuosa, furtiva e serpeante do
agarramento ao em-si em meu *continuum* mental,
Treine em amor, compaixão e bodhichitta
E realize, rapidamente, o Mahamudra do Caminho da União.

APÊNDICE II: SADHANAS – PRECES AOS GURUS DA LINHAGEM MAHAMUDRA

Ó Khedrub Sangye Yeshe,
Que guias todos os migrantes com teu aspecto de ordenado
No encantador palácio dos três corpos,
Peço a ti, por favor, concede-me tuas bênçãos
Para que eu corte a videira sinuosa, furtiva e serpeante do
    agarramento ao em-si em meu *continuum* mental,
Treine em amor, compaixão e bodhichitta
E realize, rapidamente, o Mahamudra do Caminho da União.

Ó Venerável Losang Chogyen (primeiro Panchen Lama),
Todo-Conhecedor, inseparável do Protetor da doutrina
Do Conquistador, Venerável Losang Dragpa,
Peço a ti, por favor, concede-me tuas bênçãos
Para que eu corte a videira sinuosa, furtiva e serpeante do
    agarramento ao em-si em meu *continuum* mental,
Treine em amor, compaixão e bodhichitta
E realize, rapidamente, o Mahamudra do Caminho da União.

Ó Grande Iogue Gendun Gyaltsen (Nechu Rabjampa),
Que concluíste todas as práticas, integrando, em um único
    significado,
As palavras dos Sutras, Tantras e comentários,
Peço a ti, por favor, concede-me tuas bênçãos
Para que eu corte a videira sinuosa, furtiva e serpeante do
    agarramento ao em-si em meu *continuum* mental,
Treine em amor, compaixão e bodhichitta
E realize, rapidamente, o Mahamudra do Caminho da União.

Ó Realizado Gyaltsen Dzinpa (Drungpa Tsondru Gyaltsen),
Que, por meio de grande esforço, conquistaste o supremo estado
Por experienciar a essência da doutrina do Conquistador, Venerável
    Losang,
Peço a ti, por favor, concede-me tuas bênçãos
Para que eu corte a videira sinuosa, furtiva e serpeante do
    agarramento ao em-si em meu *continuum* mental,
Treine em amor, compaixão e bodhichitta
E realize, rapidamente, o Mahamudra do Caminho da União.

Ó Konchog Gyaltsen, Detentor da grande linhagem,
Que és habilidoso em expor a discípulos afortunados
O néctar essencial do sagrado Dharma vasto e profundo,
Peço a ti, por favor, concede-me tuas bênçãos
Para que eu corte a videira sinuosa, furtiva e serpeante do
    agarramento ao em-si em meu *continuum* mental,
Treine em amor, compaixão e bodhichitta
E realize, rapidamente, o Mahamudra do Caminho da União.

Ó Venerável Losang Yeshe (segundo Panchen Lama),
És o próprio Venerável Losang Chokyi Gyaltsen,
Retornando para a glória dos migrantes e da doutrina,
Peço a ti, por favor, concede-me tuas bênçãos
Para que eu corte a videira sinuosa, furtiva e serpeante do
    agarramento ao em-si em meu *continuum* mental,
Treine em amor, compaixão e bodhichitta
E realize, rapidamente, o Mahamudra do Caminho da União.

Ó Venerável Losang Trinlay (Lhapa Tulku),
Que realizaste o caminho profundo da Linhagem Sussurrada,
Diretamente abençoada pelos Veneráveis Budas,
Peço a ti, por favor, concede-me tuas bênçãos
Para que eu corte a videira sinuosa, furtiva e serpeante do
    agarramento ao em-si em meu *continuum* mental,
Treine em amor, compaixão e bodhichitta
E realize, rapidamente, o Mahamudra do Caminho da União.

Ó Supremo Realizado, Drubwang Losang Namgyal,
Que completaste a prática do significado essencial
Da Linhagem Sussurrada do Conquistador Venerável Losang,
Peço a ti, por favor, concede-me tuas bênçãos
Para que eu corte a videira sinuosa, furtiva e serpeante do
    agarramento ao em-si em meu *continuum* mental,
Treine em amor, compaixão e bodhichitta
E realize, rapidamente, o Mahamudra do Caminho da União.

APÊNDICE II: SADHANAS - PRECES AOS GURUS DA LINHAGEM MAHAMUDRA

Ó Bondoso Kachen Yeshe Gyaltsen,
Que, por compaixão, elucidas sem erro
As instruções da Linhagem Sussurrada do Venerável Lama,
Peço a ti, por favor, concede-me tuas bênçãos
Para que eu corte a videira sinuosa, furtiva e serpeante do
    agarramento ao em-si em meu *continuum* mental,
Treine em amor, compaixão e bodhichitta
E realize, rapidamente, o Mahamudra do Caminho da União.

Ó Venerável Phurchog Ngawang Jampa,
Que difundiste, por todas as terras centrais e áreas de fronteira,
A essência da inequívoca doutrina da totalidade do caminho
Peço a ti, por favor, concede-me tuas bênçãos
Para que eu corte a videira sinuosa, furtiva e serpeante do
    agarramento ao em-si em meu *continuum* mental,
Treine em amor, compaixão e bodhichitta
E realize, rapidamente, o Mahamudra do Caminho da União.

Ó Panchen Palden Yeshe,
Que, como um glorioso primeiro Buda sob o aspecto de um
    ordenado,
Amadureceste toda a China e Tibete com o Dharma,
Peço a ti, por favor, concede-me tuas bênçãos
Para que eu corte a videira sinuosa, furtiva e serpeante do
    agarramento ao em-si em meu *continuum* mental,
Treine em amor, compaixão e bodhichitta
E realize, rapidamente, o Mahamudra do Caminho da União.

Ó Khedrub Ngawang Dorje,
Que realizaste, estritamente focado, todas as aquisições,
A conclusão dos excelentes caminhos de Sutra e de Tantra,
Peço a ti, por favor, concede-me tuas bênçãos
Para que eu corte a videira sinuosa, furtiva e serpeante do
    agarramento ao em-si em meu *continuum* mental,
Treine em amor, compaixão e bodhichitta
E realize, rapidamente, o Mahamudra do Caminho da União.

Ó Venerável Ngulchu Dharmabhadra,
Protetor que clarificaste a doutrina do Conquistador por meio
de explicação e composição,
Com habilidade, resoluto e imperturbável, como um segunda Buda,
Peço a ti, por favor, concede-me tuas bênçãos
Para que eu corte a videira sinuosa, furtiva e serpeante do
agarramento ao em-si em meu *continuum* mental,
Treine em amor, compaixão e bodhichitta
E realize, rapidamente, o Mahamudra do Caminho da União.

Ó Yangchen Drubpay Dorje,
Cujos olhos, de grande e inobservável compaixão, nunca estão
fechados,
E cuja profunda e extensa sabedoria é como a de Manjushri,
Peço a ti, por favor, concede-me tuas bênçãos
Para que eu corte a videira sinuosa, furtiva e serpeante do
agarramento ao em-si em meu *continuum* mental,
Treine em amor, compaixão e bodhichitta
E realize, rapidamente, o Mahamudra do Caminho da União.

Ó Khedrub Tendzin Tsondru,
Que concluíste os iogas de êxtase e vacuidade
E foste diretamente à capital da União,
Peço a ti, por favor, concede-me tuas bênçãos
Para que eu corte a videira sinuosa, furtiva e serpeante do
agarramento ao em-si em meu *continuum* mental,
Treine em amor, compaixão e bodhichitta
E realize, rapidamente, o Mahamudra do Caminho da União.

Ó Venerável Phabongkha Trinlay Gyatso,
Que, pelo poder de teu amor por todos os migrantes,
Sustentaste o estandarte da vitória das doutrinas de Sutra e de Tantra,
Peço a ti, por favor, concede-me tuas bênçãos
Para que eu corte a videira sinuosa, furtiva e serpeante do
agarramento ao em-si em meu *continuum* mental,
Treine em amor, compaixão e bodhichitta
E realize, rapidamente, o Mahamudra do Caminho da União.

APÊNDICE II: SADHANAS – PRECES AOS GURUS DA LINHAGEM MAHAMUDRA

Ó Bondoso Losang Yeshe (Trijang Rinpoche),
Guia Espiritual que, para discípulos afortunados,
Promoveste a essência-coração do Venerável Segundo Conquistador,
Peço a ti, por favor, concede-me tuas bênçãos
Para que eu corte a videira sinuosa, furtiva e serpeante do
    agarramento ao em-si em meu *continuum* mental,
Treine em amor, compaixão e bodhichitta
E realize, rapidamente, o Mahamudra do Caminho da União.

Ó Venerável Kelsang Gyatso Rinpoche,
Que, por tua compaixão e com tua grande habilidade,
Explicas, para discípulos afortunados,
As instruções de teu Guru e da linhagem profunda,
Peço a ti, por favor, concede-me tuas bênçãos
Para que eu corte a videira sinuosa, furtiva e serpeante do
    agarramento ao em-si em meu *continuum* mental,
Treine em amor, compaixão e bodhichitta
E realize, rapidamente, o Mahamudra do Caminho da União.

Por favor, concedei-me vossas bênçãos
Para que eu veja o Venerável Guru como um Buda,
Supere o apego pelas moradas do samsara
E, tendo assumido o fardo de libertar todos os migrantes,
Realize os caminhos comum e incomum
E alcance, rapidamente, a União do Mahamudra.

Que este meu corpo e teu corpo, Ó Pai,
Esta minha fala e tua fala, Ó Pai,
Esta minha mente e tua mente, Ó Pai,
Tornem-se, por meio de tuas bênçãos, inseparavelmente uma única.

Cólofon: Esta prece tradicional de pedidos aos Gurus da Linhagem
    Mahamudra foi traduzida pelos discípulos de Venerável Geshe
Kelsang Gyatso Rinpoche sob sua compassiva orientação. A estrofe de
pedidos ao Venerável Geshe Kelsang Gyatso Rinpoche foi escrita pelo
Glorioso Protetor do Dharma, Duldzin Dorje Shugden, a pedidos dos
fervorosos discípulos do Venerável Geshe Kelsang.

*Objetos de compromisso tântricos:
oferenda interior no kapala, vajra, sino, damaru, vaso-ação e mala*

O Ioga de Buda Heruka

A SADHANA ESSENCIAL DE AUTOGERAÇÃO
DO MANDALA DE CORPO DE HERUKA

&

O IOGA CONDENSADO EM SEIS SESSÕES

Introdução

AQUELES QUE RECEBERAM a iniciação do mandala de corpo de Heruka, mas não conseguem praticar a sadhana extensa, *Essência do Vajrayana*, podem praticar esta breve sadhana que contém a essência da prática do mandala de corpo de Heruka.

É muito importante melhorar nossa compreensão e fé nesta preciosa prática por meio do estudo sincero do seu comentário, apresentado no capítulo *A Prática do Mandala de Corpo de Heruka*, que faz parte do livro *Budismo Moderno*. Podemos então, tendo compreendido claramente seu significado e com forte fé, ingressar, fazer progressos e concluir o caminho rápido ao estado iluminado de Buda Heruka.

Geshe Kelsang Gyatso
Abril de 2010

O Ioga de Buda Heruka

PRELIMINARES

Buscar refúgio

Eu e todos os seres sencientes, até alcançarmos a iluminação,
Nos refugiamos em Buda, Dharma e Sangha.   (3x)

Gerar o supremo bom coração, a bodhichitta

Pelas virtudes que coleto, praticando o dar e as outras perfeições,
Que eu me torne um Buda para o benefício de todos.   (3x)

Guru-Ioga

VISUALIZAÇÃO E MEDITAÇÃO

No espaço à minha frente, está Guru Sumati Buda Heruka – Je
Tsongkhapa inseparável de meu Guru-raiz, de Buda Shakyamuni e
de Heruka – rodeado por todos os Budas das dez direções.

CONVIDAR OS SERES-DE-SABEDORIA

Do coração do Protetor das centenas de Deidades da Terra Alegre,
Ao topo de uma nuvem, como coalhada branca e fresca,
Ó Todo-Conhecedor Losang Dragpa, Rei do Dharma,
Por favor, vem a este lugar juntamente com teus Filhos.

Neste ponto, imaginamos que o ser-de-sabedoria Je Tsongkhapa, juntamente com seu séquito, dissolve-se na assembleia de Guru Sumati Buda Heruka e eles se tornam não duais.

A PRÁTICA DOS SETE MEMBROS

No espaço à minha frente, sobre um trono de leões, lótus e lua,
Os veneráveis Gurus sorriem com deleite.
Ó Supremo Campo de Mérito para a minha mente de fé,
Por favor, permanece por cem éons para difundir a doutrina.

Tua mente de sabedoria compreende a extensão integral dos
    objetos de conhecimento,
Tua eloquente fala é o ornamento-orelha dos afortunados,
Teu lindo corpo brilha com a glória do renome,
Prostro-me a ti, que és tão significativo de ver, ouvir e recordar.

Agradáveis oferendas de água, diversas flores,
Incenso de doce aroma, luzes, água perfumada e assim por diante,
Uma vasta nuvem de oferendas, tanto as efetivas como as imaginadas,
Ofereço a ti, Ó Supremo Campo de Mérito.

Sejam quais forem as não virtudes de corpo, fala e mente
Que tenho acumulado desde tempos sem início,
Especialmente as transgressões dos meus três votos,
Com grande remorso, confesso uma a uma do fundo de meu coração.

Nesta era degenerada, te empenhaste em muito estudo e realização.
Abandonando os oito interesses mundanos, tornaste significativos
    tuas liberdades e dotes.
Ó Protetor, regozijo-me do fundo de meu coração,
Na grande onda de teus feitos.

Das ondulantes nuvens de sabedoria e de compaixão
No espaço do vosso Corpo-Verdade, Ó Veneráveis e Sagrados Gurus,
Por favor, derramai uma chuva do Dharma vasto e profundo
Apropriado aos discípulos deste mundo.

APÊNDICE II: SADHANAS – O IOGA DE BUDA HERUKA

Do teu verdadeiro corpo imortal, nascido da clara-luz-significativa,
Por favor, envia incontáveis emanações ao mundo inteiro
Para difundir a linhagem oral da doutrina Ganden
E que elas permaneçam por muito tempo.

Pelas virtudes que aqui acumulei,
Que a doutrina e todos os seres vivos recebam todo benefício.
Especialmente, que a essência da doutrina
Do Venerável Losang Dragpa brilhe para sempre.

OFERECER O MANDALA

O chão espargido com perfume e salpicado de flores,
A Grande Montanha, quatro continentes, Sol e Lua,
Percebidos como Terra de Buda e assim oferecidos,
Que todos os seres desfrutem dessas Terras Puras.

Ofereço, sem nenhum sentimento de perda,
Os objetos que fazem surgir meu apego, ódio e confusão,
Meus amigos, inimigos e estranhos, nossos corpos e prazeres;
Peço, aceita-os e abençoa-me, livrando-me diretamente dos três
    venenos.

IDAM GURU RATNA MANDALAKAM NIRYATAYAMI

FAZER PEDIDOS ESPECIAIS

Ó Guru Sumati Buda Heruka, de agora em diante até que eu
    alcance a iluminação,
Não buscarei outro refúgio além de ti.
Por favor, pacifica meus obstáculos e concede-me
As duas aquisições, a libertadora e a de amadurecimento.
Por favor, abençoa-me para que eu me torne o Heruka definitivo,
O estado no qual experienciarei todos os fenômenos como
    purificados e reunidos na vacuidade, inseparável do grande
    êxtase.   (3x)

GERAR A EXPERIÊNCIA DE GRANDE ÊXTASE E VACUIDADE

Por ter feito pedidos desse modo, todos os Budas das dez direções se dissolvem em Je Tsongkhapa, que é inseparável de meu Guru-raiz; Je Tsongkhapa se dissolve em Buda Shakyamuni, que está em seu coração; e Buda Shakyamuni se dissolve em Heruka, que está em seu coração. Com deleite, Guru Heruka, que é da natureza da união de grande êxtase e vacuidade, ingressa em meu corpo pela minha coroa e se dissolve em minha mente, no meu coração. Porque Heruka, que é da natureza da união de grande êxtase e vacuidade, torna-se inseparável da minha mente, minha mente se transforma na união de grande êxtase e vacuidade de todos os fenômenos.

Meditamos nessa crença com concentração estritamente focada. Essa meditação é denominada "treinar o Guru-Ioga definitivo". Devemos repetir a prática de pedidos especiais e meditação muitas e muitas vezes, até que acreditemos, de maneira espontânea, que nossa mente se transformou na união de grande êxtase e vacuidade.

A AUTOGERAÇÃO PROPRIAMENTE DITA

No vasto espaço da vacuidade de todos os fenômenos, a natureza de minha purificada aparência equivocada de todos os fenômenos – que é a Terra Pura de Keajra – eu apareço como Buda Heruka, com um corpo azul, quatro faces e doze braços, a natureza de minha gota branca indestrutível purificada. Abraço Vajravarahi, a natureza de minha gota vermelha indestrutível purificada. Estou rodeado pelos Heróis e Heroínas das Cinco Rodas, que são a natureza de meu corpo sutil purificado – os canais e as gotas. Resido no mandala, a mansão celestial, que é a natureza de meu corpo denso purificado. Embora eu tenha essa aparência, ela não é outra senão a vacuidade de todos os fenômenos.

Neste ponto, (1) enquanto experienciamos grande êxtase e vacuidade, (2) meditamos, com orgulho divino, na clara-aparência do mandala e das Deidades, enquanto (3) reconhecemos

*que as Deidades são a natureza dos nossos canais e gotas purifi-
cados (que são o nosso corpo sutil) e que o mandala é a natureza
do nosso corpo denso purificado.*

*Desse modo, em uma única meditação, treinamos since-
ramente o estágio de geração, que possui essas três características. Mantendo a terceira característica (o reconhecimento
das Deidades como sendo a natureza do nosso corpo sutil
purificado, e o mandala como sendo a natureza do nosso
corpo denso purificado) tornamos essa concentração numa
verdadeira meditação do mandala de corpo.*

*Se desejarmos praticar a meditação do estágio de conclu-
são, devemos nos transformar, por meio de imaginação, de
Heruka com quatro faces e doze braços em Heruka com uma
face e dois braços. Fazemos, então, as meditações do canal
central, gota indestrutível, vento indestrutível, a meditação
tummo, e assim por diante.*

*Quando precisarmos descansar da meditação, podemos
praticar a recitação de mantra.*

Recitar os mantras

O MANTRA-ESSÊNCIA DE HERUKA

Em meu coração, está o ser-de-sabedoria Buda Heruka – Heruka
definitivo.

Ó Glorioso Vajra Heruka, tu que desfrutas
O corpo-ilusório divino e a mente de clara-luz,
Por favor, pacifica meus obstáculos e concede-me
As duas aquisições, a libertadora e a de amadurecimento.
Por favor, abençoa-me para que eu me torne Heruka definitivo,
O estado no qual experienciarei todos os fenômenos como
  purificados e reunidos na vacuidade, inseparável do grande
  êxtase.

OM SHRI VAJRA HE HE RU RU KAM HUM HUM PHAT DAKINI
  DZALA SHAMBARAM SÖHA   (21x, 100x, etc.)

O MANTRA TRI-OM DE VAJRAYOGINI

No coração da Vajrayogini imaginada (Vajravarahi), está o ser-de-sabedoria Buda Vajrayogini – Vajrayogini definitiva.

OM OM OM SARWA BUDDHA DAKINIYE VAJRA WARNANIYE VAJRA BEROTZANIYE HUM HUM HUM PHAT PHAT PHAT SÖHA

Recite, no mínimo, a quantidade de mantras que você prometeu.

O mantra "Tri-OM" é a união do mantra-essência e do mantra-essência aproximador de Vajravarahi. O significado desse mantra é apresentado a seguir. Com OM OM OM, chamamos Vajrayogini – a principal Deidade – e seu séquito de Heroínas das três rodas. SARWA BUDDHA DAKINIYE significa que Vajrayogini é a síntese das mentes de todos os Budas, VAJRA WARNANIYE significa que ela é a síntese da fala de todos os Budas, e VAJRA BEROTZANIYE significa que ela é a síntese dos corpos de todos os Budas. Com HUM HUM HUM, estamos rogando a Vajrayogini e seus séquitos que nos concedam as aquisições de corpo, fala e mente de todos os Budas. Com PHAT PHAT PHAT, estamos rogando a Vajrayogini e seus séquitos que pacifiquem nosso principal obstáculo – a aparência equivocada sutil do nosso corpo, fala e mente; e SÖHA significa "por favor, estabeleçam dentro de mim o fundamento básico para todas essas aquisições".

O MANTRA CONDENSADO DAS 62 DEIDADES DO MANDALA DE CORPO DE HERUKA

No coração de cada uma das 62 Deidades, está o seu ser-de-sabedoria individual, sua própria Deidade definitiva.

OM HUM BAM RIM RIM LIM LIM, KAM KHAM GAM GHAM NGAM, TSAM TSHAM DZAM DZHAM NYAM, TrAM THrAM DrAM DHrAM NAM, TAM THAM DAM DHAM NAM, PAM PHAM BAM BHAM, YAM RAM LAM WAM, SHAM KAM SAM HAM HUM HUM PHAT   (7x, 21x, 100x, etc.)

APÊNDICE II: SADHANAS – O IOGA DE BUDA HERUKA

Quando recitamos esse mantra, estamos fazendo pedidos ao ser-de-sabedoria Buda Heruka com Vajravarahi, juntamente com seu séquito de Heróis e Heroínas das Cinco Rodas, que pacifique nosso obstáculo da aparência equivocada sutil e nos conceda as aquisições da Terra Dakini exterior e interior. A Terra Dakini exterior é a Terra Pura de Keajra, e a Terra Dakini interior é a clara-luz-significativa. No momento em que nossa mente estiver livre da aparência equivocada sutil, abriremos a porta pela qual poderemos ver diretamente todas as Deidades iluminadas. Essa porta permanecerá fechada enquanto nossa mente continuar poluída pela aparência equivocada sutil.

Dedicatória

Assim, por minhas virtudes de corretamente fazer as oferendas,
    louvores, recitações e meditações
Do estágio de geração do Glorioso Heruka,
Que eu complete todas as etapas
Dos caminhos comum e incomum.

Para o bem de todos os seres vivos
Que eu me torne Heruka;
E, então, conduza cada ser vivo
Ao estado supremo de Heruka.

E, se eu não alcançar esse estado supremo nesta vida,
Que eu seja encontrado, na hora da minha morte, pelos Veneráveis
    Pai e Mãe e seus séquitos,
Com nuvens de oferendas extremamente belas, música celestial,
E muitos sinais auspiciosos e excelentes.

Então, ao final da clara-luz da morte,
Que eu seja conduzido à Terra Pura de Keajra,
A morada dos Detentores do Saber, que praticam o caminho
    supremo;
E que, ali, eu complete rapidamente esse caminho profundo.

Que a mais profunda prática e instrução de Heruka,
Praticada por milhões de poderosos iogues, aumente imensamente;
E que ela permaneça por muito tempo sem se degenerar,
Como a entrada principal para os que buscam libertação.

Que os Heróis, Dakinis e seus séquitos,
Que residem nos vinte e quatro lugares supremos deste mundo,
Que possuem um poder livre de obstruções para realizarem este
método,
Nunca oscilem em ajudar continuamente os praticantes.

Preces auspiciosas

Que haja a auspiciosidade de um grande tesouro de bênçãos
Surgindo dos excelentes feitos do Guru-raiz e de todos
os Gurus-linhagem,
Que realizaram a suprema aquisição de Buda Heruka
Por confiarem no excelente caminho secreto do Rei dos Tantras.

Que haja a auspiciosidade dos grandes e excelentes feitos das Três
Joias –
A sagrada Joia Buda, a natureza de Heruka que tudo permeia, o
Heruka definitivo;
A Joia Dharma secreta, magnífica e última, as escrituras e
realizações do Tantra de Heruka;
E a suprema Joia Sangha, as assembleias de Deidades do séquito de
Heruka.

Por toda a grande boa fortuna que existe
Nas preciosas mansões celestiais, tão extensas quanto os três mil
mundos,
Adornadas com ornamentos semelhantes aos raios do Sol e da Lua,
Que todos os mundos e seus seres tenham felicidade, bondade,
glória e prosperidade.

Preces pela Tradição Virtuosa

Para que a tradição de Je Tsongkhapa,
O Rei do Dharma, floresça,
Que todos os obstáculos sejam pacificados
E todas as condições favoráveis sejam abundantes.

Pelas duas coleções, minhas e dos outros,
Reunidas ao longo dos três tempos,
Que a doutrina do Conquistador Losang Dragpa
Floresça para sempre.

Prece *Migtsema* de nove versos

Tsongkhapa, ornamento-coroa dos eruditos da Terra das Neves,
Tu és Buda Shakyamuni e Vajradhara, a fonte de todas as conquistas,
Avalokiteshvara, o tesouro de inobservável compaixão,
Manjushri, a suprema sabedoria imaculada,
E Vajrapani, o destruidor das hostes de maras.
Ó Venerável Guru Buda, síntese das Três Joias,
Com meu corpo, fala e mente, respeitosamente faço pedidos:
Peço, concede tuas bênçãos para amadurecer e libertar a mim
    e aos outros,
E confere-nos as aquisições comuns e a suprema.   (3x)

Ioga Condensado em Seis Sessões

Todos os que receberam uma iniciação de Tantra Ioga Supremo têm um compromisso de praticar "o ioga em seis sessões". Se estivermos muito atarefados, podemos cumprir nosso compromisso das seis sessões fazendo a seguinte prática, seis vezes por dia. Primeiramente, recordamos os dezenove compromissos das Cinco Famílias Búdicas (listados abaixo) e, depois, com uma forte determinação de manter puramente esses compromissos, recitamos o Ioga Condensado em Seis Sessões.

OS DEZENOVE COMPROMISSOS
DAS CINCO FAMÍLIAS BÚDICAS

Os seis compromissos da Família de Buda Vairochana:

1. Buscar refúgio em Buda;
2. Buscar refúgio no Dharma;
3. Buscar refúgio na Sangha;
4. Abster-se de não-virtude;
5. Praticar virtude;
6. Beneficiar os outros.

Os quatro compromissos da Família de Buda Akshobya:

1. Manter um vajra para nos lembrar de enfatizar o desenvolvimento de grande êxtase por meio da meditação no canal central;

APÊNDICE II: SADHANAS – O IOGA DE BUDA HERUKA

2. Manter um sino para nos lembrar de enfatizar a meditação na vacuidade;
3. Gerar a nós mesmos como a Deidade, ao mesmo tempo que compreendemos que todas as coisas que normalmente vemos não existem;
4. Confiar sinceramente em nosso Guia Espiritual, que nos conduz à prática da pura disciplina moral dos votos pratimoksha, bodhisattva e tântricos.

Os quatro compromissos da Família de Buda Ratnasambhava:

1. Dar ajuda material;
2. Dar Dharma;
3. Dar destemor;
4. Dar amor.

Os três compromissos da Família de Buda Amitabha:

1. Confiar nos ensinamentos de Sutra;
2. Confiar nos ensinamentos das duas classes inferiores de Tantra;
3. Confiar nos ensinamentos das duas classes superiores de Tantra.

Os dois compromissos da Família de Buda Amoghasiddhi:

1. Fazer oferendas a nosso Guia Espiritual;
2. Empenharmo-nos para manter puramente todos os votos que tomamos.

IOGA CONDENSADO EM SEIS SESSÕES

Eu busco refúgio no Guru e nas Três Joias.
Segurando vajra e sino, gero-me como a Deidade e faço oferendas.
Confio nos Dharmas de Sutra e de Tantra e abstenho-me de todas as ações não virtuosas.
Reunindo todos os Dharmas virtuosos, ajudo todos os seres vivos por meio das quatro práticas de dar.

Todos os dezenove compromissos estão incluídos nessa estrofe. As palavras "Eu busco refúgio no Guru e nas Três Joias" referem-se aos três primeiros compromissos da Família de Buda Vairochana: buscar refúgio em Buda, buscar refúgio no Dharma e buscar refúgio na Sangha. A palavra "Guru" refere--se ao quarto compromisso da Família de Buda Akshobya: confiar sinceramente em nosso Guia Espiritual.

As palavras "Segurando vajra e sino, gero-me como a Deidade" *referem-se aos primeiros três compromissos da Família de Buda Akshobya: manter um vajra para nos lembrar do grande êxtase, manter um sino para nos lembrar da vacuidade e gerar a nós mesmos como a Deidade. As palavras* "e faço oferendas" *referem-se ao primeiro compromisso da Família de Buda Amoghasiddhi: fazer oferendas a nosso Guia Espiritual.*

As palavras "Confio nos Dharmas de Sutra e de Tantra" *referem-se aos três compromissos da Família de Buda Amitabha: confiar nos ensinamentos de Sutra, confiar nos ensinamentos das duas classes inferiores de Tantra e confiar nos ensinamentos das duas classes superiores de Tantra. As palavras* "e abstenho-me de todas as ações não virtuosas" *referem--se ao quarto compromisso da Família de Buda Vairochana: abster-se de não virtude.*

As palavras "Reunindo todos os Dharmas virtuosos" *referem-se ao quinto compromisso da Família de Buda Vairochana: praticar virtude. As palavras* "ajudo todos os seres vivos" *referem-se ao sexto compromisso da Família de Buda Vairochana: beneficiar os outros. As palavras* "por meio das quatro práticas de dar" *referem-se aos quatro compromissos da Família de Buda Ratnasambhava: dar ajuda material, dar Dharma, dar destemor e dar amor.*

Finalmente, a estrofe inteira refere-se ao segundo compromisso da Família de Buda Amoghasiddhi: empenharmo-nos para manter puramente todos os votos que tomamos.

Mais detalhes sobre os votos e compromissos do Mantra Secreto podem ser encontrados no livro Solos e Caminhos Tântricos.

Cólofon: Esta sadhana (ou prece ritual para as aquisições espirituais de Buda Heruka) foi compilada de fontes tradicionais por Venerável Geshe Kelsang Gyatso Rinpoche em junho de 2009 e revisada em abril de 2010 e dezembro de 2012.

Apêndice III

As Letras Visualizadas

HAM, OM, HUM, AH-breve

Glossário

Agarramento ao em-si Mente conceitual que considera, ou sustenta, qualquer fenômeno como sendo inerentemente existente. A mente de agarramento ao em-si dá origem a todas as demais delusões, como a raiva e o apego. É a causa-raiz de todo sofrimento e insatisfação. Consultar *Como Transformar a sua Vida, Budismo Moderno, Novo Coração de Sabedoria* e *Oceano de Néctar*.

Agregado Em geral, todas as coisas funcionais são agregados porque são uma agregação de suas partes. Em particular, uma pessoa do reino do desejo ou do reino da forma possui cinco agregados: os agregados forma, sensação, discriminação, fatores de composição e consciência. Um ser do reino da sem-forma carece do agregado forma, mas possui os outros quatro agregados. O agregado forma de uma pessoa é o seu corpo. Os quatro agregados restantes são aspectos de sua mente. Consultar *Novo Coração de Sabedoria*.

Aparência comum e concepção comum Aparência comum é qualquer aparência devida a uma mente impura, e concepção comum é qualquer mente que concebe coisas como comuns. De acordo com o Mantra Secreto, aparências comuns são obstruções à onisciência, e concepções comuns são obstruções à libertação. Consultar *Mahamudra-Tantra* e *Novo Guia à Terra Dakini*.

Aparência dual A aparência à mente de um objeto juntamente com a aparência, à essa mente, da existência inerente do objeto. Consultar *Novo Coração de Sabedoria* e *Contemplações Significativas*.

CLARA-LUZ DE ÊXTASE

Apego Fator mental deludido que observa um objeto contaminado, considera-o como causa de felicidade e deseja-o. Consultar *Como Entender a Mente* e *Caminho Alegre da Boa Fortuna*.

Aquisição subsequente O período entre as sessões de meditação. Consultar *Caminho Alegre da Boa Fortuna*.

Aryadeva Erudito budista e mestre de meditação indiano que viveu no século III, discípulo de Nagarjuna.

Asanga Um grande iogue budista e erudito indiano que viveu no século V, autor de *Compêndio de Abhidharma*. Consultar *Viver Significativamente, Morrer com Alegria* e *Novo Coração de Sabedoria*.

Atisha (982–1054) Famoso erudito budista e mestre de meditação indiano. Foi abade do grande monastério budista de Vikramashila durante o período em que o Budismo Mahayana florescia na Índia. Posteriormente, foi convidado a ir ao Tibete, onde reintroduziu o puro Budismo. Atisha é o autor do primeiro texto sobre as etapas do caminho, *Lâmpada para o Caminho*. Sua tradição ficou conhecida posteriormente como "a Tradição Kadampa". Consultar *Caminho Alegre da Boa Fortuna* e *Budismo Moderno*.

Autoapreço Atitude mental que faz com que alguém se considere supremamente importante e precioso. O autoapreço é considerado o objeto principal a ser abandonado pelos Bodhisattvas. Consultar *Budismo Moderno, Novo Oito Passos para a Felicidade* e *Contemplações Significativas*.

Base de designação, base de imputação Todos os fenômenos são designados, ou imputados, sobre as suas partes; por essa razão, qualquer uma das partes individuais ou o conjunto completo das partes de qualquer fenômeno é a sua base de designação. Um fenômeno é designado pela mente na dependência da base de designação do fenômeno que aparece à essa mente. Consultar *Novo Coração de Sabedoria* e *Oceano de Néctar*.

GLOSSÁRIO

Bênção Transformação da nossa mente (de um estado negativo para um estado positivo, de um estado infeliz para um estado feliz, de um estado de fraqueza para um estado de vigor) através da inspiração dos seres sagrados, tais como o nosso Guia Espiritual, Budas e Bodhisattvas.

Bodhichitta Palavra sânscrita para "mente de iluminação". *Bodhi* significa "iluminação", e *chitta* significa "mente". Existem dois tipos de bodhichitta: bodhichitta convencional e bodhichitta última. Em linhas gerais, o termo "bodhichitta" refere-se à bodhichitta convencional, que é uma mente primária motivada por grande compaixão que busca, espontaneamente, a iluminação para beneficiar todos os seres vivos. Há dois tipos de bodhichitta convencional: a bodhichitta aspirativa e a bodhichitta de compromisso. A bodhichitta última é uma sabedoria que, motivada pela bodhichitta convencional, realiza diretamente a vacuidade, a natureza última dos fenômenos. Ver também bodhichitta aspirativa e bodhichitta de compromisso. Consultar *Caminho Alegre da Boa Fortuna, Contemplações Significativas, O Espelho do Dharma com Adições* e *Budismo Moderno*.

Bodhichitta aspirativa Uma bodhichitta que é um mero desejo de alcançar a iluminação para o benefício de todos os seres vivos. Ver também bodhichitta.

Bodhichitta de compromisso Uma bodhichitta mantida pelos votos bodhisattva. Ver também bodhichitta.

Bodhisattva Uma pessoa que gerou a bodhichitta espontânea, mas que ainda não se tornou um Buda. A partir do momento que um praticante gera a bodhichitta não-artificial, ou espontânea, ele, ou ela, torna-se um Bodhisattva e ingressa no primeiro Caminho Mahayana, o Caminho da Acumulação. Um Bodhisattva comum é um Bodhisattva que não realizou a vacuidade diretamente, e um Bodhisattva superior é um Bodhisattva que alcançou uma realização direta da vacuidade. Consultar *Budismo Moderno, Caminho Alegre da Boa Fortuna* e *Contemplações Significativas*.

CLARA-LUZ DE ÊXTASE

Buda Um ser que abandonou completamente todas as delusões e as suas marcas. Todo ser vivo tem o potencial de se tornar um Buda. Consultar *Budismo Moderno* e *Caminho Alegre da Boa Fortuna*.

Budismo Kadampa Escola budista mahayana fundada pelo grande mestre budista indiano Atisha (982–1054). Ver também Kadampa e Tradição Kadampa.

Caminho, caminho espiritual Uma excelsa percepção associada a renúncia não-fabricada, ou espontânea. *Caminho espiritual, solo espiritual, veículo espiritual* e *excelsa percepção* são sinônimos. Consultar *Solos e Caminhos Tântricos* e *Oceano de Néctar*.

Caminho do Meio A visão correta da vacuidade impede ambos os extremos e, por essa razão, a vacuidade é denominada "o caminho do meio". Consultar *Oceano de Néctar*.

Campo para Acumular Mérito As Três Joias. Assim como sementes exteriores crescem em um campo de cultivo, as sementes virtuosas interiores, produzidas pelas ações virtuosas, crescem na dependência da Joia Buda, da Joia Dharma e da Joia Sangha. Também conhecido como "Campo de Mérito".

Carma Termo sânscrito que significa "ação". Por força da intenção, fazemos ações com o nosso corpo, fala e mente, e todas essas ações produzem efeitos. O efeito das ações virtuosas é felicidade, e o efeito das ações negativas é sofrimento. Consultar *Caminho Alegre da Boa Fortuna*.

Chandrakirti (por volta do século VII) Grande erudito budista e mestre de meditação indiano que escreveu, dentre muitos outros livros, o famoso *Guia ao Caminho do Meio*, no qual elucida claramente a visão da escola Madhyamika-Prasangika de acordo com os ensinamentos de Buda dados nos *Sutras Perfeição de Sabedoria*. Consultar *Oceano de Néctar*.

GLOSSÁRIO

Clara-aparência Em geral, uma percepção clara do objeto de meditação. Mais especificamente, clara-aparência é uma prática do Mantra Secreto, pela qual o praticante – tendo gerado a si mesmo como uma Deidade e o ambiente, ou entorno, como o mandala da Deidade – tenta obter uma clara-aparência da totalidade do objeto para a sua concentração. A clara-aparência é o antídoto à aparência comum. Consultar *Novo Guia à Terra Dakini* e *Budismo Moderno*.

Clarividência Habilidade que surge de concentração especial. Existem cinco tipos principais de clarividência: a clarividência do olho divino (a habilidade de ver formas sutis e distantes), a clarividência do ouvido divino (a habilidade de escutar sons sutis e distantes), a clarividência de poderes miraculosos (a habilidade de emanar diversas formas por meio da mente), a clarividência de conhecer vidas anteriores e a clarividência de conhecer a mente dos outros. Alguns seres, tais como os seres-do-bardo e alguns seres humanos e espíritos, têm clarividência contaminada, desenvolvida devido ao carma, mas esse tipo de clarividência não é verdadeira clarividência.

Coleção de mérito Ação virtuosa motivada por bodhichitta que é a causa principal para alcançar o Corpo-Forma de um Buda. Exemplos: fazer oferendas e prostrações aos seres sagrados com a motivação de bodhichitta e a prática das perfeições de dar, disciplina moral e paciência.

Coleção de sabedoria Ação mental virtuosa motivada por bodhichitta que é a causa principal para alcançar o Corpo-Verdade de um Buda. Exemplos: ouvir com atenção e contemplar ensinamentos sobre a vacuidade e meditar neles com a motivação de bodhichitta.

Compaixão Uma mente que não consegue suportar o sofrimento dos outros e que deseja que eles se libertem dele. Consultar *Budismo Moderno*, *Compaixão Universal* e *Caminho Alegre da Boa Fortuna*.

Compromissos Promessas e juramentos tomados quando nos empenhamos em determinadas práticas espirituais.

Conquistador Solitário Um tipo de praticante hinayana. Também conhecido como "Realizador Solitário".

Corpo-de-Deleite *Sambhogakaya* em sânscrito. O Corpo-Forma sutil de um Buda, que é percebido somente por mahayanas superiores. Consultar *Solos e Caminhos Tântricos*.

Corpo-Emanação *Nirmanakaya* em sânscrito. O Corpo-Forma denso de um Buda, que pode ser visto por seres comuns. Em geral, os Budas manifestam-se em muitas formas diferentes. O aspecto de algumas dessas emanações é mundano, apesar de que, em essência, sejam Budas. Uma emanação que executa os doze feitos principais, tal como Buda Shakyamuni, é denominada "Corpo-Emanação Supremo". Do ponto de vista do aspecto externo, essa emanação é suprema, mas do ponto de vista da natureza, todos os seres emanados por um Buda, ainda que sejam mundanos quanto ao aspecto, são seres supremos. Portanto, não devemos inferir do nome "Corpo-Emanação Supremo" que há emanações elevadas e inferiores de Buda. Em essência, todas as emanações de Buda são seres plenamente iluminados. Ver também Corpos de Buda. Consultar *Solos e Caminhos Tântricos*.

Corpo-Verdade O Corpo-Natureza e o Corpo-Verdade-Sabedoria de um Buda. Ver também Corpos de Buda.

Corpos de Buda Um Buda possui quatro corpos: o Corpo-Verdade-Sabedoria, o Corpo-Natureza, o Corpo-de-Deleite e o Corpo-Emanação. O Corpo-Verdade-Sabedoria é a mente onisciente de Buda. O Corpo-Natureza é a vacuidade, ou natureza última, de sua mente. O Corpo-de-Deleite é o seu Corpo-Forma sutil. O Corpo-Emanação, a partir do qual cada Buda manifesta um número incontável de corpos, são Corpos-Forma densos, visíveis aos seres comuns. O Corpo-Verdade-Sabedoria e o Corpo-Natureza estão,

GLOSSÁRIO

ambos, incluídos no Corpo-Verdade, e o Corpo-de-Deleite e o Corpo-Emanação estão, ambos, incluídos no Corpo-Forma. Consultar *Caminho Alegre da Boa Fortuna*, *Solos e Caminhos Tântricos* e *Oceano de Néctar*.

Dakinis Budas tântricos femininos e as mulheres que alcançaram a realização da clara-luz-significativa. *Dakas* são os equivalentes masculinos. Consultar *Novo Guia à Terra Dakini*.

Deidade *Yidam* em tibetano. Um ser iluminado tântrico.

Delusão Fator mental que surge de atenção imprópria e cuja função é tornar a mente perturbada e descontrolada. Existem três delusões principais: ignorância, apego desejoso e raiva. Delas surgem todas as demais delusões, como inveja (ou ciúme), orgulho e dúvida deludida. Ver também delusões inatas e delusões intelectualmente formadas. Consultar *Caminho Alegre da Boa Fortuna* e *Como Entender a Mente*.

Delusões inatas Delusões que não são o produto de especulação intelectual, mas que surgem naturalmente. Consultar *Como Entender a Mente*.

Delusões intelectualmente formadas Delusões que surgem como resultado de confiarmos em raciocínios incorretos ou em princípios filosóficos ou doutrinas equivocados. Consultar *Como Entender a Mente*.

Designação, mera (imputação, mera) De acordo com a elevada escola de filosofia budista, a escola Madhyamika-Prasangika, todos os fenômenos são meramente designados, ou imputados, por concepção na dependência de suas bases de designação. Por essa razão, eles são meras designações e não existem, minimamente, do seu próprio lado. Consultar *Budismo Moderno*, *Novo Coração de Sabedoria* e *Oceano de Néctar*.

CLARA-LUZ DE ÊXTASE

Destruidor de Inimigos Arhat em sânscrito. Refere-se a um praticante que abandonou todas as delusões e as suas sementes por meio de treinar em caminhos espirituais e que nunca mais renascerá no samsara. Neste contexto, o termo "inimigo" refere-se às delusões.

Dharma Os ensinamentos de Buda e as realizações interiores alcançadas na dependência da prática desses ensinamentos. "Dharma" significa "proteção". Por praticar os ensinamentos de Buda, protegemo-nos de sofrimentos e problemas.

Duas verdades A verdade convencional e a verdade última. Consultar *Budismo Moderno, Contemplações Significativas* e *Oceano de Néctar*.

Equilíbrio meditativo Concentração estritamente focada em um objeto virtuoso, como a vacuidade, por exemplo.

Estado intermediário *Bardo* em tibetano. O estado entre a morte e o renascimento. O estado intermediário começa no momento que a consciência deixa o corpo, e cessa no momento que a consciência ingressa no corpo da próxima vida. Consultar *Caminho Alegre da Boa Fortuna*.

Estágio de conclusão Realizações de Tantra Ioga Supremo desenvolvidas na dependência de os ventos entrarem, permanecerem e se dissolverem no canal central por força de meditação.

Estágio de geração Uma realização de um ioga criativo antes da aquisição do estágio de conclusão efetivo, que é alcançada através da prática de trazer os três corpos para o caminho, na qual alguém gera mentalmente a si mesmo como uma Deidade tântrica e o seu ambiente, ou entorno, como o mandala da Deidade. A meditação no estágio de geração é denominada "ioga criativo" porque o seu objeto é criado, ou gerado, por meio de imaginação correta. Consultar *Solos e Caminhos Tântricos, Budismo Moderno* e *Mahamudra-Tantra*.

GLOSSÁRIO

Famílias Búdicas Existem Cinco Famílias Búdicas principais: as famílias Vairochana, Ratnasambhava, Amitabha, Amoghasiddhi e Akshobya. As Cinco Famílias são os cinco agregados purificados (os agregados forma, sensação, discriminação, fatores de composição e consciência, respectivamente) e as cinco excelsas sabedorias (a excelsa sabedoria semelhante-a-um-espelho, a excelsa sabedoria da igualdade, a excelsa sabedoria da realização, ou compreensão, individual, a excelsa sabedoria de cumprir atividades e a excelsa sabedoria do Dharmadhatu, respectivamente). Consultar *Grande Tesouro de Mérito*.

Fator mental Conhecedor que apreende, principalmente, um atributo específico de um objeto. Existem 51 fatores mentais específicos. Cada momento da mente é composto de uma mente primária e vários fatores mentais. Consultar *Como Entender a Mente*.

Fé Mente naturalmente virtuosa que atua, principalmente, para se opor à percepção de falhas no seu objeto observado. Existem três tipos de fé: fé de acreditar, fé de admirar e fé de almejar. Consultar *Como Transformar a sua Vida, Caminho Alegre da Boa Fortuna* e *Como Entender a Mente*.

Fenômeno impermanente Os fenômenos são permanentes ou impermanentes. "Impermanente" significa "momentâneo"; assim, um fenômeno impermanente é um fenômeno que é produzido e se desintegra dentro do mesmo instante, ou momento. *Coisa funcional, coisa* e *produto* são sinônimos de "fenômeno impermanente". Existem dois tipos de impermanência: densa e sutil. Impermanência densa é qualquer impermanência que possa ser vista ou percebida por uma percepção sensorial comum – por exemplo, o envelhecimento e a morte de um ser senciente. A impermanência sutil é a desintegração momento a momento de uma coisa funcional.

Fenômeno negativo Objeto que é compreendido pela eliminação explícita do objeto de negação do fenômeno pela mente que

CLARA-LUZ DE ÊXTASE

apreende o fenômeno. Existem dois tipos de fenômeno negativo: fenômenos negativos afirmativos e fenômenos negativos não-afirmativos. Um fenômeno negativo não-afirmativo é um fenômeno negativo que não implica em um outro fenômeno. A vacuidade é um exemplo de um fenômeno negativo não-afirmativo, porque ela é compreendida ou realizada por uma mente que nega diretamente a existência inerente, que é o seu objeto negado, sem que a mente compreenda ou realize outro fenômeno afirmativo. A vacuidade do nosso corpo, por exemplo, é a mera ausência de existência inerente do nosso corpo – nenhum outro objeto está implicado. Consultar *Novo Coração de Sabedoria* e *Oceano de Néctar*.

Gelug A tradição estabelecida por Je Tsongkhapa. O nome "Gelug" significa "Tradição Virtuosa". Os Gelugpas – os praticantes que seguem essa tradição – são, às vezes, chamados "novos Kadampas". Consultar *Joia-Coração*.

Guhyasamaja Uma Deidade do Tantra Ioga Supremo. Consultar *Grande Tesouro de Mérito*.

Guia Espiritual *Guru* em sânscrito, e *Lama* em tibetano. O professor que nos guia ao longo do caminho espiritual. Consultar *Caminho Alegre da Boa Fortuna* e *Grande Tesouro de Mérito*.

Guia Espiritual Vajrayana Um Guia Espiritual tântrico plenamente qualificado. Consultar *Grande Tesouro de Mérito*.

Guru-Ioga Uma maneira especial de confiar em nosso Guia Espiritual, com o propósito de receber as suas bênçãos. Consultar *Caminho Alegre da Boa Fortuna*, *Grande Tesouro de Mérito* e *Joia--Coração*.

Guru-raiz O Guia Espiritual principal de quem recebemos as iniciações, instruções e transmissões orais da nossa prática principal. Consultar *Grande Tesouro de Mérito*, *Caminho Alegre da Boa Fortuna* e *Joia-Coração*.

GLOSSÁRIO

Guru Sumati Buda Heruka Uma manifestação especial de Je Tsongkhapa inseparável de nosso Guru-raiz, de Buda Shakyamuni e de Heruka. Consultar *Budismo Moderno* e *Mahamudra-Tantra*.

Gurus-linhagem A linha, ou série, de Guias Espirituais por meio dos quais uma instrução específica é transmitida.

Gyalwa Ensapa Grande iogue e Guru-linhagem do Mahamudra que alcançou a iluminação em três anos. Consultar *Grande Tesouro de Mérito*.

Herói, Heroína Um Herói é uma Deidade tântrica masculina, a corporificação do método. Uma Heroína é uma Deidade tântrica feminina, a corporificação da sabedoria. Consultar *Novo Guia à Terra Dakini*.

Heruka Uma Deidade iluminada do Tantra Ioga Supremo que é uma manifestação da compaixão de todos os Budas. Ele tem um corpo azul, quatro faces e doze braços e está unido-em-abraço com a sua consorte, Vajravarahi. Consultar *Essência do Vajrayana* e *Budismo Moderno*.

Imagem genérica O objeto aparecedor de uma mente conceitual. Uma imagem genérica, ou imagem mental, de um objeto é como o reflexo desse objeto. As mentes conceituais conhecem o seu objeto por meio do aparecimento de uma imagem genérica do objeto, e não porque veem o objeto diretamente. Consultar *Novo Coração de Sabedoria* e *Como Entender a Mente*.

Iniciação (*empowerment* em inglês, que, em tradução literal, significa "empoderamento", "autorização", "permissão") Um poder potencial especial, recebido por um praticante tântrico do seu Guru ou de outros seres sagrados, através de um ritual tântrico, para alcançar qualquer dos quatro corpos de Buda. Uma iniciação é a porta de ingresso ao Vajrayana. Consultar *Solos e Caminhos Tântricos* e *Mahamudra-Tantra*.

CLARA-LUZ DE ÊXTASE

Ioga Termo utilizado para várias práticas espirituais que requerem a manutenção de uma visão especial, tais como as práticas de Guru-Ioga e os iogas de comer, dormir, acordar e experienciar néctar. "Ioga" refere-se também a "união", como a união do tranquilo-permanecer com a visão superior. Consultar *Novo Guia à Terra Dakini*.

Iogue/Ioguine Termos sânscritos normalmente utilizados para se referir a um meditador ou meditadora que alcançou a união do tranquilo-permanecer com a visão superior.

Je Phabongkhapa (1878–1941) Grande lama tibetano que foi uma emanação de Heruka. Je Phabongkha Rinpoche foi o detentor de muitas linhagens de Sutra e do Mantra Secreto. Ele foi o Guru-raiz de Vajradhara Trijang Rinpoche. Também conhecido como Phabongkha Trinlay Gyatso.

Je Tsongkhapa (1357–1419) Uma emanação do Buda da Sabedoria Manjushri, cuja aparição no Tibete, no século XIV, como um monge e detentor da linhagem da visão pura e de feitos puros, foi profetizada por Buda. Je Tsongkhapa difundiu um Budadharma muito puro por todo o Tibete, mostrando como combinar as práticas de Sutra e de Tantra e como praticar o puro Dharma durante tempos degenerados. Sua tradição ficou conhecida posteriormente como "Gelug", ou "Tradição Ganden". Consultar *Joia-Coração* e *Grande Tesouro de Mérito*.

Kadampa Termo tibetano, no qual *Ka* significa "palavra" e refere-se a todos os ensinamentos de Buda; *dam* refere-se às instruções especiais de Lamrim de Atisha, conhecidas como "as etapas do caminho à iluminação"; e *pa* refere-se ao seguidor do Budismo Kadampa, que integra em sua prática de Lamrim todos os ensinamentos de Buda que ele conhece. Ver também Budismo Kadampa e Tradição Kadampa. Consultar *Budismo Moderno*.

Libertação Liberdade completa com relação ao samsara e à sua causa, as delusões. Consultar *Caminho Alegre da Boa Fortuna*.

GLOSSÁRIO

Ling Rinpoche (1903–1983) Um lama tibetano especial da Tradição Gelugpa e discípulo de Je Phabongkhapa. Também conhecido como "Yongdzin Ling Rinpoche" ou "Kyabje Ling Rinpoche".

Linhagem Linha, ou *continuum*, de instruções transmitidas de Guia Espiritual para discípulo, em que cada Guia Espiritual dessa linha, ou série, obteve uma experiência pessoal da instrução antes de passá-la para os outros.

Madhyamika Termo sânscrito que significa, literalmente, "Caminho do Meio". É a mais elevada das duas escolas de princípios filosóficos mahayana. A visão Madhyamika foi ensinada por Buda nos *Sutras Perfeição de Sabedoria* durante o segundo giro da Roda do Dharma e foi elucidada posteriormente por Nagarjuna e seus seguidores. Existem duas divisões dessa escola, a Madhyamika-Svatantrika e a Madhyamika-Prasangika, das quais a Madhyamika-Prasangika é a visão final de Buda. Consultar *Contemplações Significativas* e *Oceano de Néctar*.

Mahasiddha Termo sânscrito que significa "Grandemente Realizado", utilizado para se referir a iogues ou ioguines com realizações elevadas.

Mahayana Termo sânscrito para "Grande Veículo", o caminho espiritual à grande iluminação. A meta mahayana é alcançar a Budeidade para o benefício de todos os seres sencientes, por meio de abandonar completamente as delusões e as suas marcas. Consultar *Caminho Alegre da Boa Fortuna* e *Contemplações Significativas*.

Mandala Este termo refere-se à mansão celestial na qual uma Deidade tântrica reside, ao ambiente (ou entorno) ou às Deidades de uma Terra Pura Búdica.

Mandala de corpo A transformação de qualquer parte do corpo de uma Deidade autogerada ou de uma Deidade gerada-em-frente em uma Deidade. Consultar *Essência do Vajrayana, Novo Guia à Terra Dakini* e *Grande Tesouro de Mérito*.

Munjushri A corporificação da sabedoria de todos os Budas. Consultar *Grande Tesouro de Mérito* e *Joia-Coração*.

Mantra Termo sânscrito que significa, literalmente, "proteção da mente". O mantra protege a mente contra aparências e concepções comuns. Existem quatro tipos de mantra: mantras que são mente, mantras que são vento interior, mantras que são som e mantras que são forma. Em geral, existem três tipos de recitação de mantra: recitação verbal, recitação mental e recitação vajra. Consultar *Solos e Caminhos Tântricos*.

Meditação Meditação é uma mente que se concentra em um objeto virtuoso e é uma ação mental que é a causa principal de paz mental. Existem dois tipos de meditação: meditação analítica e meditação posicionada. Quando usamos a nossa imaginação, contínua-lembrança (*mindfulness*) e capacidade de raciocínio para encontrar o nosso objeto de meditação, isso é *meditação analítica*. Quando encontramos o nosso objeto e o manteremos de modo estritamente focado, isso é *meditação posicionada*. Existem diferentes tipos de objeto. Alguns, como a impermanência ou a vacuidade, são objetos apreendidos pela mente. Outros, como o amor, compaixão e renúncia, são estados mentais efetivos. Empenhamo-nos em meditação analítica até que o objeto específico que buscamos apareça de modo claro para a nossa mente ou até que surja o estado mental específico que desejamos gerar. Esse objeto ou estado mental é o nosso objeto de meditação posicionada. Consultar *Novo Manual de Meditação*, *O Espelho do Dharma com Adições* e *Como Entender a Mente*.

Mente conceitual Pensamento que apreende o seu objeto por meio de uma imagem genérica, ou mental. Consultar *Como Entender a Mente*.

Mente primária Conhecedor que apreende, principalmente, a mera entidade de um objeto. *Mente primária* e *consciência* são sinônimos. Existem seis mentes primárias: consciência visual,

GLOSSÁRIO

consciência auditiva, consciência olfativa, consciência gustativa, consciência corporal, ou tátil, e consciência mental. Cada momento da mente é composto de uma mente primária e vários fatores mentais. Uma mente primária e os seus fatores mentais acompanhantes são a mesma entidade, mas têm funções diferentes. Consultar *Como Entender a Mente*.

Mérito Boa fortuna criada pelas ações virtuosas. O mérito é o poder potencial para aumentar as nossas boas qualidades e produzir felicidade.

Método Qualquer caminho espiritual que funciona para amadurecer a nossa linhagem búdica. Treinar em renúncia, compaixão e bodhichitta são exemplos de práticas do método.

Milarepa (1040–1123) Um grande meditador budista tibetano e discípulo de Marpa, celebrado por suas belas canções de realização.

Mudra Em geral, a palavra sânscrita *mudra* significa "selo", como em *Mahamudra*, que significa "grande selo". Mais especificamente, o termo *mudra* é utilizado para se referir tanto a um(a) consorte (como em "mudra-ação" ou "mudra-sabedoria"), bem como aos gestos manuais utilizados em rituais tântricos.

Nada Linha de três curvas que aparece acima de algumas letras--sementes.

Nagarjuna Grande erudito budista e mestre de meditação indiano que reviveu o Mahayana no primeiro século por trazer à luz os ensinamentos dos *Sutras Perfeição de Sabedoria*. Consultar *Novo Coração de Sabedoria* e *Oceano de Néctar*.

Naropa Um mahasiddha budista indiano. Consultar *Novo Guia à Terra Dakini*.

Objeto oculto Objeto cuja compreensão ou realização inicial por um conhecedor válido depende de razões lógicas corretas. Consultar *Como Entender a Mente*.

CLARA-LUZ DE ÊXTASE

Obstruções à libertação Obstruções que impedem a aquisição da libertação. Todas as delusões – como a ignorância, apego e raiva, juntamente com as suas sementes – são obstruções à libertação. São também denominadas "obstruções-delusões".

Obstruções à onisciência As marcas das delusões, as quais impedem a realização simultânea e direta de todos os fenômenos. Somente os Budas superaram essas obstruções.

Oferenda ao Guia Espiritual Lama Chopa em tibetano. Um Guru-Ioga especial de Je Tsongkhapa, no qual o nosso Guia Espiritual é visualizado no aspecto de Lama Losang Tubwang Dorjechang. A instrução para essa prática foi revelada por Buda Manjushri na *Escritura Emanação Kadam* e colocada por escrito pelo primeiro Panchen Lama. *Oferenda ao Guia Espiritual* é uma prática preliminar para o Mahamudra Vajrayana. Para uma tradução e comentário completo a essa prática, consultar *Grande Tesouro de Mérito*.

Oferenda do mandala Oferenda do universo inteiro visualizado como uma Terra Pura, com todos os seus habitantes como seres puros. Consultar *Novo Guia à Terra Dakini* e *As Instruções Orais do Mahamudra*.

Orgulho divino Orgulho não-deludido de alguém que se considera, a si próprio, como uma Deidade, e o seu ambiente (ou entorno) e prazeres como sendo os da Deidade. É o antídoto às concepções comuns. Consultar *Novo Guia à Terra Dakini*.

Ouvinte Um dos dois tipos de praticantes hinayana. Ouvintes e Conquistadores Solitários são, ambos, hinayanistas; porém, diferem em sua motivação, comportamento, mérito e sabedoria. Os Conquistadores Solitários são superiores aos Ouvintes em todos esses aspectos. Consultar *Oceano de Néctar*.

Percepção mental Todas as mentes estão incluídas nas cinco percepções sensoriais e na percepção mental. A percepção mental é

318

GLOSSÁRIO

uma percepção que é desenvolvida na dependência de sua condição dominante incomum – um poder mental. Existem dois tipos de percepção mental: percepção mental conceitual e percepção mental não-conceitual. *Percepção mental conceitual e mente conceitual* são sinônimos. Consultar *Como Entender a Mente*.

Percepção sensorial Todas as mentes estão incluídas nas percepções sensoriais e na percepção mental. A percepção sensorial é definida como uma percepção que é desenvolvida na dependência de sua condição dominante incomum – um poder sensorial que possui forma. Existem cinco tipos de percepção sensorial: percepção visual, percepção auditiva, percepção olfativa, percepção gustativa e percepção corporal, ou tátil. Consultar *Como Entender a Mente*.

Poder sensorial Um poder interior localizado bem no centro de um órgão sensorial e que funciona diretamente para produzir uma percepção sensorial. Existem cinco poderes sensoriais, um para cada tipo de percepção sensorial – a percepção visual, e assim por diante. Os poderes sensoriais são, algumas vezes, conhecidos como "poderes sensoriais que possuem forma". Consultar *Como Entender a Mente*.

Poderes miraculosos Ver clarividência.

Possuidor-de-objeto Uma coisa funcional que expressa ou conhece um objeto. Inclui pessoas e mentes. Consultar *Como Entender a Mente*.

Postura de sete pontos de Vairochana Postura especial para meditação, na qual partes do nosso corpo adotam uma posição específica: (1) sentar-se sobre uma almofada confortável, com as pernas cruzadas em postura vajra (na qual o pé de cada perna está colocado sobre a coxa da perna oposta); (2) costas retas; (3) a cabeça levemente inclinada para a frente; (4) os olhos permanecem ligeiramente abertos, fitando, para baixo, o nariz; (5) os ombros

CLARA-LUZ DE ÊXTASE

nivelados; (6) a boca suavemente fechada; e (7) a mão direita colocada sobre a esquerda, com as palmas voltadas para cima, quatro dedos abaixo do umbigo, com os dois polegares tocando-se logo acima deste.

Protetor do Dharma Uma emanação de um Buda ou de um Bodhisattva, cujas funções principais são evitar os obstáculos internos e externos que impedem os praticantes de Dharma de alcançar realizações espirituais, bem como reunir todas as condições necessárias para a sua prática. Também chamado "Dharmapala" em sânscrito. Consultar *Joia-Coração*.

Recitação vajra Recitação de mantra produzida a partir dos ventos interiores e que é praticada em associação com práticas vajrayana. Consultar *Solos e Caminhos Tântricos*.

Refúgio Proteção verdadeira, efetiva. Buscar refúgio em Buda, Dharma e Sangha significa ter fé nessas Três Joias e confiar, ou depender, delas para se proteger de todos os medos e sofrimentos. Consultar *Budismo Moderno*, *Caminho Alegre da Boa Fortuna* e *Contemplações Significativas*.

Reino do desejo O ambiente dos seres-do-inferno, espíritos famintos, animais, seres humanos, semideuses e dos deuses que desfrutam dos cinco objetos de desejo.

Reino da forma O ambiente dos deuses que possuem forma.

Reino da sem-forma O ambiente dos deuses que não possuem forma.

Reinos inferiores Ver samsara.

Renúncia O desejo de se libertar do samsara. Consultar *Budismo Moderno* e *Caminho Alegre da Boa Fortuna*.

GLOSSÁRIO

Sabedoria Mente inteligente virtuosa que faz a sua mente primária compreender ou realizar o seu objeto por inteiro. A sabedoria é um caminho espiritual cuja função é libertar a nossa mente das delusões ou das marcas das delusões. Um exemplo de sabedoria é a visão correta da vacuidade. Consultar *Novo Coração de Sabedoria*, *Oceano de Néctar* e *Como Entender a Mente*.

Sadhana Uma prece ritual que é um método especial para alcançar realizações espirituais, normalmente associada a uma Deidade tântrica.

Samsara O ciclo de morte e renascimento descontrolados, ou os agregados contaminados de um ser que teve tal renascimento. O samsara, algumas vezes conhecido como "existência cíclica", é caracterizado por sofrimento e insatisfação. Existem seis reinos no samsara. Listados em ordem ascendente de acordo com o tipo de carma que causa o renascimento neles, os reinos do samsara são: o reino dos seres-do-inferno, o reino dos fantasmas famintos (ou espíritos famintos), o reino dos animais, o reino dos seres humanos, o reino dos semideuses e o reino dos deuses. Os três primeiros são reinos inferiores, e os outros três são reinos superiores. Consultar *Caminho Alegre da Boa Fortuna*.

Saraha Professor de Nagarjuna e um dos primeiros mahasiddhas. Consultar *Essência do Vajrayana*.

Ser-de-compromisso Um Buda visualizado ou nós mesmos visualizados como um Buda. Um ser-de-compromisso é assim denominado porque, em geral, é um compromisso de todos os budistas visualizar ou lembrar-se de Buda e, em particular, é um compromisso de todos os que receberam uma iniciação de Tantra Ioga Supremo gerarem-se a si próprios como uma Deidade.

Ser comum Qualquer pessoa que não realizou diretamente a vacuidade.

Ser-de-concentração Um símbolo do Corpo-Verdade de Buda, normalmente visualizado como uma letra-semente no coração de um ser-de-compromisso ou de um ser-de-sabedoria. O ser-de-concentração é assim denominado porque é gerado por meio de concentração.

Ser-de-sabedoria Um Buda real, efetivo, especialmente convidado a se unificar com um ser-de-compromisso visualizado.

Ser senciente Qualquer ser que possua uma mente que esteja contaminada pelas delusões ou pelas marcas das delusões. Tanto o termo "ser senciente" quanto "ser vivo" são utilizados para fazer a distinção entre os seres cujas mentes estão contaminadas por, pelo menos, uma dessas duas obstruções, e os Budas, cujas mentes são completamente livres dessas obstruções.

Ser superior *Arya* em sânscrito. Ser que possui uma realização direta da vacuidade. Existem hinayanas superiores e mahayanas superiores.

Shantideva (687–763) Grande erudito budista e mestre de meditação indiano. Escreveu *Guia do Estilo de Vida do Bodhisattva*. Consultar *Contemplações Significativas* e *Guia do Estilo de Vida do Bodhisattva*.

Sutra Ensinamentos de Buda que são abertos para a prática de todos, sem necessidade de uma iniciação. Os ensinamentos de Sutra incluem os ensinamentos de Buda dos três giros da Roda do Dharma.

Sutras Perfeição de Sabedoria Sutras do segundo giro da Roda do Dharma, no qual Buda revelou a sua visão final sobre a natureza última de todos os fenômenos – a vacuidade de existência inerente. Consultar *Novo Coração de Sabedoria* e *Oceano de Néctar*.

Sutras Vinaya Sutras nos quais Buda explica, principalmente, a prática de disciplina moral e, em particular, a disciplina moral pratimoksha.

GLOSSÁRIO

Tantra Ioga Supremo Uma instrução tântrica que inclui o método para transformar êxtase sexual em caminho espiritual. Consultar *Budismo Moderno* e *Solos e Caminhos Tântricos*.

Tantra-Mãe Um Tantra que revela, principalmente, métodos para alcançar a clara-luz. Consultar *Novo Guia à Terra Dakini*.

Tempos sem início De acordo com a visão de mundo budista, não há um início para a mente e, portanto, não há um início para o tempo. Por esta razão, todos os seres vivos tiveram incontáveis renascimentos.

Terra Búdica O ambiente puro de um Buda.

Terra Dakini A Terra Pura de Heruka e Vajrayogini. É chamada "Keajra" em sânscrito, e "Dagpa Khacho" em tibetano. Consultar *Novo Guia à Terra Dakini*.

Terra Dakini interior Uma mente de clara-luz que realiza diretamente a vacuidade sem uma imagem genérica. *Terra Dakini interior* e *clara-luz-significativa* são sinônimos. Consultar *Novo Guia à Terra Dakini*.

Terra Pura Ambiente, ou entorno, puro onde não há verdadeiros sofrimentos. Existem muitas Terras Puras. Por exemplo: Tushita é a Terra Pura de Buda Maitreya; Sukhavati é a Terra Pura de Buda Amitabha; e a Terra Dakini, ou Keajra, é a Terra Pura de Buda Vajrayogini e Buda Heruka. Consultar *Viver Significativamente, Morrer com Alegria*.

Tradição Kadampa A tradição pura do Budismo estabelecida por Atisha. Os seguidores dessa tradição até a época de Je Tsongkhapa são conhecidos como "Antigos Kadampas", e os seguidores após a época de Je Tsongkhapa são conhecidos como "Novos Kadampas". Ver também Kadampa e Budismo Kadampa.

Transferência de consciência *Powa* em tibetano. Uma prática para transferir a consciência para uma Terra Pura no momento da morte. Consultar *Viver Significativamente, Morrer com Alegria* e *Grande Tesouro de Mérito*.

Treino da mente *Lojong* em tibetano. Uma linhagem especial de instruções – que veio de Buda Shakyamuni e transmitida através de Manjushri e Shantideva até chegar a Atisha e aos geshes kadampas – que enfatiza gerar a bodhichitta por meio das práticas de *equalizar eu com outros* e de *trocar eu por outros* em associação com a prática de tomar e dar. Consultar *Compaixão Universal* e *Novo Oito Passos para a Felicidade*.

Três Joias As Três Joias são os três objetos de refúgio: a Joia Buda, a Joia Dharma e a Joia Sangha. São chamados "Joias" porque são raros e preciosos. Consultar *Caminho Alegre da Boa Fortuna*.

Trijang Rinpoche, Vajradhara (1901–1981) Um lama tibetano especial que viveu no século XX e que foi uma emanação de Buda Shakyamuni, Heruka, Atisha, Amitabha e Je Tsongkhapa. Também conhecido como "Kyabje Trijang Rinpoche" e "Losang Yeshe".

Vacuidade Ausência de existência inerente, a natureza última dos fenômenos. Consultar *Budismo Moderno, Novo Coração de Sabedoria* e *Oceano de Néctar*.

Vajra Em geral, a palavra sânscrita *vajra* significa "indestrutível como um diamante e poderoso como um raio". No contexto do Mantra Secreto, pode significar: a indivisibilidade de método e sabedoria; grande sabedoria onisciente; ou o grande êxtase espontâneo. É também o nome dado a um objeto ritual feito de metal. Consultar *Solos e Caminhos Tântricos*.

Vajra e sino Um vajra é um objeto ritual semelhante a um cetro e simboliza grande êxtase. O sino é um sino ritual de mão e simboliza a vacuidade. Consultar *Novo Guia à Terra Dakini* e *Solos e Caminhos Tântricos*.

GLOSSÁRIO

Vajradhara O fundador do Vajrayana, ou Tantra. Vajradhara é o mesmo *continuum* mental que Buda Shakyamuni, mostrando, porém, um aspecto diferente. Buda Shakyamuni aparece no aspecto de um Corpo-Emanação, ao passo que Conquistador Vajradhara aparece no aspecto de um Corpo-de-Deleite. Vajradhara também disse que, em tempos degenerados, apareceria numa forma comum como um Guia Espiritual. Consultar *Grande Tesouro de Mérito*.

Vajrasattva Buda Vajrasattva é o agregado consciência de todos os Budas aparecendo no aspecto de uma Deidade de cor branca, com a função específica de purificar a negatividade dos seres vivos. Ele é da mesma natureza que Buda Vajradhara, diferindo apenas no aspecto. A prática de meditação e recitação de Vajrasattva é um método muito poderoso para purificar a nossa mente e ações impuras. Consultar *Novo Guia à Terra Dakini* e *As Instruções Orais do Mahamudra*.

Vajrayogini Uma Deidade iluminada feminina do Tantra Ioga Supremo que é a manifestação da sabedoria de todos os Budas. Ela é a mesma natureza que Heruka. Consultar *Novo Guia à Terra Dakini*.

Verdade convencional Qualquer outro fenômeno que não a vacuidade. Verdades convencionais são verdadeiras com respeito às mentes dos seres comuns, mas, em realidade, as verdades convencionais são falsas. Consultar *Budismo Moderno, Novo Coração de Sabedoria, Contemplações Significativas* e *Oceano de Néctar*.

Verdade última A natureza última de todos os fenômenos, a vacuidade. Consultar *Budismo Moderno, Novo Coração de Sabedoria, Como Transformar a sua Vida, Contemplações Significativas* e *Oceano de Néctar*.

Vigilância Fator mental que é um tipo de sabedoria que examina as nossas atividades de corpo, fala e mente e sabe se falhas estão se desenvolvendo ou não. Consultar *Como Entender a Mente*.

CLARA-LUZ DE ÊXTASE

Vinte e quatro lugares exteriores Vinte e quatro lugares sagrados especiais neste mundo, onde os mandalas de Heruka e Vajrayogini ainda permanecem. São eles: Puliramalaya, Dzalandhara, Odiyana, Arbuta, Godawari, Rameshori, Dewikoti, Malawa, Kamarupa, Ote, Trishakune, Kosala, Kalinga, Lampaka, Kancha, Himalaya, Pretapuri, Grihadewata, Shauraktra, Suwanadvipa, Nagara, Sindhura, Maru, e Kuluta. Consultar *Essência do Vajrayana* e *Novo Guia à Terra Dakini*.

Visão errônea Uma percepção errônea intelectualmente formada que nega a existência de um objeto que é necessário compreender para se alcançar a libertação ou a iluminação – por exemplo, negar a existência de seres iluminados, o carma ou a existência de renascimentos. Consultar *Caminho Alegre da Boa Fortuna* e *Como Entender a Mente*.

Visão superior Uma sabedoria especial que vê ou percebe o seu objeto claramente e que é mantida pelo tranquilo-permanecer e pela maleabilidade especial induzida por investigação. Consultar *Caminho Alegre da Boa Fortuna*.

Votos Promessas de abster-se de determinadas ações. Os três conjuntos de votos são: os votos pratimoksha de libertação individual, os votos bodhisattva e os votos do Mantra Secreto, ou tântricos. Consultar *O Voto Bodhisattva* e *Solos e Caminhos Tântricos*.

Yamantaka Uma Deidade do Tantra Ioga Supremo que é a manifestação irada de Manjushri.

Yidam Ver deidade.

Yongdzin Ling Rinpoche Ver Ling Rinpoche.

Bibliografia

VENERÁVEL GESHE KELSANG GYATSO RINPOCHE é um mestre de meditação e erudito altamente respeitado da tradição do Budismo Mahayana fundada por Je Tsongkhapa. Desde sua chegada ao Ocidente, em 1977, Venerável Geshe Kelsang Gyatso Rinpoche tem trabalhado incansavelmente para estabelecer o puro Budadharma no mundo inteiro. Durante esse tempo, deu extensos ensinamentos sobre as principais escrituras mahayana. Esses ensinamentos proporcionam uma apresentação completa das práticas essenciais de Sutra e de Tantra do Budismo Mahayana.

Consulte o *website* da Tharpa para conferir os títulos disponíveis em língua portuguesa.

Livros

Budismo Moderno *O caminho da compaixão e sabedoria.* (3ª edição, 2015)

Caminho Alegre da Boa Fortuna O completo caminho budista *à iluminação.* (4ª edição, 2010)

Clara-Luz de Êxtase Um manual de meditação tântrica. (2020)

Como Entender a Mente A natureza e o poder da mente. (edição revista pelo autor, 2014. Edição anterior, com o título *Entender a Mente*, 2002)

Como Solucionar Nossos Problemas Humanos As Quatro Nobres Verdades. (4ª edição, 2012)

Como Transformar a sua Vida Uma jornada de êxtase. (edição revista pelo autor, 2017. Edição anterior, com o título *Transforme sua Vida*, 2014)

CLARA-LUZ DE ÊXTASE

Compaixão Universal Soluções inspiradoras para tempos difíceis. (3ª edição, 2007)

Contemplações Significativas Como se tornar um amigo do mundo. (2009)

O Espelho do Dharma, com Adições Como Encontrar o Verdadeiro Significado da Vida Humana. (2019. Edição anterior, com o título *O Espelho do Dharma*, 2018)

Essência do Vajrayana A prática do Tantra Ioga Supremo do mandala de corpo de Heruka. (2017)

Grande Tesouro de Mérito Como confiar num Guia Espiritual. (2013)

Guia do Estilo de Vida do Bodhisattva Como desfrutar uma vida de grande significado e altruísmo. Uma tradução da famosa obra-prima em versos de Shantideva. (2ª edição, 2009)

Introdução ao Budismo Uma explicação do estilo de vida budista. (6ª edição, 2012)

As Instruções Orais do Mahamudra A verdadeira essência dos ensinamentos, de Sutra e de Tantra, de Buda (2016)

Joia-Coração As práticas essenciais do Budismo Kadampa. (2ª edição, 2016)

Mahamudra-Tantra O supremo néctar da Joia-Coração. (2ª edição, 2014)

Novo Coração de Sabedoria Uma explicação do Sutra Coração. (edição revista pelo autor, 2013. Edição anterior, com o título *Coração de Sabedoria*, 2005)

Novo Guia à Terra Dakini A prática do Tantra Ioga Supremo de Buda Vajrayogini. (edição revista pelo autor, 2015. Edição anterior, com o título *Guia à Terra Dakini*, 2001)

Novo Manual de Meditação Meditações para tornar nossa vida feliz e significativa. (3ª edição, 2016)

Novo Oito Passos para a Felicidade O caminho budista da bondade amorosa. (edição revista pelo autor, 2017. Edições anteriores, como *Oito Passos para a Felicidade*: 2013 – também revista pelo autor – e 2007)

Oceano de Néctar A verdadeira natureza de todas as coisas. (2019)

BIBLIOGRAFIA

Solos e Caminhos Tântricos Como ingressar, progredir e concluir o Caminho Vajrayana. (2016)
Viver Significativamente, Morrer com Alegria A prática profunda da transferência de consciência. (2007)
O Voto Bodhisattva Um guia prático para ajudar os outros. (2ª edição, 2005)

Sadhanas

Venerável Geshe Kelsang Gyatso Rinpoche também supervisionou a tradução de uma coleção essencial de sadhanas, ou livretos de oração, para aquisições espirituais. Consulte o *website* da Editora Tharpa para conferir os títulos disponíveis em língua portuguesa.

Caminho de Compaixão para quem Morreu Sadhana de Powa para o benefício dos que morreram.
Caminho de Êxtase A sadhana condensada de autogeração de Vajrayogini.
Caminho Rápido ao Grande Êxtase A sadhana extensa de autogeração de Vajrayogini.
Caminho à Terra Pura Sadhana para o treino em Powa (a transferência de consciência).
As Centenas de Deidades da Terra Alegre de Acordo com o Tantra Ioga Supremo O Guru-Ioga de Je Tsongkhapa como uma Prática Preliminar ao Mahamudra.
Cerimônia de Powa Transferência de consciência de quem morreu.
Cerimônia de Refúgio Mahayana e Cerimônia do Voto Bodhisattva.
Cerimônia do Voto Pratimoksha de uma Pessoa Leiga.
A Confissão Bodhisattva das Quedas Morais A prática de purificação do Sutra Mahayana dos Três Montes Superiores.
Essência da Boa Fortuna Preces das seis práticas preparatórias para a meditação sobre as Etapas do Caminho à iluminação.
Essência do Vajrayana Sadhana de autogeração do mandala de corpo de Heruka, de acordo com o sistema de mahasiddha Ghantapa.

CLARA-LUZ DE ÊXTASE

O Estilo de Vida Kadampa As práticas essenciais do Lamrim Kadam.

Festa de Grande Êxtase Sadhana de autoiniciação de Vajrayogini.

Gota de Néctar Essencial Uma prática especial de jejum e de purificação em associação com Avalokiteshvara de Onze Faces.

Grande Libertação do Pai Preces preliminares para a meditação no Mahamudra em associação com a prática de Heruka.

Grande Libertação da Mãe Preces preliminares para a meditação no Mahamudra em associação com a prática de Vajrayogini.

A Grande Mãe Um método para superar impedimentos e obstáculos pela recitação do *Sutra Essência da Sabedoria* (o *Sutra Coração*).

O Ioga de Avalokiteshvara de Mil Braços Sadhana de autogeração.

O Ioga de Buda Amitayus Um método especial para aumentar tempo de vida, sabedoria e mérito.

O Ioga de Buda Heruka A sadhana essencial de autogeração do mandala de corpo de Heruka & Ioga Condensado em Seis Sessões.

O Ioga de Buda Maitreya Sadhana de autogeração.

O Ioga de Buda Vajrapani Sadhana de autogeração.

Ioga da Dakini A sadhana mediana de autogeração de Vajrayogini.

O Ioga da Grande Mãe Prajnaparamita Sadhana de autogeração.

O Ioga Incomum da Inconceptibilidade A instrução especial sobre como alcançar a Terra Pura de Keajra com este corpo humano.

O Ioga da Mãe Iluminada Arya Tara Sadhana de autogeração.

O Ioga de Tara Branca, Buda de Longa Vida.

Joia-Coração O Guru-Ioga de Je Tsongkhapa, associado à sadhana condensada de seu Protetor do Dharma.

Joia-que-Satisfaz-os-Desejos O Guru-Ioga de Je Tsongkhapa, associado à sadhana de seu Protetor do Dharma.

Libertação da Dor Louvores e pedidos às 21 Taras.

Manual para a Prática Diária dos Votos Bodhisattva e Tântricos.

Meditação e Recitação de Vajrasattva Solitário.

BIBLIOGRAFIA

Melodioso Tambor Vitorioso em Todas as Direções O ritual extenso de cumprimento e de renovação de compromissos com o Protetor do Dharma, o grande rei Dorje Shugden, juntamente com Mahakala, Kalarupa, Kalindewi e outros Protetores do Dharma.

Nova Essência do Vajrayana A prática de autogeração do mandala de corpo de Heruka, uma instrução da Linhagem Oral Ganden.

Oferenda ao Guia Espiritual (Lama Chöpa) Uma maneira especial de confiar no nosso Guia Espiritual.

Oferenda Ardente do Mandala de Corpo de Heruka.

Oferenda Ardente de Vajrayogini.

Paraíso de Keajra O comentário essencial à prática do Ioga Incomum da Inconceptibilidade.

Pedido ao Sagrado Guia Espiritual Venerável Geshe Kelsang Gyatso, de seus Fiéis Discípulos.

Prática Condensada de Buda Amitayus para Longa Vida.

Prece do Buda da Medicina Um método para beneficiar os outros.

Prece Libertadora *Louvor a Buda Shakyamuni.*

Preces para Meditação Preces preparatórias breves para meditação.

Preces pela Paz Mundial.

Preces Sinceras Preces para o rito funeral em cremações ou enterros.

Sadhana de Avalokiteshvara Preces e pedidos ao Buda da Compaixão.

Sadhana do Buda da Medicina Um método para obter as aquisições do Buda da Medicina.

O Tantra-Raiz de Heruka e Vajrayogini Capítulos Um e Cinquenta e Um do Tantra-Raiz Condensado de Heruka.

O Texto-Raiz: As Oito Estrofes do Treino da Mente

Tesouro de Sabedoria A sadhana do Venerável Manjushri.

União-do-Não-Mais-Aprender Sadhana de autoiniciação do mandala de corpo de Heruka.

Vida Pura A prática de tomar e manter os Oito Preceitos Mahayana.

Os Votos e Compromissos do Budismo Kadampa.

CLARA-LUZ DE ÊXTASE

Os livros e sadhanas de Venerável Geshe Kelsang Gyatso Rinpoche
podem ser adquiridos nos Centros Budistas Kadampa e Centros de
Meditação Kadampa e suas filiais. Você também pode adquiri-los
diretamente pelo *site* da Editora Tharpa.

Editora Tharpa (Brasil)
Rua Artur de Azevedo, 1360
Pinheiros
05404-003 São Paulo – SP
Tel: (11) 3476-2328
Web: www.tharpa.com/br
E-mail: contato.br@tharpa.com

Editora Tharpa (Portugal)
Rua Moinho do Gato, 5
2710-661 – Sintra, Portugal
Tel: 219 231 064
Web: www.tharpa.pt
E-mail: info@tharpa.pt

Programas de Estudo do Budismo Kadampa

O Budismo Kadampa é uma escola do Budismo Mahayana fundada pelo grande mestre budista indiano Atisha (982–1054). Seus seguidores são conhecidos como "Kadampas": "Ka" significa "palavra" e refere-se aos ensinamentos de Buda, e "dam" refere-se às instruções especiais de Lamrim ensinadas por Atisha, conhecidas como "as etapas do caminho à iluminação". Através de integrar o conhecimento de todos os ensinamentos de Buda com a prática de Lamrim, e de incorporar isso em suas vidas diárias, os budistas kadampas são incentivados a usar os ensinamentos de Buda como métodos práticos para transformar atividades diárias em caminho à iluminação. Os grandes professores kadampas são famosos não apenas por serem grandes eruditos, mas também por serem praticantes espirituais de imensa pureza e sinceridade.

A linhagem desses ensinamentos – tanto sua transmissão oral como suas bênçãos – foi transmitida de professor a discípulo e se expandiu por grande parte da Ásia e, agora, por muitos países do mundo. Os ensinamentos de Buda, conhecidos como "Dharma", são comparados a uma roda que se desloca de um país a outro de acordo com a mudança das condições e tendências cármicas de seus habitantes. As formas externas de apresentar o Budismo podem mudar à medida que ele entra em contato com diferentes culturas e sociedades, mas sua autenticidade essencial é assegurada pela continuidade de uma linhagem ininterrupta de praticantes realizados.

CLARA-LUZ DE ÊXTASE

O Budismo Kadampa foi apresentado pela primeira vez ao mundo moderno em 1977 pelo renomado mestre budista Venerável Geshe Kelsang Gyatso Rinpoche. Desde então, ele tem trabalhado incansavelmente para difundir o Budismo Kadampa por todo o mundo, dando extensos ensinamentos, escrevendo textos profundos sobre o Budismo Kadampa e fundando a Nova Tradição Kadampa--União Budista Kadampa Internacional (NKT–IKBU), que hoje congrega mais de 1.200 Centros Budistas Kadampa em todo o mundo. Cada um desses centros oferece programas de estudo sobre *psicologia, filosofia* e *instruções sobre meditação* budistas, bem como retiros para todos os níveis de praticantes. A ênfase está na integração dos ensinamentos de Buda na vida diária para solucionar nossos problemas humanos e difundir paz e felicidade duradouras por todo o mundo.

O Budismo Kadampa da NKT–IKBU é uma tradição budista totalmente independente e sem filiações políticas. É uma associação de centros budistas e de praticantes que se inspiram e se orientam a partir do exemplo e ensinamentos dos mestres kadampa do passado, conforme apresentados por Venerável Geshe Kelsang Gyatso Rinpoche.

Existem três razões pelas quais precisamos estudar e praticar os ensinamentos de Buda: para desenvolver nossa sabedoria, cultivar um bom coração e manter um estado mental pacífico. Se não nos empenharmos em desenvolver nossa sabedoria, sempre permaneceremos ignorantes da verdade última – a verdadeira natureza da realidade. Embora desejemos felicidade, nossa ignorância nos leva a cometer ações não-virtuosas, que são a causa principal de todo o nosso sofrimento. Se não cultivarmos um bom coração, nossa motivação egoísta destruirá a harmonia e as boas relações que temos com os outros. Não teremos paz nem chance de obter felicidade pura. Sem paz interior, a paz exterior é impossível. Se não mantivermos um estado mental pacífico, não seremos felizes, mesmo que tenhamos condições ideais. Por outro lado, quando nossa mente está pacífica, somos felizes, ainda que as condições exteriores sejam desagradáveis. Portanto, o

PROGRAMAS DE ESTUDO DO BUDISMO KADAMPA

desenvolvimento dessas qualidades é da maior importância para nossa felicidade diária.

Venerável Geshe Kelsang – ou "Geshe-la", como é afetuosamente chamado por seus alunos – organizou três programas espirituais especiais para o estudo e a prática sistemáticos do Budismo Kadampa. Esses programas são especialmente adequados para o mundo moderno: o Programa Geral (PG), o Programa Fundamental (PF) e o Programa de Formação de Professores (PFP).

PROGRAMA GERAL

O Programa Geral (PG) oferece uma introdução básica à visão, meditação e prática budistas que é ideal para iniciantes. Também inclui ensinamentos e práticas avançadas, tanto de Sutra como de Tantra.

PROGRAMA FUNDAMENTAL

O Programa Fundamental (PF) oferece uma oportunidade de aprofundar nossa compreensão e experiência do Budismo por meio do estudo sistemático de seis textos:

1. *Caminho Alegre da Boa Fortuna* – um comentário às instruções de Lamrim, as etapas do caminho à iluminação, de Atisha.
2. *Compaixão Universal* – um comentário ao *Treino da Mente em Sete Pontos*, do Bodhisattva Chekhawa.
3. *Novo Oito Passos para a Felicidade* – um comentário às *Oito Estrofes do Treino da Mente*, do Bodhisattva Langri Tangpa.
4. *Novo Coração de Sabedoria* – um comentário ao *Sutra Coração*.
5. *Contemplações Significativas* – um comentário ao *Guia do Estilo de Vida do Bodhisattva*, do Bodhisattva Shantideva.

6. *Como Entender a Mente* – uma explicação detalhada da mente, com base nos trabalhos dos eruditos budistas Dharmakirti e Dignaga.

Os benefícios de estudar e praticar esses textos são:

(1) *Caminho Alegre da Boa Fortuna* – obtemos a habilidade de colocar em prática todos os ensinamentos de Buda, tanto de Sutra como de Tantra. Podemos facilmente fazer progressos e concluir as etapas do caminho à felicidade suprema da iluminação. Do ponto de vista prático, o Lamrim é o corpo principal dos ensinamentos de Buda, e todos os demais ensinamentos são como seus membros.

(2) *Compaixão Universal* e (3) *Novo Oito Passos para a Felicidade* – obtemos a habilidade de integrar os ensinamentos de Buda em nossa vida diária e de solucionar todos os nossos problemas humanos.

(4) *Novo Coração de Sabedoria* – obtemos a realização da natureza última da realidade. Por meio dessa realização, podemos eliminar a ignorância do agarramento ao em-si, que é a raiz de todo o nosso sofrimento.

(5) *Contemplações Significativas* – transformamos nossas atividades diárias no estilo de vida de um Bodhisattva e, desse modo, tornando significativo cada momento da nossa vida humana.

(6) *Como Entender a Mente* – compreendemos a relação entre nossa mente e seus objetos exteriores. Se entendermos que os objetos dependem da mente subjetiva, poderemos mudar a maneira como esses objetos nos aparecem, por meio de mudar nossa própria mente. Gradualmente, vamos adquirir a habilidade de controlar nossa mente e, desse modo, solucionar todos os nossos problemas.

PROGRAMA DE FORMAÇÃO DE PROFESSORES

O Programa de Formação de Professores (PFP) foi concebido para as pessoas que desejam treinar para se tornarem autênticos professores de Dharma. Além de concluir o estudo de quatorze textos de Sutra e de Tantra (e que incluem os seis textos citados acima), o aluno deve observar certos compromissos que dizem respeito ao seu comportamento e estilo de vida e concluir um determinado número de retiros de meditação.

Um Programa Especial de Formação de Professores é também mantido pelo *Manjushri Kadampa Meditation Centre*, Ulverston, Inglaterra, e pode ser realizado tanto presencialmente como por correspondência. Esse programa especial de estudo e meditação consiste em doze cursos fundamentados nos seguintes livros do Venerável Geshe Kelsang Gyatso Rinpoche: *Como Entender a Mente*; *Budismo Moderno*; *Novo Coração de Sabedoria*; *Solos e Caminhos Tântricos*; *Guia do Estilo de Vida do Bodhisattva*, de Shantideva, e seu comentário – *Contemplações Significativas*; *Oceano de Néctar*; *Novo Guia à Terra Dakini*; *As Instruções Orais do Mahamudra*; *Novo Oito Passos para a Felicidade*; *O Espelho do Dharma com Adições*; *Essência do Vajrayana*; e *Caminho Alegre da Boa Fortuna*.

Todos os Centros Budistas Kadampa são abertos ao público. Anualmente, celebramos festivais em muitos países ao redor do mundo, incluindo dois festivais na Inglaterra, nos quais pessoas do mundo inteiro reúnem-se para receber iniciações e ensinamentos especiais e desfrutar de férias espirituais. Por favor, sinta-se à vontade para nos visitar a qualquer momento!

Para mais informações sobre os programas
de estudo da NKT –IKBU ou para encontrar
o Centro Budista mais próximo de você,
por favor, acesse www.kadampa.org
ou entre em contato com:

NO BRASIL

Centro de Meditação Kadampa Brasil
www.budismokadampa.org.br

Centro de Meditação Kadampa Mahabodhi
www.meditadoresurbanos.org.br

Centro de Meditação Kadampa Rio de Janeiro
www.meditario.org.br

Centro de Meditação Kadampa Campinas
www.budismocampinas.org.br

EM PORTUGAL

Centro de Meditação Kadampa Deuachen
www.kadampa.pt

Escritórios da Editora Tharpa no Mundo

Atualmente, os livros da Tharpa são publicados em inglês (americano e britânico), alemão, chinês, espanhol, francês, italiano, japonês e português (do Brasil e de Portugal). Os livros na maioria desses idiomas estão disponíveis em qualquer um dos escritórios da Editora Tharpa listados a seguir.

Tharpa UK
Conishead Priory
ULVERSTON
Cumbria, LA12 9QQ, UK
Tel: +44 (0)1229-588599
Web: tharpa.com/uk
E-mail: info.uk@tharpa.com

Tharpa Estados Unidos
47 Sweeney Road,
GLEN SPEY, NY 2737, USA
Tel: +1 845-856-5102
Toll-free: 888-741-3475
Fax: +1 845-856-2110
Web: tharpa.com/us
E-mail: info.us@tharpa.com

Tharpa África do Sul
26 Menston Rd., Dawncliffe,
Westville, 3629, KZN
REP. OF SOUTH AFRICA
Tel : +27 (0) 31 266 0096
Web: tharpa.com/za
E-mail: info.za@tharpa.com

Tharpa Alemanha
Chausseestraße 108,
10115 BERLIN, DE
Tel: +49 (030) 430 55 666
Web: tharpa.com/de
E-mail: info.de@tharpa.com

Tharpa Ásia
1st Floor Causeway Tower,
16-22 Causeway Road,
Causeway Bay,
HONG KONG
Tel: +(852) 2507 2237
Web: tharpa.com/hk-en
E-mail: info.asia@tharpa.com

Tharpa Austrália
25 McCarthy Road,
MONBULK VIC 3793, AU
Tel: +61 (0)3 9756-7203
Web: tharpa.com/au
E-mail: info.au@tharpa.com

Tharpa Brasil
Rua Artur de Azevedo, 1360
Pinheiros, 05404-003
São Paulo – SP
BRASIL
Tel: +55 (11) 3476-2328
Web: tharpa.com/br
E-mail: contato.br@tharpa.com

Tharpa Canadá (em ingês)
631 Crawford Street
TORONTO, ON M6G 3K1
CANADA
Tel: (+1) 416-762-8710
Fax: (+1) 416-762-2267
Web: tharpa.com/ca
E-mail: info.ca@tharpa.com

Tharpa Canadá (em francês)
835 Laurier est Montréal,
QC,H2J 1G2, CA
Tel: (+1) 514-521-1313
Web: tharpa.com/ca-fr/
E-mail: info.ca-fr@tharpa.com

Tharpa Chile
Av. Seminario 589, Providencia,
SANTIAGO, CL
Tél: +56 (9) 91297091
+56 22 9935053
Web: tharpa.com/cl
Email: info.cl@tharpa.com

Tharpa Espanha
Calle La Fábrica 8, Majadahonda
MADRID, 28221
ESPAÑA
Tel.: +34 911 124 914
Web: tharpa.com/es
E-mail: info.es@tharpa.com

Tharpa França
Château de Segrais
72220 SAINT-MARS-D'OUTILLÉ,
FRANCE
Tél /Fax: +33 (0)2 52 36 03 89
Web: tharpa.com/fr
E-mail: info.fr@tharpa.com

Tharpa Japão
KMC TOKYO, Tokyo,
2F Vogue Daikanyama II,
13-4 Daikanyama-cho,
Shibuya-ku, TOKYO,
150-0034, JP
Web: kadampa.jp
E-mail: info@kadampa.jp

Tharpa México
Enrique Rébsamen nº 406,
Col. Narvate Poniente
CIUDAD DE MÉXICO,
CDMX, C.P. 03020, MX,
Tel & Fax: +52 (55) 56 39 61 80
+52 (55) 56 39 61 86
Web: www.tharpa.com/mx
Email: info.mx@tharpa.com

Tharpa Nova Zelândia
2 Stokes Road, Mount Eden,
AUCKLAND 1024, NZ
Tel: +64 09 631 5400
DD Mobile: +64 21 583351
Web: tharpa.com/nz
E-mail: info.nz@tharpa.com

Tharpa Portugal
Rua Moinho do Gato, 5
Várzea de Sintra
SINTRA, 2710-661 – PORTUGAL
Tel.: +351 219 231 064
Web: tharpa.pt
E-mail: info@tharpa.pt

EDITORAS THARPA NO MUNDO

Tharpa Suécia
c/o KMC Stockholm,
Upplandsgatan 18, 113 60
STOCKHOLM, SE
Tel: +46 (0) 72 251 4090
Email: info.se@tharpa.com

Tharpa Suíça
Mirabellenstrasse 1
CH-8048 ZÜRICH, CH
Tel: +41 44 461 36 88
Web: tharpa.com/ch
E-mail: info.ch@tharpa.com

Índice Remissivo
a letra "g" indica entrada para o glossário

A

Acordar, estado de vigília 114–119, 131

Afundamento mental 130, 166, 167, 169–170, 175–177

Agarramento ao em-si g, 149, 157, 189, 193, 199, 203, 219

Agregados g, 84, 87–90, 191–193

AH-breve, letra 31, 36, 105, 123, 301
   meditação propriamente dita 56–71
   objeto do tranquilo-permanecer 36, 59, 149, 167
   quatro frutos de meditar na letra AH-breve 59

Akanishta 243–247

Alegrias. *Ver* quatro alegrias

Aparência. *Ver* aparência comum; oito sinais

Aparência comum 3, 15, 137, 139, 142, 184, 210, 211, 236

Aparência comum e concepção comum g

Aparência dual g, 25, 78, 108, 117, 208, 234, 250

Apego g, 4–5, 160, 163, 167

Aquisição subsequente g, 129, 197–199, 201, 238, 248–249, 250

Aryadeva g, 113, 129, 211, 213
   textos 123, 151, 210, 223

Asanga g, 165

Aspiração 141, 143, 165

Atisha g, 72, 204

Ausência do em-si
   de pessoas 187–189
   dos fenômenos 187, 199–201

Ausência de existência inerente. *Ver* vacuidade

Autoapreço g, 252

Averiguar a ausência de diferença 192

Averiguar a ausência de unicidade 191

Averiguar a permeação 191

B

Bardo. *Ver* estado intermediário
Base de designação, base de imputação g
Base de designação para o *eu* 219, 228
Bênçãos g, 11, 39, 50, 71–72, 228
Bodh Gaya 233
Bodhichitta g, xv, 6, 12, 50, 91, 109, 118, 119, 128, 142, 149, 162, 185, 253, 254, 255
  aspirativa e de compromisso g, 38
  bodhichittas brancas e vermelhas. *Ver* gota(s)
Bodhisattva g
  do décimo solo 212, 229, 244, 245
  do oitavo solo 229
  do primeiro solo 234
  superior 229, 234
Buda. *Ver também* Buda Shakyamuni; Guhyasamaja; Heruka; Manjushri; Vajradhara; Vajrasattva; Vajravarahi; Vajrayogini g, 2, 6, 120, 139, 161, 175, 233
  boas qualidades 251–252
Buda, primordial 252
Buda Shakyamuni 2, 120, 161–162, 233, 243
  intenção última 202–203
  meditar na forma de 166
Budadharma. *Ver também* Dharma 12

Budeidade. *Ver também* iluminação; União-do-Não-Mais--Aprender 2, 7, 9, 149, 157, 185, 204, 207, 212, 215, 221, 223, 236
  bases sobre as quais alcançamos a Budeidade 245
  como alcançá-la 246–251
  local onde é alcançada 243–245
  nesta vida 113, 212, 228, 245
Budismo Moderno 285

C

Caminho g
  inequívoco 162
  da Meditação 235, 249
  mundano/supramundano 185
  superior 103
  da Visão 197, 234, 247, 251
Caminho Alegre da Boa Fortuna xiv, 166, 170
Caminho do Meio g, 204
Caminho do Não-Mais-Aprender 236
Caminho Principal dos Conquistadores, O xiv
Campo para Acumular Mérito g, 37
Canais 20–24, 47–50
  canal da vida 20
  direito e esquerdo 20–21, 32, 48, 62, 157
  hastes dos canais 23–24, 48–49, 51, 56, 71
  treinar o caminho dos 50–55
  vinte e quatro canais 24

ÍNDICE REMISSIVO

Canais, ventos e gotas. *Ver também*
  canais; gota(s); ventos 20, 30,
  43, 71–72, 110
defeitos 50–54, 71
Canal central. *Ver também* trazer
  os ventos para o canal
  central 18–20, 29, 47
Carma g, 25, 100
Causa substancial 104, 108, 109,
  157, 212
Cérebro 151
Chakra. *Ver* roda-canal
Chandragomin 176
Chandrakirti g, 203, 211, 215
  textos 202, 209, 211, 253
*Cinco etapas do estágio
  de conclusão* 207
*Cinco Etapas do Estágio
  de Conclusão* 208, 209,
  211, 213, 218, 228
Cinco sabedorias básicas 85
Clara-aparência g, 39
Clara-luz. *Ver também* clara-luz-
  -exemplo; clara-luz-
  -significativa; mente-
  -isolada; mente-isolada de
  clara-luz-exemplo última;
  mente-não-isolada de
  clara-luz 36, 44, 50, 81–84,
  114–116, 155, 218–219, 225
definição e tipos 100–105
mãe e filho 100–101, 110, 125
da morte 33, 98–99, 102, 110,
  221, 250
níveis 221
realiza a vacuidade 114, 121, 134–
  135, 233, 234, 246, 249–250

do sono 33, 120
Clara-luz-exemplo. *Ver também*
  clara-luz 101
mente-isolada de 101
mente-não-isolada de 101
não-última 102, 223
Clara-luz-exemplo última. *Ver*
  mente-isolada de clara-
  -luz-exemplo última
Clara-luz-filho. *Ver* clara-luz,
  mãe e filho
Clara-luz-mãe. *Ver* clara-luz,
  mãe e filho
Clara-luz-significativa 36,
  229–236, 238–239, 241,
  246–250, 253
abandona as delusões 235
clara-luz-filho 101
e corpo-ilusório puro 9, 103,
  216, 234, 237–238, 251
nomes 235
Clarividência g, 72, 165, 185,
  218
Cobra/pedaço de corda, analogia
  193
Coleção de mérito g, 12, 50, 108,
  215, 235, 247
Coleção de sabedoria g, 50, 108,
  215, 235, 247
*Comentário ao Tesouro
  de Instrução* 203
Compaixão g, 165, 252
Compêndio de Sabedoria-Vajra
  223
Compromissos g, xv, 5, 141
Compromissos das Cinco
  Famílias Búdicas 296–299

Concentração. *Ver também*
tranquilo-permanecer 32,
36, 43, 45, 59, 60, 111, 122, 124
da destruição subsequente
231–232
duas características 169
de manter o corpo inteiramente
231, 232
semelhante-a-um-vajra 249
ser-de-concentração 241
Concentrações internas, métodos
internos 231–232, 238, 248
Concepção comum 3
Concepções duais 71, 72, 157
Conquistador Solitário g
Destruidor de Inimigos 212
Consciência sensorial 130
Consorte. *Ver também* mudra-
-ação 4, 110, 141–142
Contemplações Significativas
166, 171, 202
Contínua-lembrança (*mindfulness*)
59, 62, 121–122, 125, 128, 134,
148
densa 79, 92, 115, 132
específica 172–181
geral 163–172
muito sutil 98, 127
sutil 79–81, 81–82, 98, 115, 134
três funções 170
Continuum 131
residente-contínuo 219
Corpo. *Ver também* corpos-
-básicos; Corpos de Buda;
corpos-caminho; corpos
resultantes

convencionalmente existente 201
denso 130–131, 219–220, 223,
227, 239–241, 290–291
inerentemente existente
200–201
residente-contínuo 219–220
sonho (onírico) 109, 119,
127–131, 225–226
sutil 39, 219–221, 290–292
Corpo-de-Deleite. *Ver também*
nove fusões; trazeres, os
três g, 15–16, 103, 105, 217,
228, 251–252
Corpo-Emanação. *Ver também*
nove fusões, trazeres, os
três g, 16, 103
Corpo-Forma 103, 223, 250
causa do 3, 108, 157, 212, 215
Corpo-ilusório 127, 138, 207–228,
238–239, 245, 253
base para alcançar 216–219
causa substancial 104, 109, 136
como amadurecê-lo 16
convencional 209
definição 216
Deidade pessoal 109, 117–119,
127, 231, 251
doze analogias 223–227
etapas para alcançar 208
impuro/puro 9, 103, 209,
216–217, 233, 237–241, 247,
251
ioga de emanações 105
qualidades do 218, 228
quatro atributos 211
sinônimos 228

ÍNDICE REMISSIVO

Corpo inerentemente existente 200–201
Corpo-isolado 207, 210, 236, 253–254
Corpo residente-contínuo 219–220
Corpo-de-união 239
Corpo-sonho 109, 119, 127–131, 225
Corpo sutil 39, 219–221
  canais, ventos e gotas (corpo--vajra) 19–30
Corpo-vajra. *Ver também* corpo--ilusório; corpo sutil 20, 31, 55, 228, 234, 252
Corpo-Verdade. *Ver também* nove fusões; trazeres, os três g, 15, 82, 103, 223, 250
  causa do 3, 108, 157, 215
  Corpo-Verdade-Sabedoria 87
Corpos-básicos, três 104
  corpo-de-deleite básico 103, 104, 118, 135–136
  corpo-emanação básico 103, 104
  corpo-verdade básico 103, 104, 114
Corpos de Buda. *Ver também* Corpo-de-Deleite; Corpo--Emanação; Corpo-Forma; Corpo-Verdade g, 3, 103, 105, 108
Corpos-caminho
  corpo-de-deleite caminho 127–128, 135–136, 228
  corpo-verdade caminho 114, 125, 127, 134, 135

Corpos resultantes 104, 114

D

Dakinis g, 37
Dedicatória 257
Deidade. *Ver também* Deidade pessoal g, 103, 129, 138–139, 210, 216, 219, 220, 221
  autogeração 4, 39, 138–139
Deidade pessoal. *Ver também* Deidade 16, 117–119, 135, 136, 139, 142, 248, 249
  e corpo-ilusório 109, 117–119, 231, 251
Delusões g, 4, 184
  intelectualmente formadas e inatas g, 234
Designação, imputação g, 193–194, 219, 228
Destruição subsequente 231–232
Destruidor de Inimigos g, 149, 185, 212
  do Mantra Secreto 235
Dez portas 18–19, 30–31
Dharma g, 5, 38, 160–161, 166, 254–255
  essência do 204
Dharmadhatu 85, 91
Dharmavajra 10, 239, 245
Discípulo qualificado 208–210
Distração 173–175
Divagação mental 166–167, 169–170
Doença dos ventos 38, 44, 45
Dois abandonos 20
Dromtonpa 204
Duas verdades g

E

Elementos 25–28, 44, 50, 77–78, 85, 87–90
 seis 30, 245
Entrar, permanecer e dissolver.
 Ver também trazer os
 ventos para o canal central
 9, 64, 106, 140
 causas 50, 59, 62, 105
 na gota indestrutível no coração
 97, 99, 101, 154, 223, 248
 com relação às nove fusões
 120, 124, 134, 140
 sinais 75–84, 100, 114, 132, 248
Equilíbrio meditativo g, 162,
 195–198, 198, 221, 247, 248,
 249, 250
Esforço 95, 165, 176–178
Estado intermediário. *Ver também*
 trazeres, os três g, 16, 99,
 103, 104–105, 117, 125, 135,
 136, 137
 corpo 136, 245
 seres 135, 226
Estado de vigília. *Ver* acordar
Estágio de conclusão g, 4, 7,
 32–33, 35, 38, 39, 47, 102,
 104–105, 113, 154, 236
 cinco etapas 207–208
 essência do 107, 155
Estágio de geração. *Ver também*
 trazeres, os três g, 4, 12–13,
 39, 104–105, 138, 207, 229,
 235–236, 247, 253–254, 291
 prática propriamente dita
 13–16

Etapas do caminho 5, 142, 253
 à iluminação. *Ver também*
 Lamrim 333
Etapas finais 254–255
Eu 188
 base de designação 219, 228
 convencionalmente existente
 194, 199
 inerentemente existente
 188–190, 191–199
Eu inerentemente existente
 188–190, 191–199
Excitamento mental 166, 167,
 169–170, 176–177
Existência cíclica. *Ver* samsara
Existência inerente 187–190
Êxtase. *Ver também* grande
 êxtase espontâneo 3, 4–5,
 19, 30, 32, 64, 69, 106
 da maleabilidade 184
 trinta e duas etapas 109

F

Fala-isolada 207, 210, 217, 219,
 221, 232, 253–254
Fala sutil 39
Família Búdica g, 26
Fator mental g, 109, 154
Fé g, xv, 142, 161, 165, 209
Feitos Condensados 228
Fenômeno impermanente g, 225
Fenômeno negativo g
Fenômeno negativo não-afirmativo.
 Ver também fenômeno
 negativo 158–159, 187
Finamente Entrelaçado 203

ÍNDICE REMISSIVO

Fluido seminal 29
Fogo interior. *Ver também* oito
    etapas da meditação no
    fogo interior 4, 30, 31, 32,
    35–73, 223
  e as quatro alegrias 105–111
Forma sutil 127

G

Gampopa 9, 36, 204
Garuda 182
Gelug g
Gota(s). *Ver também* gota
    indestrutível 19, 25, 29, 35,
    72, 97–99, 137, 246
  branca(s) 9, 24, 29, 32, 38,
    51, 56–58, 68–70, 97–98,
    105–107
  derretimento. *Ver também*
    quatro alegrias 64, 67, 72
  muito sutil 27
  preta 124
  vermelha(s) 24, 29, 35–36, 38,
    51, 56, 97
Gota indestrutível 27, 39, 48,
    50, 54, 56, 82, 97–99, 223,
    231–233
Gota muito sutil 27
Grande Exposição das Etapas
    do Caminho do Mantra
    Secreto 13
Grande êxtase espontâneo. *Ver*
    também quatro alegrias;
    união de grande êxtase
    espontâneo e vacuidade 3,
    7–9, 20, 30, 35, 64, 106–109,

    111, 139–140, 142, 154, 215,
    231, 246, 252
  causa do 19, 35, 67, 233
  resultados 216
Grande selo 6–7
Grande Tesouro de Mérito 37
Guhyasamaja g, 30, 36, 251
Guia ao Caminho do Meio 202,
    215, 253
Guia Espiritual. *Ver também*
    Guru g, 11, 142, 209, 233,
    241, 249, 253–254
  instruções 59, 150, 168, 199,
    202, 209, 211–216
  qualificações 5–6
Guia Espiritual Tântrico 111
Guia Espiritual Vajrayana g, xiii,
    xv, 138, 212–215
Guia do Estilo de Vida
    do Bodhisattva 1, 195, 202
Guru. *Ver também* Guia Espiritual
  linhagem g, 10, 37, 38, 50
  raiz g, 37, 38, 39, 50
Guru-Ioga g, 12
Guru Sumati Buda Heruka g
Gyalwa Ensapa g, 10, 239, 245

H

Herói, Heroína g, 35–36, 37, 70,
    72
Heruka g, 11, 30, 36, 39, 136, 137,
    139, 248, 249
  autogeração como 13–16, 117–
    119, 128–129, 135, 136, 231
  definitivo e interpretativo 235
  mandala de corpo 24, 25

CLARA-LUZ DE ÊXTASE

HUM, letra 31, 56, 106, 241, 301

I

Ignorância. *Ver* agarramento ao em-si
Iluminação. *Ver também*
Budeidade; União-do--Não-Mais-Aprender 50, 71, 103, 132, 138, 140, 185, 243, 251–252, 253
falsa 160
momento em que é alcançada 233
nesta vida 103, 157
Imagem genérica g, 101, 148, 152–153, 169, 171, 189–190
Iniciação g, 5, 138, 215, 244
mudra-sabedoria 233–234, 246, 249
Tantra Ioga Supremo xv, 13, 209
de Tantra-Mãe 143
Iniciação mudra-sabedoria 233–234, 246, 249
Ioga g
Ioga da aquisição subsequente semelhante-a-uma-ilusão 197–199, 201
Ioga de Buda Heruka, O 13, 283–294
Ioga das emanações do corpo--ilusório 105
Ioga do equilíbrio meditativo semelhante-ao-espaço 195–197
Iogue/Ioguine g

J

Je Phabongkhapa g, 10, 11
Je Tsongkhapa g, 9, 10, 40, 110, 147, 166, 194, 217
citações 2, 3, 44, 158, 213
textos xiv, 13, 211
tradição 65, 204
Je Tsongkhapa, comentário de xiv, 47
Joia-Ornamento de Libertação 204

K

Kachen Yeshe Gyaltsen xiv
Kadampa g
Budismo g, 333–334
tradição g, 204, 254
Karmapa 217
Keutsang xiv
Khedrubje 13, 113

L

Lâmpada para o Caminho à Iluminação 72
Lâmpada que Clarifica as Cinco Etapas 209, 211
Lâmpada de Feitos Condensados 123, 129, 210
Lâmpada que Ilumina Completamente as Cinco Etapas xiv, 211
Lâmpada de (Re)Esclarecimento xiv
Lamrim. *Ver também* etapas do caminho 333

ÍNDICE REMISSIVO

Letras. *Ver também* AH-breve; HUM 31, 55–59, 67–70, 105–106, 301
Libertação. *Ver também* nirvana g, 7, 149, 185, 202–203
Ling Rinpoche g
Linhagem g, 9–11
Longchen Rabjampa 203
Longdol Lama 50, 66, 233
Lugar secreto 19, 23, 32, 47

M

Madhyamika g
Mahamudra xiv–xv, 6–9, 11, 17, 36, 40, 59, 150, 157, 159, 178, 185, 243–255
  condições para a prática 13, 16
  etimologia 6
  Gurus-linhagem 10–11
  primeira realização do 117
  tempo-causal 7, 17
  tempo-resultante 9
Mahasiddha g
Mahayana g, 1, 2, 12, 38, 185, 243
  Sutra 212, 243
Maitreya 253
Maitripa 9
Maleabilidade física 183–184
Maleabilidade mental 165, 183–184
Mandala. *Ver também* mandala de corpo g, 3, 210, 219, 226
Mandala de corpo g, 24, 25
Manjushri g, 10, 110
Manter o corpo inteiramente 231, 232

Mantra g
Mantra Secreto. *Ver também* estágio de conclusão; estágio de geração 2–9, 64, 108, 149, 154, 202, 215
  é denominado "o caminho rápido" 108
  Destruidor de Inimigos 235
  necessidade de ter um corpo humano para praticá-lo 30, 245
  preliminares 12–16
  quatro níveis 4
  raridade 2, 158
  superior ao Sutra 2, 7, 157, 216, 244
  três seres 241
Marpa 9, 113
Meditação g, 168–169
Meditação num corpo vazio 44–45
Mente. *Ver também* mente sutil; mente muito sutil; percepção mental; percepção sensorial 149–159
  definição 152
  densa 90–91, 100, 115, 116, 150, 155
  equivocada 194
  indestrutível 39
  localização 151–152, 153, 154
  natureza convencional e última 150, 152, 158–160
  natureza última 158–160
  primária 109, 154
  raiz 151, 153–154, 178–179

residente 153

seis métodos para fixar a mente
181–183

tipos 154–155

Mente/pensamento conceitual
g, 78–79, 90–97, 108,
145–147, 153, 178, 208

cessação natural da 179

pacificação da 25, 32, 62, 72

Mente-isolada 83, 100–105, 141,
207, 209, 253–254

de clara-luz-exemplo não-última
102, 223

Mente-isolada de clara-luz da
clara-luz-exemplo última.
Ver mente-isolada de clara-
-luz-exemplo última

Mente-isolada de clara-luz-
-exemplo última 101–104,
142, 209, 216–217, 234,
250–251

e corpo-ilusório 109, 127,
135–136, 138, 221, 235, 251

Mente muito sutil 81, 98, 109, 150,
151, 153, 155, 155–157, 219

indestrutível 39

Mente-não-isolada de clara-luz
100–101

Mente-não-isolada de clara-luz-
-exemplo 101

Mente primária g, 109, 121, 154

Mente sutil 39, 79–83, 109, 115,
150, 155

Mérito g, 12, 113

coleção de 12, 50, 108, 215, 235,
247

Método g, 3, 139, 162

Mikyo Dorje 217

Milarepa g, 9, 36, 113, 239, 245

canções 204

Morte. *Ver também* clara-luz, da
morte; trazeres, os três
79, 99

descontrolada 133

dissoluções 76, 83–98

fusões durante a 132–139

pequena 99

sinais da 79, 82, 83–84, 87–91,
97–99, 132

Motivação 5–6, 38, 255

Mudra. *Ver também* mudra-ação;
mudra-sabedoria g, 6

Mudra-ação 102, 110, 140–142,
143, 223, 234, 246, 249, 250

como método exterior para
alcançar a clara-luz 231,
233, 248

Mudra-sabedoria 143, 252

N

Nada g, 15, 65, 66

Nagarjuna g, 9, 113, 208, 211, 239

textos 203, 209, 211, 213,
218–219

visão de 158–159, 203–205

Nalanda 123

Não-aplicação 170

Não-dualidade 121

Naropa g, 9

Ngorchen Kunga Zangpo 204

Nirvana. *Ver também* libertação
6, 185, 255

ÍNDICE REMISSIVO

Nós do canal 21, 47, 48–49, 59
  afrouxar os nós na altura do
    coração 29, 98, 102, 141, 207
Nova Tradição Kadampa 334
Nove fusões 113–138
  fundir com o Corpo-de-Deleite
    117–118, 125–128, 135–136, 217
  fundir com o Corpo-Emanação
    118–119, 128–131, 136–139
  fundir com o Corpo-Verdade
    114–116, 120–125, 134–135
Nove permanências mentais 59,
  170–172, 183
Novo Guia à Terra Dakini 12

O

Objeto negado 187–195, 202
Objeto oculto g, 147
Obstruções à libertação g, 103,
  108, 140, 149, 235, 252
Obstruções à onisciência g, 108,
  140, 149, 215, 246, 252
Obtusidade (ou torpor) 130
Oceano de Néctar 202, 253
Oferenda ao Guia Espiritual g,
  37, 241
Oferenda de mandala g, 11, 12,
  37, 209
Oitenta concepções indicativas
  79, 88, 90–97, 99, 155
Oito etapas da meditação no fogo
  interior 40–71, 75, 143
  acender o fogo interior 37, 60–66,
    105
  arder e gotejar extraordinários
    69–73

  eliminar ventos impuros e
    meditar num corpo vazio
    41–45
  fazer o fogo arder 66–67
  mero arder e gotejar 68
  treinar os caminhos dos canais
    50–55
  visualizar e meditar nos canais
    47–49
  visualizar e meditar nas letras
    55–59
Oito sinais. *Ver também* morte,
  sinais da; entrar, permanecer
  e dissolver 121–122, 134
Orgulho. *Ver também* orgulho
  divino 190
Orgulho divino g, 15, 16, 39, 116,
  117–118, 119, 121, 127, 129,
  136, 137
*Ornamento para a Realização
  Clara* 253
Ouvinte g
  Destruidor de Inimigos 212

P

Padmasambhava 203
Pai e Mãe de frente um para o
  outro 252
Panchen Lama, primeiro xiv, 36,
  152, 159, 160
Penetrar os pontos exatos
  do corpo de outra pessoa
  140–143
Pensamento conceitual. *Ver*
  mente/pensamento
  conceitual

Percepção mental g, 147, 155
Percepção sensorial g, 27, 147, 155
    tátil 151, 153
    visual 153
Permanências mentais. *Ver* nove permanências mentais
Pétalas das rodas-canais. *Ver* canais, hastes dos canais
Phabongkhapa Rinpoche. *Ver* Je Phabongkhapa
Poder sensorial g, 27, 85, 90, 151, 153
Poderes miraculosos. *Ver também* clarividência g, 72, 218
Possuidor-de-objeto g, 17
Postura. *Ver* postura vajra
Postura do leão 120
Postura de sete pontos de Vairochana g, 39
Postura vajra 39
Powa. *Ver* transferência de consciência
Prasangika 194, 202–204, 244
Prática de purificação das nove exalações 41–43
Práticas preliminares xiv, 37–39
    comuns 12
    incomuns 12–16
Precioso corpo humano 1–2, 30, 245
Preguiça 163–166
Prostrações 50
Protetor do Dharma g, 37
Purificação 12, 104–105
    dos ventos impuros 41–43

Q

Quatro alegrias 40, 45, 57, 75, 105–111
    da ordem reversa 107, 109, 111
    da ordem serial 105–107, 109, 111
Quatro completas purezas 3
Quatro confianças 161–162
Quatro selos 7
Quatro vazios 83, 84, 100, 110, 120, 123, 124, 208
Quatrocentos 151

R

Raiva 184, 190
RAM, letra 31
Recitação vajra g, 27, 102, 111, 139, 217, 223
Refúgio g, 6, 12, 38
Refutação de Objeções 203
Reino do desejo g, 69, 184, 243–245, 247–250
Reino da forma g, 69, 184, 245, 246
Reino da sem-forma g, 69, 245
Reinos dos deuses 185
Reinos inferiores g, 133
Relação sexual 63, 140–142
Relações das ordens serial e reversa 253–254
Renascimento 99, 103–105, 110, 133
    causa do 218
    controlado 135–138
Rendapa 204
Renúncia g, 142, 185, 253, 254
Respiração 76

ÍNDICE REMISSIVO

Respiração-vaso 32, 45, 60–63, 66–67, 69

Roda-canal, rodas-canais 19–24, 30–31, 47–55, 56–58

  do coração 19, 23, 24, 27, 32, 48, 51, 53–54, 82, 98, 101, 123, 151, 153–154

  da coroa 19, 21, 23, 29, 32, 49, 51, 53, 97, 184

  da garganta 19, 23, 32, 49, 51, 130

  da joia 19, 23

  do lugar secreto 19, 23

  da ponta do órgão sexual 19, 32–33

  do ponto entre as sobrancelhas 19, 53, 131

  da roda do fogo 19

  da testa 19

  do umbigo 19, 23, 29, 30, 32, 48, 49, 53–55, 61–62, 97, 120, 123

Roda-corpo 24

Roda do Dharma 333

Roda-fala 24

Roda-mente 24

S

Sabedoria g, 3, 139, 161, 202, 209

  cinco sabedorias básicas 85–87

  coleção de 50, 108, 215, 235, 247

Sabedoria do equilíbrio meditativo 162

Sabedoria Fundamental do Caminho do Meio 203

Sabedoria da visão superior 179

Sabedorias, cinco básicas 85

Sadhana g, 13

Sakya Pândita 204

Samsara g, 1, 25, 203, 218, 228, 245

  raiz do 72, 157, 193, 218–219

Sangha. *Ver* Três Joias

Sangye Gyatso 72

Saraha g, 4, 9, 176, 179, 181

Sectarismo 161, 162

Seis Iogas de Naropa 30, 37, 220

Seis métodos para fixar a mente 181–183

Seis rodas mágicas 45

Ser-de-compromisso g, 119, 128–129, 137, 231–232, 241

Ser comum g, 194, 197, 218, 219, 237

Ser-de-concentração g

Ser-de-sabedoria g, 119, 129, 137, 231–232, 239, 241

Ser senciente g

Ser superior g, 83, 148, 162, 197, 229

  Bodhisattva 128, 229, 234

  do Mantra Secreto 217, 234, 251

Sessenta e quatro artes do amor 142

Sessenta Raciocínios 203

Setenta Vacuidades 203

Sete preeminentes qualidades de abraço 247, 251–252, 253

Shantideva g, 1, 123, 195, 202

Sherab Senge, Je 194

Sinais maiores e indicações menores 210, 216, 228, 251

Sonho 122, 125–131
  causa do sonho 130
  práticas 32
  reconhecer o sonho como sonho 124, 135

Sono 32–33, 120, 120–131

Sutra g, 2, 3, 109, 157, 227, 235, 237
  Mahamudra 6, 150
  Mahayana 212
  e Mantra Secreto 7, 108, 157, 204, 211–212, 215, 243–245
  visão última do 202–205

Sutra Grandioso Tambor 203

Sutra Rei da Concentração 6

Sutras Perfeição de Sabedoria g, 159, 166, 202

Sutras Vinaya g, 175

T

Taktsang 217

Tantra. *Ver* Mantra Secreto

Tantra Ação 4

Tantra de Guhyasamaja 102, 110, 113, 139, 211, 213, 228

Tantra de Heruka 142

Tantra de Hevajra 36, 45, 73

Tantra Ioga 4

Tantra Ioga Supremo. *Ver também* estágio de conclusão; estágio de geração g, 4, 12, 13, 113, 140, 212, 213
  bases físicas para praticar 30, 245
  qualidades exclusivas 235, 244

Tantra-Mãe g, 143, 213

Tantra-Pai 213

Tantra Pequeno Samvara 73

Tantra Performance 4

Tantra Samputa 73

Tempos sem início g, 190

Terra Búdica. *Ver também* Akanishta g, 135

Terra Dakini g, 235
  interior g, 235–236

Terra Pura g, 25, 135, 137, 235–236, 243–246, 251

Tilopa 9

Tradição Gelug 203, 204

Tradição Kagyu 203, 204

Tradição Nyingma 203

Tradição Sakya 203–204

Tranquilo-permanecer 36, 59, 72, 145–150, 163–185, 197
  benefícios 165
  etimologia 168
  obstáculos ao 163, 165, 166–168, 169–170

Transferência de consciência g, 220

Trazer o resultado para o caminho 3

Trazer os ventos para o canal central. *Ver também* entrar, permanecer e dissolver 18, 25, 35–36, 49, 59–62, 111, 157
  dez portas 18–19, 30
  dois métodos 44
  no momento da morte 63, 99, 223
  resultados 72

ÍNDICE REMISSIVO

Trazeres, os três 13, 105, 113
trazer o estado intermediário
para o caminho que conduz
ao Corpo-de-Deleite 16,
33, 118, 217
trazer a morte para o caminho
que conduz ao Corpo-
-Verdade 15, 33, 116
trazer o renascimento para o
caminho que conduz ao
Corpo-Emanação 16, 33
Treino da mente g, 254
*Três Aspectos Principais do
Caminho/Três Caminhos
Principais* 142, 254
Três Joias g, 37
Trijang Rinpoche, Vajradhara
g, 10
Tulku 138
Tummo. Ver fogo interior

U

União 237
União das duas verdades. *Ver
também* união-que-
-precisa-aprender 9, 199,
207, 208, 209, 236–241,
253
União de grande êxtase espontâneo
e vacuidade 3, 7, 17, 50, 139,
215
como é alcançada 25, 104
função 215
União de método e sabedoria 3
União-do-Não-Mais-Aprender 7,
207, 236, 243–255

União-que-precisa-aprender.
Ver também união das
duas verdades 207, 236,
247, 248

V

Vacuidade. *Ver também* clara-
-luz, realiza a vacuidade;
união de grande êxtase
espontâneo e vacuidade;
verdade última g, 25, 82,
114–117, 148–149, 158–160
dos fenômenos 199–201
grande selo 6, 7
dos oito sinais 121, 134
de pessoas 187–199
realização direta 145–150, 185
visão de Nagarjuna 158–159,
202–205
Vacúolo 27, 31, 48–49, 51–54, 56,
58–59, 62
Vajra g
Vajra e sino g
Vajrabhairava 140
Vajradhara g, 36, 139, 211, 228,
252
fundador 9, 10, 215
visualização 37, 38, 241
Vajrasattva g, 12, 228
Vajravarahi 39, 117, 137, 139, 248,
249
Vajrayana 3, 133, 207
Vajrayogini g, 16, 30, 36, 111, 139,
143
Terra Pura 135, 235
Veículo Perfeição 212, 234, 244, 247

Vento descendente de esvaziamento 26, 28, 63–66, 105, 107
Vento muito sutil 39, 81, 157, 219–220
  e corpo-ilusório 109, 117, 219, 225, 228
  indestrutível 27, 39
Vento que-permeia 26, 28, 102, 223, 250
Vento-sabedoria 157
Ventos. *Ver também* entrar, permanecer e dissolver; trazer os ventos para o canal central; vento que--permeia; ventos-raízes 25–29, 50, 51, 131, 184
  densos 77–79
  impuros 25, 41–43, 71, 157, 168
  dos quatro elementos 77–78, 89–90
  secundários 26, 29
  sutis 77, 79–81, 97–98
  ventos-sabedoria 157

Ventos-raízes. *Ver também* vento descendente de esvaziamento; vento que--permeia 26–27, 28
Verdade convencional. *Ver também* união das duas verdades g, 9, 162, 208–223, 228, 237
Verdade última. *Ver também* vacuidade g, 9, 25, 162, 237
Vigilância g, 148, 169, 170, 176–177
Vigoroso, ou intenso, que possui quatro rodas, O 73
Vinte e quatro lugares interiores g, 24–25
Visão errônea g, 160
Visão superior g, 36, 179
Votos g, xv, 5, 141

Y

Yamantaka g, 16, 36
Yidam. *Ver* Deidade
Yogananda, etimologia 237

Leituras Recomendadas

Se você apreciou a leitura deste livro e deseja encontrar mais informações sobre o pensamento e a prática budistas, apresentamos alguns outros livros do Venerável Geshe Kelsang Gyatso Rinpoche que você poderá gostar de ler ou ouvir. Eles estão disponíveis pela Editora Tharpa.

COMO TRANSFORMAR A SUA VIDA
Uma Jornada de Êxtase

Um manual prático para a vida diária, que mostra como podemos desenvolver e manter paz interior, reduzir e interromper a experiência de nossos problemas e como podemos promover mudanças positivas nas nossas vidas, que nos permitirão experienciar felicidade profunda e duradoura. Esta é uma nova edição, substancialmente revista, de um dos mais populares e acessíveis livros do Venerável Geshe Kelsang.

Para uma versão e-book gratuita de *Como Transformar a sua Vida*, por favor, acesse comotransformarasuavida.org

BUDISMO MODERNO
O Caminho de Compaixão e Sabedoria

Através de desenvolver e manter compaixão e sabedoria na vida diária, podemos transformar nossas vidas, melhorar nossos relacionamentos com os outros e ver além das aparências, enxergando o modo como as coisas realmente existem. Desse modo, podemos solucionar todos os nossos problemas diários e realizar o verdadeiro sentido da nossa vida humana. Com compaixão e sabedoria, como as duas asas de um pássaro, podemos alcançar rapidamente o mundo iluminado de um Buda.

Você pode baixar gratuitamente as versões e-book ou PDF do livro *Budismo Moderno* no endereço budismomoderno.org.br

CAMINHO ALEGRE DA BOA FORTUNA
O Caminho à Felicidade Suprema da Iluminação

Todos nós temos o potencial para a autotransformação e uma capacidade ilimitada para o desenvolvimento de boas qualidades; mas, para realizar esse potencial precisamos saber o que fazer a cada etapa da nossa jornada espiritual.

Este livro oferece uma explicação detalhada do caminho completo à iluminação, com os ensinamentos de Buda dispostos passo-a-passo, de modo a torná-los muito fáceis de serem colocados em prática pelo leitor moderno. Um manual perfeito ao caminho budista.

"Este livro é de valor incalculável." *World Religions in Education*

SOLOS E CAMINHOS TÂNTRICOS
**Como Ingressar, Progredir e Concluir
o Caminho Vajrayana**

Este autêntico livro de referência fornece-nos uma explicação abrangente e detalhada das práticas essenciais das quatro classes de Tantra, tal como ensinadas por Buda. A partir da sua própria experiência de muitos anos em retiro tântrico, o autor mostra como as pessoas do mundo moderno podem ingressar, fazer progressos e, por fim, concluir o Caminho Vajrayana à iluminação.

LEITURAS RECOMENDADAS

ESSÊNCIA DO VAJRAYANA
A Prática do Tantra Ioga Supremo
do Mandala de Corpo de Heruka

Heruka é uma manifestação da compaixão iluminada de todos os Budas. Por confiar nele, podemos alcançar rapidamente uma alegria pura e altruísta e dar felicidade verdadeira aos outros.

O autor explica, com clareza e precisão, como podemos praticar as sublimes meditações do mandala de corpo de Heruka e, assim, transformar gradualmente o nosso mundo e experiências comuns na realidade transcendental de um Buda. Ele acrescenta a isso instruções completas sobre as práticas do estágio de conclusão, que podem conduzir diretamente ao êxtase supremo da plena iluminação nesta vida.

NOVO GUIA À TERRA DAKINI
A Prática do Tantra Ioga Supremo de Buda Vajrayogini

Este guia abrangente fornece-nos uma explicação detalhada e prática dos dois estágios da prática de Vajrayogini. Ele mostra como podemos integrar essas práticas na nossa vida diária, transformando, assim, cada momento da nossa vida no caminho à iluminação. Um guia – único no gênero – para se tornar um ser iluminado tântrico neste mundo moderno.

AS INSTRUÇÕES ORAIS DO MAHAMUDRA
A Verdadeira Essência dos Ensinamentos,
de Sutra e de Tantra, de Buda

Este precioso livro revela a prática incomum do Mahamudra tântrico da Linhagem Oral Ganden, que o autor recebeu diretamente do seu Guia Espiritual, Vajradhara Trijang Rinpoche. Ele explica, de maneira clara e concisa, todo o caminho espiritual – desde as práticas preliminares iniciais até as etapas de conclusão finais do Tantra Ioga Supremo, que nos permitem alcançar a plena iluminação nesta vida.

CLARA-LUZ DE ÊXTASE

MAHAMUDRA-TANTRA
O Néctar Supremo da Joia-Coração

O Tantra é muito popular, mas pouquíssimas pessoas compreendem seu verdadeiro significado. Este livro revela como praticar o Mahamudra, a verdadeira essência da meditação tântrica budista. Através de manifestar o nível mais profundo da nossa mente e, então, usar essa mente muito sutil para meditar na verdade última, podemos purificar nossa mente de todas as negatividades até a sua raiz e, assim, alcançar rapidamente o estado da plena iluminação.

Para adquirir as nossas publicações, por favor, visite Tharpa.com ou entre em contato com a Editora Tharpa mais próxima (para uma lista das Editoras Tharpa em todo o mundo, ver páginas 339–341).

Encontre um Centro de Meditação Kadampa Próximo de Você

Para aprofundar sua compreensão deste livro e de outros livros publicados pela Editora Tharpa, assim como a aplicação desses ensinamentos na vida diária, você pode receber ajuda e inspiração de professores e praticantes qualificados.

As Editoras Tharpa são parte da comunidade espiritual da Nova Tradição Kadampa. Esta tradição tem um número crescente de Centros e filiais em mais de 40 países ao redor do mundo. Cada Centro oferece programas especiais de estudo em Budismo moderno e meditação, ensinados por professores qualificados. Para mais detalhes, consulte *Programas de Estudo do Budismo Kadampa* (ver páginas 333–338).

Esses programas são fundamentados no estudo dos livros do Venerável Geshe Kelsang Gyatso Rinpoche e foram concebidos para se adequarem confortavelmente ao estilo de vida moderno.

**Para encontrar o seu Centro Kadampa local, visite:
tharpa.com/br/centros**